贫困的终结

李小云 著

中信出版集团 | 北京

图书在版编目（CIP）数据

贫困的终结 / 李小云著. -- 北京：中信出版社，2021.4
ISBN 978-7-5217-2946-7

Ⅰ. ①贫… Ⅱ. ①李… Ⅲ. ①扶贫－研究－中国 Ⅳ. ①F126

中国版本图书馆CIP数据核字(2021)第045018号

贫困的终结

著　　者：李小云
出版发行：中信出版集团股份有限公司
　　　　　（北京市朝阳区惠新东街甲4号富盛大厦2座　邮编 100029）
承　印　者：北京诚信伟业印刷有限公司

开　　本：787mm×1092mm　1/16　　印　张：17　　字　数：260千字
版　　次：2021年4月第1版　　　　　印　次：2021年4月第1次印刷
书　　号：ISBN 978-7-5217-2946-7
定　　价：78.00元

版权所有·侵权必究
如有印刷、装订问题，本公司负责调换。
服务热线：400-600-8099
投稿邮箱：author@citicpub.com

目录

前言 ························ V

第一章 贫困的根源 ············ 1
贫困的元问题 ················ 4
卢梭的不平等论 ·············· 10
佩恩的攀比与不平等 ············ 14
贫困是因为懒惰吗？ ············ 16
河边村村民为何贫困？ ··········· 21
贫困数字的迷思 ·············· 35
贫困陷阱 ·················· 39
贫困为何持续存在 ············· 42
语言和贫困也有关系吗？ ·········· 46
贫困为何不是饥饿？ ············ 48
美国也有贫困吗？ ············· 52
2020年之后没有贫困了吗？ ········ 56

第二章 扶贫有必要吗？ ········· 63
穷人的生活是他们自己的选择吗？ ······ 66
为什么有人是"穷人"？ ··········· 70
杨改兰的悲剧 ··············· 73

勇哥为什么富不了？ ……………………… 75
有哥的房子为什么还没盖起来？ ………… 79
穷人为什么不喜欢存钱 …………………… 83
贫困的循环 ………………………………… 87
马拉维一个村庄的穷人生活 ……………… 91
女性容易陷入贫困吗？ …………………… 93
识别穷人为何很难 ………………………… 97
穷人是如何扶贫的 ………………………… 101

第三章 扶贫是为了共同富裕 ……… 103
欧美扶贫为何不同 ………………………… 106
扶贫究竟要扶谁？ ………………………… 110
扶贫能致富吗？ …………………………… 114
排斥的社会结果 …………………………… 118
机会平等的神话 …………………………… 121
李云龙的未来 ……………………………… 125
扶贫是为了共同富裕 ……………………… 127

第四章 扶贫难在哪里？ …………… 131
为什么贫困是结构性的？ ………………… 134
扶贫难在文化？ …………………………… 138
扶贫为何不容易？ ………………………… 140
精准扶贫难在哪里？ ……………………… 142
精准扶贫的挑战在哪里？ ………………… 144
深度性贫困之重 …………………………… 149
扶贫不是让年轻人回来种地 ……………… 153
扶贫不是模式竞赛 ………………………… 156
脱贫摘帽重在不返贫 ……………………… 158

2020 年如期脱贫 ················· 160
扶贫产业受损，乡干部应承担法律责任吗？
··································· 162
精准扶贫与政府治理 ············· 166

第五章　脱贫为何攻坚？ ········ 171
为何扶贫成了战役？ ············· 173
产业能扶贫吗？ ··················· 177
脱贫与城镇化 ····················· 181
低保能消除贫困吗？ ············· 183
政策性脱贫可持续吗？ ·········· 185
扶贫需要"扶"加"防" ········ 188
瞄得准才能脱贫 ··················· 191
精准才能扶贫 ····················· 193
脱贫攻坚的"三聚焦" ·········· 195
扶贫得让资产增值 ··············· 197
精准扶贫的三个关键 ············· 199
精准扶贫应警惕的五大问题 ····· 204
扶贫的钱该花在哪？ ············· 207
扶贫和防贫不一样 ··············· 209
精准扶贫与社会救助如何衔接？ ···212

第六章　一个村庄的脱贫故事 ········ 217
河边村的扶贫实验 ··············· 219
谁是精准扶贫的主体？ ·········· 229
示范与村民互助 ··················· 232
为什么要建瑶族妈妈的客房？ ···235
再说河边村的"房事" ·········· 237

河边村的房子是怎么建起来的？……………241
话说河边村示范房停工那件事……………246
从河边村卫生间的故事说说参与式…………248
"雨林鸡蛋"的长途旅行………………………250
河边村实验点滴………………………………254

前言

我大概是在 20 世纪 90 年代中期开始接触贫困问题的。记得 1993 年在德国的斯图加特，我的朋友带我访问了德国的一个非政府组织。这个非政府组织叫"养活世界"（Feed the World），我认识了这个组织的项目官员彼得·罗奇（Peter Rotch），他给我介绍了他们在世界各地的扶贫项目，提到他们的兄弟机构已经开始在中国做扶贫项目，希望我能和他们合作。后来，在他的支持下，我在北京的延庆县开始做扶贫项目，这算是我最早开始的扶贫实践。那个时候我对贫困问题并没有专门的研究，之前参与过一点农村小额信贷的工作。记得是现商务部国际经济技术交流中心找我参与考察他们在云南金平县和麻栗坡县的农村小额信贷扶贫项目，因为我那时开始做国际援华项目的工作，我曾经说自己是发展的"掮客"，就是帮助外国发展机构在华设计和实施它们的项目。当时能说外语的，和国际机构的人在一起工作的"地方专家"很少，我算是少数这样的"专家"。所以，我那个时候扶贫实践的做法基本都是抄外国人的，而且是盲目地抄。参与式扶贫和妇女贫困就是典型的一例。20 世纪 90 年代北京郊区的山区是很贫困的。我记得和彼得一起在延庆考察项目时，遇到村里的两个小女孩，眼睛很大，大的那个看见我们还用英文问候我们，我很惊讶，后来村里说她们家里穷，孩子失学了。这是我那个时期第一次直接感受到贫困问题。

差不多也是那个时候，有一次我给中央农业干部管理学院的培训班讲课，课间有一位身材魁梧的地方官员过来和我说话。他说："小云，你不认识我了吗？我正好要找你。"听他一说，我想起来了，这位领导就是我小时候大院里经常看见的一位年轻干部。我家住在宁夏银南地区行署干部家属院，我家前面是地区团委的办公室，这位领导姓杨，是当时的团地委书记。他在参加中央农业干部管理学院培训的时候已经是宁夏银南地区行署主管农业的副专员。他当天晚上就到我家里来，说要来看看我父亲，那时我父亲已经退休住在我家帮我带孩子。他请我到宁夏来，帮家乡做点工作。我当时同意回去看一看，后来在他的正式邀请下，我带着几位同事去了我曾经生活过的地方。

宁夏盐池县既是我父亲曾长期工作的地方，我也在那里生活过两年。在考察盐池县的同时，我给杨专员讲，能不能去隔壁属于陕西省的定边县看看？他与陕西省定边县的领导取得联系后，带着我去考察定边县。杨专员不知道，我是在定边县出生的，在那里度过了至今我都怀念的童年时代。小时候那个地方春天的风沙一直要刮到 5 月份，眼睛都睁不开；即便住在县城里，矮小的土房进门就对着土炕，记得我是和姥姥住在一起，家里仅有一张桌子和几个小板凳。夏天的时候，姥姥会让我去我爷爷奶奶和叔叔生活的一个小山沟里。我爷爷奶奶是甘肃人，20 世纪 60 年代甘肃发生饥荒的时候，爷爷奶奶领着叔叔从甘肃的村里逃出来投奔我父亲。那个时候，出来参加工作的人大多都会与家庭出身不好的亲人划清界限，我母亲讲她当时并不知道我父亲还有父母和弟妹。爷爷奶奶领着年幼的叔叔，一路乞讨，带着一封父亲写给他们的信，寻着上面的地址在一个寒冬腊月里找到了我姥姥家。就这样，我姥姥通过熟人，把他们安排到定边县红柳沟乡一个叫硬梁子的小山沟里。如果在今天，这可能算是"移民搬迁"。

自从我七八岁的时候去过那个小山沟以后，已经有二十多年再也没有踏入那里。当地方领导陪着我进到那个村庄的时候，刚好是个大风天，我重新体验了睁不开眼睛的那种感觉。汽车停到几户门前，我下了车，马上看到了熟悉的村庄。又矮又破的土房，以及平地上的几个烟囱，那是住在沟里窑洞里人家的烟囱。我一个人走到沟下面，那下面就是我爷爷奶奶住过的窑洞，边上是我叔叔高中毕业后回到山沟准备结婚成家自己打的窑洞。窑洞早就没人住了。我从沟里走上来，看到围过来的村民，地方领导和村民都不知道为什么一个北京来的教授居然熟悉这个村庄。我在那个村庄度过了三个暑假，到村民家吃饭，满嘴都是沙子的印象永生难忘。二十多年了，这个村庄还是那样的贫困。我那个时候经常往返于中国和欧洲，突然间回到一个与自己的情感和历史密切相关，却贫困落后的小山村，感官冲击很大，心里的震荡异常剧烈。我记得我把我和同事带的现金都放在一起，交给一位村干部，他还记得我小时候来过这个地方，我说这是我的一点心意，感谢你们照顾了我的爷爷奶奶；他们出身不好，从外地逃难而来，你们没有歧视他们，让他们在这里活了下来。2020年8月，我与同事专门回到这个村。脱贫攻坚已经让这个贫困村发生了翻天覆地的变化。

每一个人从事的职业，都会或多或少受到他经历的影响。我自己虽然没有遭遇过贫困生活的磨难，但是，在北京延庆和陕西定边县见到的贫困让我一直无法忘却。很长一段时间，我都不能摆脱心里那种莫名其妙的痛。站在漫天风沙里，围着我的那群村民，他们看着我的眼光，他们询问我和我家人情况时的情景，以及他们发出的无奈的感叹等，都一直影响着我。我最近几年在河边村扶贫，总有同事和朋友，特别是媒体朋友问我为什么能够在一个村子里坚持扶贫这么久，很多报道都把我推在一个道德模范和政治觉悟高的位置上。其实，我既没有那样高的政治觉悟，也不是道德模范。我对贫困的关注始终与我家人的遭遇和我见过的那些穷人的境况直接相连。贫困为什么那样顽固地存在，一直都在我的脑子里盘旋。

贫困的根源是什么？为什么有些国家富裕，有些国家却长期处于贫困？为什么有人能致富，而有的人却深陷贫困？所有这些问题，我到现在都没有得到答案。这当然主要是因为我做的实践多，真正做的研究少。卢梭给我们提供了自然人的差异如何演变为社会差异以及私有制如何导致这样的差异演变为不平等和贫困的理论思考。我在他的著作中捕捉到了贫困元问题的一些线索。马克思则进一步将不平等的现象放置在资本主义的制度层面，剖析了贫困的社会根源并提出了解决贫困的"元方案"。

扶贫涉及很多复杂问题。当我们面对那种普遍的贫困或面对非洲等地区的贫困时，我们可能更多地感受到了比较视角的发展问题。我将这种贫困称为"欠发达"。"欠发达"这个概念主要源于与所谓"发达"的对比。这就是我们现代发展研究关注的问题。这里贫困的概念是一个宏观的比较概念，我们需要指出的是，这种"发达"和"欠发达"的对比主要来源于批判发展主义视角下的欧洲中心主义的价值观，也就是说，其实处于"欠发达"状态的民族在他们自己的观念中并非处于贫困，但是，在"发达"群体的概念中，那些"欠发达"状态的群体则是处于贫困状态。这个视角下的扶贫，实际上主要是指按照现代化的道路，促进经济增长和经济社会转型的过程。这几年我们在国内扶贫的时候，我们讲深度性贫困地区是重中之重、难中之难，这也主要是与中国其他地区做对比形成的概念。所以很多社会文化主义的学者批评扶贫工作过于从外部的视角来看待这些地区的文化价值和生计问题。言下之意是，外部经济社会"发达"的群体总是用他们的价值来衡量这些所谓落后地区群体的价值。所以我在书中讲到贫困的元问题时，讲到了现代性。我的大概意思是，我们今天讲的贫困实际上是不同群体之间现代性断层的问题，我讲这个观点本身并没有价值判断。与此同时，我们还会遇到另外一个视角的贫困问题，即使在一个县、一个乡甚至一个村，我们都会发现严重的贫富差距。也就是说，我们在这种情况下感受到的贫困，和我们说的一个国家处于"欠发达"状态的贫困是不一样的。这种类型的贫困与经济发展和社会转型直接相关，但是这种类型的贫困不大可能通过"发达"得到解决。所以，我在书中的不同场合都试图将不平等看作贫困的元问题。无论如何看待贫困，把握贫困的本质属性都并非易事。我们能在很短的时间内消除农村绝对贫困，正是得益于以习近平同志为核心的党中央对中国贫困的科学认识和精准扶贫的方略，得益于伟大的脱贫攻坚精神，得益于中国共产党的领导和社会主义制度的政治优势。

理解和认识贫困是一方面，缓解和消除贫困则是另一方面。从基本生活的绝对含义上讲，贫困是可以消除的，如一个人吃不饱饭、无衣可穿、无家可住，这种贫困状态是可以通过我们的努力得以解决的。而且，从道义上讲，我们也有义务解决这个问题。这一义务不仅限于我们的国家，这也是一个全球性义务，这就是扶贫的正当性。

在过去几年中，我在很多地方做了一些报告，也在报纸和各种媒体上写过一些关于贫困和扶贫的评论文章，其中很大一部分是应官方媒体邀请写的有关扶贫政策的说明。我利用新冠疫情这段时间把散落在不同地方的这些短文和评论稍做整理，集成这个小册子，以"贫困的终结"为名。需要强调的是，这不是一本学术著作，也不是一本思想性著作，由于书中的大部分内容都是随想和随笔，因此很多内容本身的逻辑性都不强，而且不同章节之间在很多观点方面都有重复，但考虑到这都是我在当时的一些想法，所以我没有做太大的改动。任何政治性和逻辑性的不妥之处，均由我个人负责。我在此感谢我的学生林晓莉、季岚岚和徐进帮我做了初步的整理工作。

第一章
贫困的根源

贫困是一个古老的话题。自中世纪以来，贫困问题就是社会各界关注的重要问题。有关贫困原因的理论主要有三个不同的流派。第一种观点认为穷人的特定属性导致了他们的贫困。这一观点认为懒惰、缺乏道德操守、受教育水平低、缺乏技能等个人因素导致了贫困。总的来说这一观点将贫困归咎于个体的失败。19世纪美国作家阿尔杰（Horatio Algerde）的小说描述了数百个由贫穷到富裕的故事，主人翁无论开始多么贫困到最后几乎都依靠他们的内生动力和不懈努力摆脱了贫困，这些故事的核心含义是一个人的命运主要掌握在自己手里，这就是至今都影响着社会大众观念的"决定收入"的进取模式。经济学家通常认为自由竞争在自由民主制度的条件下能够支持相似的个体和群体的经济状况逐步趋同。然而，即使在相似条件下，贫困仍然普遍地、长久地存在于全球、一个国家甚至一个社区中，这实际上已经挑战了进取模式对贫困的解释。第二种观点认为贫困的环境产生贫困文化，而陷入贫困文化的群体则无法摆脱贫困。刘易斯（Oscar Lewis）的《贫困文化：墨西哥五个家庭实录》、班费尔德（Edward C. Banfield）的《一个落后社会的伦理基础》、哈瑞顿（Michael Harrington）的《另类美国》，通过来自墨西哥、意大利和美国等不同社会的经验资料，共同构筑起贫困文化的概念架构。刘易斯指出："贫困文化一旦形成，就必然倾向于永恒。棚户区的孩子到六七岁时，通常已经吸收了贫困亚文化的基本态度和价值观念。因此，他们在心理上不准备接受那些可能改变他们生活的种种变迁的条件或改善的机会。"第三种观点认为贫困是社会、政治、经济制度层面结构性的问题。这里讲的结构主要是指政治、经济、社会制度，如私有制以及由此产生的一系列社会经济政策。卢梭认为私有制是人类不平等的根源，马克思更是系统地论述了资本主义条件下贫困的根源，他认为在资本主义私有制的生产方式下，生产资料所有者能够通过无偿占有工人创造的剩余价值使工人贫困化。兰克（Mark Rank）是当代美国著名的贫困问题专家，与相信美国的贫困主要是个人懒惰不进取的主流观点不同的是，他系统的实证研究表明经济体制和社会政策是导致美国贫困的重要结构性要素。他认为美国的经济结构无法为所有参与者提供足够的机会，这是造成美国贫困的重要原因。阿莱西纳（Alberto Alesina）等人的研究深刻揭示了美国的贫困与政治制度的关系。很显然，为什么会有贫困是一个非常复杂的问题，不同的社会阶段贫困的发生机制也是不同的，按照私有制—不平等—贫困的逻辑来看，只有到了共产主义才能真的没有贫困了。

贫困的元问题

贫困的问题很多，你们可以提 100 个有关贫困的问题，但是贫困的元问题是什么？这个问题是我们研究贫困问题的理论核心，也对我们想办法缩小人与人之间的差距起到重要作用。做扶贫研究的人，常常会有很多困扰、挑战和困境，以凉山彝族为例，有一种说法是凉山的彝族非常落后，还有一种说法是凉山的彝族被扶贫惯坏了。有各种各样的话语。在这样的背景下，我觉得我们的研究者和实践者往往失去了方向。

要回答什么是贫困的元问题，我们需要从这几个方面来思考。

从去政治化的视角看，人类社会有两个不同方向的力量在驱动我们每天的行为。一是基于生物学——生存性的个体利益最大化。人类从最原初的状态逐渐社会化，再进入到现代化社会，一直有这么一个驱动力，这个驱动力形成了结构化的东西。什么是结构？男和女、好和坏就是结构化的，一定要有两个不同的东西放在一起，才能称之为结构。

在狩猎社会，行动快、强有力的人能够捕捉到很多猎物，容易被神秘化，人们会认为这个力量是天生就有的，是不可动摇的，而且还将其崇拜化。在这个过程中，差别和权威就形成了。每个人都希望像他那样，因为那样可以获得更多的物质。大家可以看一下卢

---

* 本文是李小云教授 6 月 29 日于四川大学"西部边疆讲坛"第 52 期上的发言，发表在南都观察（2017-07-06），原文链接：http://www.naradafoundation.org/content/5340。

梭的《论人类不平等的起源和基础》，他解释了在生存性伦理的基础上，如何由竞争产生差异，这种差异又如何进一步社会化和政治化——这就是国家的形成。

政治权力形成以后，即使在物质缺乏的状态下，处于政治权力中心的集团和个人都是趋向于拥有较多物质财富的，就像我们今天看到的非洲部落，虽然它呈现出低物质供给的均衡，但部落酋长拥有更多的牛或者皮革，他一定会用物质的丰裕程度来彰显自己与他人的差异，而且这种差异会受到人类最基本的生存动力的弘扬和崇拜，而非贬低——他们具备的这种物质上的优越，主要不是来源于剥削，而是来源于对人"能力"的崇拜。

今天我们也有对财物获得的崇拜，也会觉得人家有本事，我们自己没有这种能力，所以不平等就产生了。

与此同时，我们又有另一种和上述力量相制衡的东西。比如你拿了很多东西，会自然地把东西分给自己的弟弟妹妹，再给周围的亲戚朋友。所以在相对原始的社会形态中，人们的"兄弟姐妹"很多。非洲的朋友和我们交谈，总说我兄弟、我姐妹……他会说出几十个兄弟姐妹，但不全是有血缘关系的。他展现的社会网络会越过自己的家庭、血缘关系，到整个社区。他们很自然地说："我有东西就要分享。"今天很多的社会形态依然保留了这种状态，就是在物质层面一定要分享。有些学者认为，那是因为有很多戒律和要求才会这样做，但我不认同，因为他们是自发地做这些事情。

前面讲的是非制度化的，接下来我们会说更制度化的。人类社会不同于动物世界，动物之间也有相互帮助。我在非洲看角马过河时发现，一些强者先过河，但那些强者会回过头来帮助困在马纳河中的角马，实在帮不了，它们就走了。有了宗教，我们就进入了社会化、组织化的阶段。亚里士多德的著作里也提到过，"就知道做生意、赚钱的人是可耻的"。这种力量进来以后，对我们前面说的那种自利性的力量构成约束，相互制衡、不断消长，形成了一个结构的关系体。

宗教曾经把人的创造力压抑到不能压抑的程度，马丁·路德的宗教改革和启蒙主义开始改变这一状况。改革首先主张的是赋权，以前只有那些贵族可以读拉丁文，可以读《圣经》。那么改革者就要把《圣经》翻译成德文、英文，让老百姓都可以读。他们认为，"我们都是上帝的子民，不是只有贵族才是上帝的子民"，这样就把神权打破了。

宗教改革后，接着是启蒙主义、新教形成以及资本主义的出现。人类要求获得更多物质的第一种力量得到前所未有的彰显，这就是理性主义。所以韦伯对人类的未来产生了悲观的想法，他认为，人类的理性发展到这种程度就是极限了，没有什么"后理性"了。

接着，"万恶的资本主义"思想根源、意识形态——新教伦理就出现了，它倡导人们努力工作、创造财富。但同时新教徒又不断告诉每个人一定要节俭，不管你有没有钱，你都是上帝派来的财富守护者，而不是拥有者。现代西方社会通过宗教形成了一种新的财富分配意识形态，它超越了原始集体性的生存伦理。因为宗教是大众化的，所以这种意识形态也就成为"大众"的行为准则。

有些人总是不明白，为什么美国社会有那么多人捐款。这主要是因为其意识形态中没有西方的那些思想。他们会想，我有了钱以后会好好享受，周游世界，发现别的都没意思的时候才会去做慈善。

美国建国的意识形态是新教。工业化初期，逃离贪婪的资本主义泛滥，一些想逃离的加尔文主义者（新教徒）在英国待不下去了，他们觉得社会很糟糕，就跑到荷兰。荷兰也是一个特别商业的社会，他们在阿姆斯特丹也待不下去了，就又回到英国，到了今天的港口城市普利茅斯，登上"五月花"号，到了北美。在路上，死了不少人，船上有不少无赖、流氓，他们不会写字、相互残杀。而另一些想建立理想国的精英们制止了他们的行为，起草了《五月花号公约》。《五月花号公约》是带有新教伦理色彩的，它是美国宪法的基础。现在许多的美国精英都可以追溯到从那艘船上走下来的几十个人。

回过头来讲，那两种不同的张力，其中一个力量一定会产生贫困、产生差异；第二个力量一定在制衡差异。这两者构成了我所说的贫困和扶贫的元问题。从这个意义上讲，难道富人天生是伟大的吗？难道穷人天生就该贫困吗？这就触及一个非常深刻的政治哲学问题。建议大家读一读《论人类不平等的起源和基础》。

再回到现实，消除贫困为什么这么难？实际上消除贫困就是一个很难的过程。穷人和富人之间的话语是不平等的。富人针对穷人的话语是"不开化、懒惰、懒散"，但富人很少坦露自己致富的真实故事。要是有穷人问富人是怎么富起来的，富人敢讲吗？不敢的原因在于，致富的真实故事恰恰是利用了富人和穷人之间的某种差异。扶贫的元问题就是富人和穷人的差异足以导致两者在福利方面存在如此之大的不同吗？

这就是原罪，人的原罪都深深埋在心底，呈现出来的比较虚伪，神秘化又道德化。"我跑得快、我勤劳"，富人就是这样对穷人说的。穷人说富人，就是"人家能干、聪明、有文化、有关系、有技术……"，话语完全不一样。话语差异的道德尺度在于：现代社会的富人永远不会披露致富的真相，穷人永远被话语迷惑。有人会发现，"我一辈子认真工作，一点钱没挣到"。穷人认为，让孩子读大学就可以挣钱了。其实贫困问题不是我们想象得那么简单。

接下来再看看"助贫人"的话语。我们不是富人，也不是穷人，我们是助贫人。我们经常带着富人的视角讲穷人，说他们穷就是因为"等靠要"，不能"等靠要"。我们给了穷人致富的神话——要脱贫先立志。作为"职业的非富人"和"社会人的非穷人"，助贫人的身份困惑使得我们的行为、话语呈现出逻辑上的不一致。在这里我们需要自我批判，我们需要把穷人的角度和我们的预期结合起来看扶贫的效果。

回过头来，贫困的元问题是什么？可能就是：生存性竞争导致的基于物质获取差异的社会化过程，基于对物质的崇拜和基于物质贫乏而产生的耻辱，社会化的道德出现；社会阶层对于差异的固化以及现代社会理性扩张导致的不同种群和国家之间在物质供给方面的差异。韦伯在《新教伦理与资本主义精神》里也提到现代性伦理的问题，也就是说在同一文化条件下，个人之间的福利差异可能更多是出于"能力"的差异，而不同文化条件下，可能更多是出于现代性伦理的差异。

那么什么是扶贫的元方案？上面我提到，我们的扶贫出现了话语和行动的逻辑混乱。我们需要基于贫困的元问题，提出相应的元方案，这就构成一个隐喻，也就是现代国家的伦理和道德——集体性生存伦理的维护和对现代性过度扩张的控制，以及协助落后于现代化的群体接近和把握现代性伦理（扶贫的哲学含义）。

扶贫的元方案，就是把现代性扩张到没有掌握现代性伦理的群体。在少数民族地区和一些特别贫困的地方，他们可能觉得每天喝喝酒、打打工挺好的，而我们告诉他们——你们过得不好，孩子没上学，生病了没有医疗保障，猪圈和居住空间交叠在一起臭烘烘的，一定要改变。他们没有这些概念，处于低物质均衡的阶段，他们有一套自己的生活逻辑。但是我们要打破它们，就像马云说的要打破穷人的思维。

"现代化的穷人"是指没有或很少被现代性伦理影响到的、不具备现代性伦理思维方式的群体。让他们接近或把握现代性伦理的约束，真是太不容易了。在特别贫困的地方建一个合作社太难了。我扶贫的那个村庄来了一个温州小伙子，他说，"要是这个地方在温州，早就变得很好了"。有人建议我建合作社，我也没做过，但觉得在贫困地区建立产权、股份制，真的是很天真，那里只有平均主义。在传统的地方让他们很快掌握现代性的东西是不容易的。我们在非洲做研究，发现非洲从殖民主义到现在，还是现代性缺失的问题。

韦伯曾认为中国是不可能实现现代性的，但我们实现了，这是一个很大的谜，理论上还没有解开。但我们现在还是不具备源于欧洲的那套理性的东西，整个社会依然有失范。比如在北京，路上的一些司机开车都乱按喇叭，而且也没有能超越传统慈善的那种公益伦理，所以社会才有这样大的差异。

所以扶贫的元方案在于有没有可能让一个特别传统的群体发生改变？一个人改变容易，但沉浸在自己的文化中的一个群体就很难改变。习主席讲深度性贫困地区是扶贫的难中之难。"深度贫困"从特征上讲，主要还是在于现代性的缺乏，也就是我们常说的"发展"问题。从理论上讲，对很多处于前现代的群体而言，难就难在如何让他们接近和把握现代性伦理。成功案例一定是对接市场的，失败也是因为难于对接市场。

跟大家分享一个简单的例子，我是一个发展主义者，也是一个发展实践的工作者，我的工作是让更多的人接近和把握现代性伦理，从而改善福利。但我不希望自己的发展实践是盲目的，不希望自己做的事情没有框架，我希望这个发展路径可以自圆其说。我在云南一个村庄做扶贫工作，这个村庄不是完全与现代化隔离的，但是他们的生存性伦理与现代性伦理有很大的距离。我要找一个把它和现代性连在一起的对接点，我花了半年的时间去思考，终于在村民的房子里找到了。

当地瑶族干栏式建筑没有窗户、没有阳光，只能靠木料的缝隙透进少量阳光，因为山地只有木头，没有玻璃和砖。村民只有到外面去晒太阳，感受阳光，这是他们具有的最基本的对接现代性的线索。我实践的对接点就是建造一座充满阳光的房子，然后再对接上他们没有的概念：用具有瑶族特色的客房来赚钱。简单地说，我想用一个实验来说明我们有可能突破一个结构、改变一个社会。

至于是否成功，现在还没有办法回答。

卢梭的不平等论

贫困既是一个绝对概念，也是一个相对概念。当人们处于无家可归、无所可住、无饭可吃的状态，我们可以将这种状态视作贫困，也就是绝对贫困。从这层含义上看，贫困是客观的。但是，如果当一个群体或一个国家甚至更大范围都处于食物短缺的状态时，贫困概念的政治经济意义就变得不明显了。也就是说，即使贫困是客观现实，但这种客观性的贫困仍然是相对的。2012年，中国政府确定了中国农村新的绝对贫困线：年人均纯收入2 300元（2011年不变价），并且实现"两不愁三保障"。而1986年，中国政府确定的农村绝对贫困线为年人均纯收入200元（1985年不变价）。按照购买力平价计算，1986年200元的购买力大致相当于现有标准的40%。同样都是绝对贫困，但其所含的福利内涵却完全不同。所以，从严格意义上讲，贫困是一个比较概念，因此也是一个相对概念。如果按照物质生产的丰裕度来衡量，那么史前社会或其之后不同阶段与现代社会相比，都可称为贫困社会。那个时期人们都呈现出所谓的贫困，即使人类社会物质生产的丰裕度相差很大，也很难按照当时的标准来确定谁是贫困的。我们之所以将那个时期称为贫困，是与现代社会对比产生的概念。这就涉及贫困的元问题概念。

说贫困是一个相对的概念，那么这就意味着人类社会在很大程度上是不平等的。由于不平等而导致差异，人类社会无论是群体还是个体之间由于差异而呈现出在不同时期用不同标准衡量的福利获得性差异。这一差异贴近了我讲的元问题概念。法国思想家卢梭在他的《论人类不平等的起源和基础》一书中，对人类不平等的起源做了深入的探索。卢梭说，当有些人仍然在一个较长的时间内维持着他们的原始状态时，另外一些人的生活则获得了改善，这样的改善都是通过他们的本性，不论这种本性是好的还是坏的，但是这些本性并非他们天生就有的。这就是人类不平等的起源。卢梭在这里强调了人的本性本不会导致人与人之间的差异。卢梭在全书中系统地论述了"原始人是平等的"观点，从而阐述了"现代人是如何产生不平等的"哲学观点。卢梭认为人类有两种不平等，一种是自然的或者生理上的不平等，这种不平等包括年龄、健康、体力、智力和心灵的差异。第二种则是所谓精神或者政治上的不平等，因为它来源于习俗，来源于伤害他人的特权，如比别人更加富有、更加光荣、更有权力，甚至让他人服从自己。卢梭认为我们没有必要去询问自然的不平等的起源，他认为答案是显而易见的。因为去探索一个人为什么在体力上强于另外一个人，身高高于另外一个人，本身没有太大的意义。人类不平等真正的问题在于第二种，我们需要探索的是人类的第二种不平等究竟是如何产生的。

其实，卢梭将人类社会自然的不平等与人类社会政治、经济和社会的不平等相分离的观点是有缺陷的。人类经济社会的不平等其实与卢梭讲的人类自然的不平等是相互关联的。卢梭坚决反对霍布斯关于人性本恶的哲学观点，他自始至终都强调人类自然状态下并无根本差异，自然也就没有不平等，也就无所谓道德问题。人类社会政治、经济和社会维度上的不平等，其实都是基于人类自然属性的不断演化形成的。

卢梭虽然将人类自然属性的差异与人类政治、经济、社会的不平等区分开来，但在他的书中还是能或多或少地看到这两者之间的联系。卢梭说："谁第一个把一块土地圈起来并想说：这是我的，而且找到一些头脑十分简单的人居然相信了他的话，谁就是文明社会的奠基人。"卢梭说："每一个人走向不平等的第一步，同时也是

11

走向邪恶的第一步。这一方面产生了虚荣和轻视,另一方面产生了羞愧和羡慕。由这些新的酵母发酵出来的东西,最终对幸福和单纯的生活造成了致命的不幸。"卢梭在这里将不平等的问题与权术问题相联系,他希望探讨不平等的根源在哪里。如果人类的不平等与权术有关的话,那么就需要研究权术是如何产生的。卢梭说:"强壮的人能够做更多的工作;灵巧的人能够从工作中获得较多的收获;有创造天分的人找到了节省劳力的方法。从事不同工作的人,他们的收益并不相同……自然的不平等不知不觉地被并入了阶层的不平等,从而由于环境的不同发展起来的人与人之间的差别,在效果上更加明显和持久了,并开始相应地对个体的命运产生影响。"

很显然,人类私有制是贫困的根源。私有制的产生来源于人类在竞争性生存的过程中所呈现的强者生存的生物性伦理逻辑,强者更多地占有生存资源,从某种程度上有利于具有竞争力的个体的生存。但是,这一生物性的竞争性伦理随着人类社会的演化而不断产生异化。当人类社会逐渐进入有组织的社会以后,人类的社会组织形态如部落酋长制乃至国家制度都开始强化私有制。在这种强制性的政治社会制度下,不平等由原来的个体之间的差异,逐渐演化为制度性的不平等。

将不平等看作贫困的元问题的意义是十分重要的。因为,如何从本质上看待贫困涉及我们如何建构社会的基本观念和基本价值,以及采取什么样的行动去实现它。人类和动物最大的差异在于文明,而文明不仅仅体现在物质生产水平上,更体现在精神层面。人类社会无论作为一个整体,还是一个群体内的不同个体,都不可能完全遵循适者生存的原则;相反,需要遵循一个文明的道德体系。卢梭认为,人类的本质是怜悯。他说,就连动物之间都有怜悯。怜悯是人类群体生存的基本逻辑,正是怜悯使得人类作为一个整体成为地球上最为强大的种群。怜悯从社会学的意义上有效地消解了强者生存的负面性,成为人类社会重要的凝聚力量。有怜悯自然会形成正义的概念，而正义又与不平等格格不入。人类怜悯的本性势必发育出人类帮助弱者的行为，虽然高等动物都会呈现出不同程度的帮助弱者的行为，但是人类的怜悯不仅仅形成了简单的互助行为，更重要的是由此不断发育出人类抵抗不平等的基本政治社会制度。

卢梭在他的书中生动地呈现了人类由自然属性向社会属性过渡的特点，展示了贫困与私有制以及与国家之间的关系。很显然，产生不平等和私有制的力量是人类社会演化的一个方面，同时这一方面的力量又成了影响人类社会健康发展的负面力量。因此，消解不平等和私有制也就成了人类演化的道德力量。认识贫困的本质看起来并不是很难，但是由于认识贫困的本质其本身意义在于消除贫困，因此，从消除贫困的角度来认识贫困的本质就会变得非常复杂。在现代社会有一个去政治化和去道德化的话语，就是我们经常讲的效率。如果还原效率的政治性和道德性的话，其实效率本身就是不平等的。现代社会把有能力的人获得更好的生活看作天经地义，就如同在史前社会我们将强壮的人占有更多的收获物看作天经地义，在本质上并无差异。所以，将不平等看作贫困的根源，而将私有制看作导致不平等的根源，再将社会的政治体系看作维系私有制的根源，不仅复杂化了对贫困的认识，更是一个高度政治化的问题。马克思对人类社会认识的意义，远超过他的那些前辈们，他一针见血地将彻底消灭私有制作为解决不平等问题的方案。

在现代社会，贫困的元问题并非是一个问题，而是一个复杂的问题群，其本质并非是穷人收入高低的技术问题，而是涉及人类社会制度的核心问题。如何在人类追求物质不断丰富的理性过程中，不同时形成异化于人类本性的不平等，仍然是现代社会所要回答的重大问题。

佩恩的攀比与不平等

无论怎么讲,穷人和贫困都与不平等分不开。按照这样的逻辑,我们的确需要了解一下不平等是如何产生的。卢梭已经系统地论述了人类不平等的产生过程,似乎从政治哲学的角度也很难再提出完全不同的理论解释。正如肯特·弗兰纳里和乔伊斯·马库斯在他们的《人类不平等的起源》里讲的:"挑出卢梭所有细节上的错误并不困难,但那会像批评雷戈尔·孟德尔不知道 DNA 一样毫无意义。"心理学家对于不平等根源的研究非常有趣,基斯·佩恩在他的《断裂的阶梯——不平等如何影响你的人生》* 一书中讲述了攀比如何影响不平等,他在书中引用了一项事故原因调查研究的结果,在那项研究中,几乎所有的车祸受伤者都认为自己的驾驶技术超过大多数驾驶员,而事实上他们的驾驶技术和其他驾驶员并没有实质性差异。还有一项评价志愿者工作的实验,几乎所有的志愿者都认为自己比他人更有道德感、更和善、更值得信赖,基斯·佩恩的观点是,这个社会越看重某种特质,人们就越倾向于夸大自己在这种特质上的能力。从亚里士多德开始,一个在社会地位处于上升阶段的人,往往都被戏剧捧为英雄,因为只有处于较高社会地位的人,才有可能是斯文和高贵的,而斯文和高贵是社会普遍崇拜的特质。基斯·佩恩认为对地位的渴望不仅仅是人类的特质,在大量非人类灵长类动物的研究中,也发现了类似的现象。在对猴子的研究中发现,

---

* 中文版见中信出版集团 2019 年版。——编者注

给猴子不同的水果，猴子在接受水果以后的反应事实上和所给的水果是什么关系不是很大，猴子们更关心它们在与其他猴子的比较中处于何种位置，也就是说猴子存在明显的攀比。

事实上人类普遍存在追捧某一类特质的主要原因，并不真正在于这些特质的符号意义，而主要由于这些被追捧的特质往往与一系列物化的内容相联系。约翰·罗尔斯是20世纪知名的政治哲学家，他曾在自传里写到他和两位弟弟不同的生死结果，大家都认为他是一个拥有聪明才智的人，但他却提出一个人的聪明才智会如此受到追捧，只不过是这个人比较幸运，碰巧成功而已。最强大、最聪明、最具竞争力的个人将会倾向于倡议更加不平等的结果，因为他们具有先天优势，而那些不具有这样优势的人往往会追求一种更加公平的分配方式，这就是我们经常看到的富人更强调效率，穷人更强调公平。约翰·罗尔斯在他著名的《正义论》一书中明确提出，一旦一个人抛开自我利益，那么所有人都倾向于平等。强大、能干、有创造力、有竞争力等一系列人的社会特质，背后一定伴随着个人的财富、物质利益以及由此产生的对他的追捧和崇拜，从而给他产生心理上的满足。这些特质都是实实在在物化的产物，这些有能力的人往往都处在较高的社会地位上，而从人类最基本需求来看，由于人类存在着基本生存的挑战，这种基本生存与他所拥有的物质财富直接相关，这样的物质财富在人类的不同阶段可能是不同的，就形成了对人的社会地位的攀比现象。我这样讲显然具有生物决定论的色彩，但是我们研究社会经济现象时往往会忽视人作为一种生物的基本问题。

人类社会看起来是充满了关爱、和谐、团结的社会，但实际上人类社会的个体从来没有脱离过对物质财富的追逐和竞争，这样的竞争导致了社会个体拥有财富的差异，这可以看作很接近不平等的元问题的一个线索。商品、阶级、国家等卢梭提出的导致人类不平等的很多因素，从某种程度上讲只是加剧了人类不平等的因素，我认为还不能说都是不平等的真正源泉。从人类生物性特质的角度来思考人类社会不平等的设想看起来是十分荒谬的，因为我们的生活是政治、经济、社会的，所以无论如何采用措施来缩小不平等，不平等都依然存在。

贫困是因为懒惰吗？

有一次，在我扶贫的河边村，一个北京来的朋友看到村里很多公共空间的脏乱差，随口说了句，"他们穷还是因为懒啊"。我笑了笑说："我在北京看到很多至少是中产阶层集中居住的家属楼，楼道也是脏乱差，你说他们也很懒吗？"

一说到村里的工作，很多人都会说"要发动农民一起干，这是他们的事"。我刚开始来村里的时候也这样想。

最初，我组建了"河边发展工作队"，希望成员能作为骨干为村里做事。但时间久了，事多了，很多人就不来了。后来我又组织了"河边青年创业小组"，还是希望有一批人能为村里的建设做事。

在河边村的建设中，村民的确做了很多义务劳动。但是组织集体义务劳动有一个难题——只要有人不来，很多人也会说"他们不来，下次我也不来了"。前面说到的"工作队"和"小组"最后都不了了之了。

反过来想，我们住在城市，如果没有市政服务，每天社区的人

---

* 本文发表在南都观察（2019-03-14），原文链接：http://www.naradafoundation.org/content/6346

去每家每户找人搞卫生，一次可以，经常做可能吗？难道说城里干净是因为城里人勤快，农村脏乱差是因为农村人懒惰吗？很显然，城里干净是因为有市政，那么，为什么村里不能有"村政"呢？我们这些被服务得很好的城里人，为什么到了农村就高高在上地指责村里人懒惰呢？

这几年扶贫工作热闹，农村可以看到各种各样的标语。有彰显政府扶贫决心的，如"精准脱贫，不落一人"；也有彰显爱心的，如"扶贫济困，你我同行"；也有很多如"人穷志不短，政策不养懒汉""扶贫不能等靠要"等这样激励穷人脱贫的。

仔细想想也有意思，假如我自己很贫困，有人来帮我，我会不想脱贫吗？"要你脱贫变成我要脱贫"这句常常挂在很多人嘴上的话，逻辑到底是什么？

有一次一个基层干部说："李老师，现在扶贫不好搞，老百姓难搞得很，你给他养猪，他说不要，让他脱贫他都不脱。"

我说："养猪能脱贫吗？劳动力成本增加，再遇到非洲猪瘟，卖都卖不出去。"不能想当然地让农民脱贫。

我刚到村里时，有人说："李老师，你搞不出啥新产业，办一个公司来搞冬瓜猪。"于是我和农民商量，他们总体的反馈并不积极，表现得"不想脱贫"。后来我发现，真正的冬瓜猪就是一家一两头，满山跑，生长很慢，个头也小，一旦规模扩大，势必要用饲料。规模大了，吃的不一样了，猪病就来了。

外界往往把这种对"脱贫方案"的迟疑视为"麻木"，认为他们不想脱贫。但如果换一种情境，有人劝你去投资股票，估计不少人也会迟疑。难道他们不想致富？我们这些城里人端着"铁饭碗"，一旦没了这个碗，也没有土地，处境可能比农民还困难，我们怎么能理直气壮地去教育农民如何脱贫呢？

当然，我们不能搞"农民本位"，不能说他们不需要外部的支持，他们需要。我做扶贫二十多年，最近到很多地方看，包括我自己扶贫的村庄,变化很大,精准扶贫扶出了成效。2012—2018年,8 000多万贫困人口脱贫。难道说这8 000多万人全都在几年里由懒惰变勤快了?真是那样的话,估计这会是全世界社会学家最感兴趣的案例。

19世纪美国作家阿尔杰的小说描述了数百个由贫穷到富裕的故事,主人翁无论开始多么贫困,到最后几乎都依靠他们的内生动力和不懈努力摆脱了贫困,这些故事的核心意义是一个人的命运主要掌握在自己手里,这就是至今都在影响社会大众观念的所谓"个人努力脱贫的模式"。在类似观点的影响下,一旦遇到贫困,我们自然就会认为穷人之所以贫困是因为他们懒惰,缺乏内生动力。

但是我们忽视了美国案例的特殊性。建国前的美国,大量英格兰、爱尔兰和其他地方的穷人来到北美,那里没有国家,没有社会,最重要的是没有财富和财产的差异,还没有形成剥削,没有教育和医疗的差异,大家在一个起跑线上。在这种背景下,致富当然取决于个人努力。美国建国之后的几百年,移居北美的白人几乎都成了富裕的人,这就是所谓的"美国梦"。

在一个初始基础和机会平等的条件下,个人的努力的确是致富的函数,但是为什么美国黑人的富裕程度普遍低于美国的白人?哈佛大学著名经济学家阿莱西纳在《美国和欧洲的反贫困》一书里对此做了明确的论述——美国的宪法明确保护白人和富人的产权和利益。

"贫困是个人的失败"这一论点是美国白人在特定条件下基于自身经验的认识,这一认识并不符合美国的其他族群,因为这些族群是在白人的权力和财富以及资产积累以后才逐渐形成的。相比之下,拉丁美洲没有实现类似美国那样整体富裕的成就,难道说拉丁美洲世世代代大量的穷人都是因为懒惰吗?大量的研究认为,在拉丁美洲的发展初期,资产占有并不平等,这导致了拉丁美洲的贫困。

中国改革开放初期，发展条件相对平等，带来市场改革下千千万万农民生活的改善。不能说改革开放之前农民懒惰，改革开放之后他们突然就勤快了，贫困并不是因为他们懒惰。

河边村是一个地处深山的瑶族村寨。2015年我第一次到村里，第一印象就是村里没有一栋砖混房，全村房屋都是没有窗户的破旧木房，进村的路是8公里的曲折土路，开车要40分钟，雨季来临时就无法通车。那年全村人均可支配收入为4 303元，45%来源于农业，其中27%来源于甘蔗种植。由于地处亚洲野象的栖身地，野象群不断侵害甘蔗，经常造成当地甘蔗绝收，而由此得到保护区的补偿每亩只有700元，正常情况下，每亩甘蔗收入可达2 000多元。

河边村属于少数民族村落，很多人不会讲普通话。由于语言等方面的限制，村民很少出远门打工，只是在山下做一些零工。2015年，村民每天打工的收入在80~100元，但并非每天有活干。而同年村民日常开支高达总支出的41%，小孩的教育支出高达25%。在低收入的条件下，现代消费文化不断推高农户的实际支出，致使相当多农户依靠债务维持消费。现代性的福利要素如教育、医疗等又继续构成农户的刚性支出，加之农户传统的支出，使得河边村农户陷入了"三重性"（低收入、高支出、高债务）的贫困陷阱。如果让我待在这个村里，我可能是最贫困的农户。

我到山下的村子调研，外面的人说，"你在那里扶贫啊？河边寨子的瑶族人可是懒啊"。可是当我们真正了解这些村落的基本情况时，又有多少理由认为他们的贫困是因为懒，因为愚，因为没有志和智呢？

我看到村里的人每天都在忙碌，早上六点就出去找猪食喂猪、砍甘蔗等，有时甚至还会半夜去割胶。妇女到其他的村去帮着收西瓜，需要在温棚闷热的环境下作业。河边村的妇女们下山去做零工，主人家不管饭也不管路费，她们早上五点多就得骑车下山，在大棚里干到天黑，一天挣100元。

村人常说，"找钱太难，不会找"。他们习惯将挣来的钱称为"找来的""苦来的"，这一地方化的表达事实上非常准确地描述了他们的状态——对他们来说，挣钱是一件很难的事，需要花精力去"找"，从别人不屑于去干的工种中寻求一份工。即使能"找到钱"，换取到低廉的报酬，也要比寻常人付出更辛苦的劳动。

河边村有28户家庭存在教育支出，2015年平均教育支出占家庭总支出的20%。在教育支出最多的10户中，只有两户家庭的纯收入（扣除生产性支出）减去教育费用后还有结余。家庭纯收入减去教育支出后，结余负数最大的那一家人，因其2015年亏本过多，家庭纯收入已是负数。2015年全村医疗户均支出4 233元，人均花费1 141元，医疗费用占农户家庭总支出的比例为17%。其中共有16户家庭因病、意外有过住院或手术开支，占总户数的29%，所花费用占医疗总支出的37%。

全村没有一个富裕户，没有一间像样的房子，他们的境遇是因为懒惰吗？事实上，他们的贫困深深地嵌入了现有的制度里。类似河边村村民这样的"穷人"，无论进入就业市场，还是从事创收活动，都难以和其他人竞争。在一个日益不平等的社会，虽有马云这种凭个人取得巨大成功的样板，但是整体上讲，穷人和富人远不在一个起跑线上。穷人依靠个人努力致富的难度越来越大，市场可能惠及穷人，但是市场不是穷人友好的制度。从某种角度讲，"贫困是因为懒惰"是一个谎言。

刘易斯的《贫困文化：墨西哥五个家庭实录》、班菲尔德的《一个落后社会的伦理基础》、哈瑞顿的《另类美国》，通过来自墨西哥、意大利和美国等不同社会的经验资料，共同构筑起贫困文化的概念架构。刘易斯在《贫困文化》一文中指出，"贫困文化一旦形成，就必然倾向于永恒。棚户区的孩子到六七岁时，通常已经吸收了贫困亚文化的基本态度和价值观念。因此，他们在心理上不准备接受那些可能改变他们生活的种种变迁的条件或改善的机会。"

很多人将这一研究观点简单地移植到贫困的研究中，一般化地将贫困视为穷人个体和文化的责任，认为贫困是因为穷人的懒惰、愚昧，"等靠要"几乎成了批评穷人的主流话语。

任何一个社会都有个体的失败，个人的努力无疑是获得财富的必要条件，但是并非充分条件。贫困个体责任和贫困文化论忽视了制度和结构在财富、资产、教育和机会等方面存在巨大差异条件下对贫困的决定性影响。这一理论同时弱化了我们追求一个平等社会所应肩负的神圣责任，转移了我们推动制度变革的注意力。

大规模脱贫攻坚的成就恰恰说明了消除制度性因素在减贫中的作用。针对贫困户的教育、医疗和住房的"三保障"就是从制度上消除贫困的具体案例。而脱贫攻坚也恰恰难在如何继续推进制度的变革，从而建立一个公平的经济社会制度。

河边村村民为何贫困？

河边村共有58户农户，其中五保户1户1人、低保户18户55人，精准扶贫建档立卡户20户。在实际情况中，有两户户主到其他村寨做上门女婿，户口暂时没有迁移；另有一户户主常年外出务工，无法联系，因此本次调查实际涵盖了剩余的55户农户，共204人。河边村共有男性112人，女性92人，男女比例为1.22。村民的平均年龄为28.4岁，属于比较"年轻"的村庄，村内60岁及以上老人只有10人，而51岁及以上一共只有21人。村庄共有5名党员，全为男性。女性参与村庄建设与村庄治理的平等权利似乎没有得到体现，在村庄事务的处理以及民主协商的会议中，很少看到有女性发言，更不用说做出决策了。

河边村现有土地782.3亩，其中水田145.7亩，旱地636.6亩，村民自种的无争议的橡胶地1382亩。人均水田0.7亩，人均旱地3.1亩。河边村位处山地，水田较少。村内可用于种植冬季作物的田地不多，旱地大部分用于种植甘蔗、玉米。2015年河边村务农的主要收入来源即是甘蔗收入。

在对数据进行具体分析时，剔除了对分析结果可能产生误差的极大值和极小值。其中极小值为村五保户，现金支出为1200元，全为食物及医疗开支。极大值是村庄首富小H，2015年其在瑶区乡租种他人土地416亩，种植甘蔗，依靠借款投入成本20多万元，其开支远高于村庄内其他村民的平均水平。这两户农户情况特殊，在整个村庄中属于特例，因此不计入本次统计分析之中。河边村2015—2016年户均年收入为22118元，其中最高收入为46627元，最低收入为3800元。2015—2016年人均可支配收入为5832元。远低于该年全国农村居民人均可支配收入11422元，也低于该年云南省农村居民人均可支配收入8242元。

2015—2016年河边村的收入以农业和转移性收入为主，其中务农收入占38%，工资性收入占25%，转移性收入占23%，财产性收入占6%。

农业收入。2016年种植业收入达98%，占河边村农业收入的绝大部分，养殖业收入仅占2%。河边村的种植业收入包括甘蔗、砂仁、无筋豆、橡胶等。其中甘蔗是村民的主要收入来源，甘蔗的户均收入约为5800元；砂仁次之，户均收入约为3200元。河边村的砂仁收入较2015年有较大的变化，2015年砂仁的户均收入约为720元，2016年的砂仁收入是2015年的4倍多。无筋豆收入比2015年减少了近4成。2014—2015年河边村甘蔗的户均收入约为5600元，与2015年基本持平。砂仁和无筋豆之所以出现这么大的收入波动，与农产品市场和气候有重大关系。

　　无筋豆的市场波动很大，笔者做访问时的一周内，其价格从1.5元/公斤涨到6元/公斤。由于摘豆的时间无法跟上价格变化的速度，多数村民没能在价格最高的几天把豆子卖出去。他们大多是在1.5元/公斤的时候卖出的，根据我们的统计，无筋豆的成本（不含人工成本）约为1 000元/亩，如果将人工成本计算在内（按当地一个人工80元/天计算），一亩无筋豆的人工成本至少为3 240元，也就是说一亩无筋豆至少要卖4 240元才不亏本。按一亩平均有1吨产量计算，那么无筋豆的市场价格至少要4.3元/公斤才能保本。

　　干砂仁2015年的价格为300元/公斤，2016年为280元/公斤，市场价格稳定，但是2015年河边村的砂仁遭遇恶劣气候，普遍没有结果子，砂仁的收成很少。2016年气候变好，砂仁收成显著上升。据统计，河边村没有种植砂仁的家庭只有7户，其余48户家庭平均种植砂仁约11亩。由于砂仁不需要打药除草，种植3年后，全靠气候适宜自然生长结果，据了解，村民只需要在砂仁收成时每亩投入5~6个人工即可，所以砂仁的管理成本比较低。但是砂仁的产量受气候影响极大，十分不稳定，据村民反映，一亩砂仁一般可以产30公斤湿砂仁。但是气候不好时经常一个果子也不结。农户很难对这部分收入做稳定预期。

　　甘蔗收购价格相对稳定，也不需要投入太多人工，本应是这个地区比较稳定的收入来源，但是因为河边村地处雨林，经常有大象成群偷吃和踩踏甘蔗，损失严重。这两年很多农民都血本无归，纷纷表示来年不打算再种植甘蔗。2015年河边村种植甘蔗的37户中，有22户的甘蔗都遭受象灾，河边村甘蔗受损率高达57%，全村接近6成甘蔗被大象吃光。甘蔗的赔偿额仅为每亩700元，而每亩的成本为1 500元，这就意味每亩受灾的甘蔗地会给农户带来至少800元的损失，这给村民的生计造成了极大的影响。

橡胶延续上一年的惨淡情况，由于价格低，开割的非常少，有橡胶收入的仅有5户。其中最高为540元，最低为60元，对村民的家庭收入基本没什么贡献。村内有6户居民种植了香蕉，其中4户是2015年新种植的，尚无收入，只有两户有香蕉收入，分别是400元和4 000元。

工资性收入。河边村的工资性收入分为长期工资收入、长期外出打工收入和打零工的收入。村内有长期工资性收入的只有6人，其中一位是在镇邮政所上班的单身女性，她的年工资收入为19 800元。其余5位都是在村内担任村干部职务，每月有200元的收入；村里有收入的职务还有贷款员1人，每月500元；护林员1人，每月400元。担任贷款员和会计的为同一人，其年工资性收入为7 200元，是村内除在镇邮政所工作的村民之外长期工资性收入最高的。靠长期外出打工获得收入的有11人，摘豆子3 000元/月，汽车修理1 650元/月。其中长期外出打工收入最高的是在老挝做伐木工人，他一年的收入有1.5万元。全村有23户家庭有打零工收入，这一部分的收入主要是村民在农闲时去村子附近从事农业小时工的收入，诸如扛香蕉、挖洞、摘辣椒等，一个小时按10~20元计算。村民打零工的平均收入为3 600元/户，占家庭总收入的13%。我们发现，河边村的工资性收入在家庭收入结构中占比较低，只有5户家庭的工资性收入超过了非工资性收入。其余的都以非工资性（务农）收入为主。

转移性收入。转移性收入在河边村家庭收入结构中的比重较大，平均占23%。其中所占比重最大的是黄花梨木补贴，占了全村转移性收入的一半，其次是退耕还林补贴、综合补贴、低保补贴。黄花梨木补贴是村子新增的一项补贴收入，源于2015年勐腊县政府的《环境友好型胶园生态建设》项目的管理费补助，河边村种植管理的是海南黄花梨木，按政府的规定每亩补助43.7元，平均每棵补助8元。河边村共有42户获得补助，平均每户获得3 064元，最多的一户有 11 362 元。河边村获得退耕还林补贴的共有 39 户，面积 1 060 亩。2004—2012 年享受退耕还林补贴 240 元/亩，2013 年至今退耕还林补贴调整为 120 元/亩。据当地村民讲述 1999 年为实现家家通电，村民将 1 200 亩退耕还林土地出租给孝感公司种植油木，并与村民对半享受国家退耕还林补贴。河边村有低保户 18 户，五保户 1 户。低保户的补贴为每季度每人 429 元，五保户的补贴为每季度每人 440 元。河边村有 60 岁及以上老人 10 人，只有 4 人领取了养老保险。据村里的会计介绍，养老保险每人每年需缴纳 100 元，总计上缴 1 500 元，年满 60 岁每人每月可领取养老金 60 元。

地租收入。目前，全村只有 16 户有地租收入，土地出租种植香蕉，多为山地，租金为 500 元/亩。土地出租的收入在河边村家庭收入结构中占比不大。其中收入最高的是一年 10 000 元，该户地租收入占家庭总收入的 60%。16 户的平均土地租金收入占家庭总收入的比重为 14%。

本次调查河边村的家庭总支出主要包括 5 个方面，家庭经营费用支出、日常开支、医疗费用、教育费用以及财政性支出。实际上 55 户农户 2015 年总支出为 1 667 044 元，户均 30 310 元，人均 8 172 元。之所以出现如此大的人均支出主要是因为河边村一大富裕户家庭经营费用支出较多，总体上拉高了村民的支出水平。

由于个别农户收支差异巨大，去掉极大值和极小值后，2015 年河边村 53 户农户家庭现金总支出为 1 385 944 元，户均现金支出为 26 002 元，人均现金支出为 6 755 元。其中医疗总支出为 250 062 元，家庭经营费用支出为 344 789 元，日常消费开支共计 561 091 元，教育费用总计为 153 702 元，财政性支出为 76 300 元，其他支出 7 860 元。其中，日常消费支出占比最大为 41%，其次为家庭经营费用支出为 25%，医疗支出紧随其后为 18%，教育费用则为 11%。

家庭医疗支出。2015 年河边村医疗费用总支出为 250 062 元，户均 4 233 元，人均花费 1 141 元，医疗费用占农户家庭总支出比例为 17%。这其中共有 16 户家庭因病或意外有过住院或手术开支，占总户数的 29%，所花费用占医疗总支出的 37%。尽管住院及手术开支占总医药费用比例不高，但是对有过住院及手术花费的家庭而言，家中有人患有严重疾病，给家庭带来极重的负担。2015 年，河边村"新农合"参保人数为 120 人，参合率仅为 56%，远低于西双版纳州政府提出的 95% 参合率。农户一般只给家中常年患病的成员支付新农合参保费用，大多数身体健康以及患有无须购药的疾病的家庭成员不会在当年支付新农合参保费用。

  案例一：医疗费用最高的是 24 000 元并且全为药物及日常疾病支出，根据访谈得知，该户户主小 C 今年 24 岁，患有严重的胃病，常年在西双版纳景洪买药治疗，所购胃药费用较高，并且不在医保范围内。2015 年该户每月需购买 2 000 元的胃药，一年下来，大概花费 24 000 元的医药费。由于与父母分户没分家，2015 年两家人种养殖收入合计约 38 000 元，家庭支出总计为 61 690 元。小 C 母亲患有较为严重的妇科疾病，2015 年住院及医药费用为 10 000 元。此外，小 C 弟弟患有皮肤病，每年需花费 4 000 元用于购买药品。三人治疗疾病费用合计为 38 000 元，占家庭总支出的 61.6%。全家人当年入不敷出，只能消耗往年积蓄及向外借债度日。

药物及日常疾病的开支占总医疗支出的 58%，这主要是因为村庄农户大多患有慢性疾病，如胃病、高血压、关节炎、妇科疾病等。2015 年共有 78 人次患有不同程度的各类疾病，发病人数超过了村庄总人口的 1/3，15 户农户医疗支出在 5 000 元以上。我们在河边村的调查统计发现，胃病和妇科疾病在当地非常普遍，有 20 人患有较为严重、需要药物治疗的胃病，患有较严重妇科疾病的妇女有 14 人。此外，关节炎、肺部疾病以及肠道疾病也出现过多人次。

访谈中我们得知，很多农户因家庭经济条件的限制，只有在无法忍受的情况下才会选择就医，且以吃药为主。实际上，农户常常没钱购买药品，大多时候会请当地乡村医生抓草药缓解病痛，往往错过了最佳治疗时间。病情得不到有效遏制，就会反复发作，给农户带来更长时间的困扰。因病其他花费主要是指家人住院陪同以及交通费用，2015年河边村因病其他花费只占总医疗费用的5%，这说明住院陪同及交通费用对总医药开支的影响不大。但是住院对农户家庭经济的负担以及对劳动力的束缚，同样是农户不愿住院的主要因素。

因病致贫是河边村多元性贫困的重要因素之一，因疾病导致的家庭劳动力短缺和医疗支出的直接负担对农户家庭的经济收入造成了双向的消解。

案例二：小F今年33岁，家里共有5口人，3个孩子。最小的孩子是男孩，2012年出生。第三个孩子出生不久，小F突感身体不适，并于同年被查出患有急性吉兰-巴雷综合征，一种急性肝炎。开始，由于经济原因，小F并没有打算前往医院治疗，试图依靠乡间草药治疗自身疾病。由于病情一直没有好转，甚至逐渐恶化，小F才不得已转为住院治疗。为了治疗疾病，家里积蓄很快就用光了，几乎倾家荡产，此时治病只能依靠外债了。由于已经向信用社贷款5万元，小F已经不能再向信用社贷款。2013年小F从亲戚朋友那里七拼八凑了85 000元用于第一期的住院治疗。为了还款，家中变卖了刚购买不久的货车，所得款项用于支付拖欠亲戚的借款，即便如此，仍有向亲戚所借的5万元款项没有着落。治疗过程一直延续到现在，2015年因治病需要，小F继续向亲戚朋友借款15 000元。经过不间断的治疗，小F的病情有所好转，现如今除了一些上山下地的重活，其他家务农活已经可以做了，但是离彻底治愈还遥遥无期。小 F 对自己的病情和家以后的生存特别担心，家里一个孩子已经上初中，另外两个孩子还小，近几年家中完全依靠妻子务农维持生计。家中现有 2 亩水田，9 亩旱地，700 棵橡胶树无人管理，长势不好，家中缺乏劳动力，无人上山割胶。2015 年小 F 家现金总收入仅为 8 300 元，其中政府转移性收入为 3 800 元，占总收入的 46%。人均收入 1 660 元，截至 2016 年 1 月，小 F 一家所欠外债已高达 135 000 元，其中银行贷款加利息累计达 7 万元，基于现有的收入水平以及小 F 的病情，想要还清外债几乎是一件不可能的事情。小 F 卖掉了家里大部分的生产性固定资产，其生产性固定资产拥有量为全村最少，务农需要时跟亲戚借来使用。因为需要照顾年幼的孩子，小 F 的妻子将家中大多数土地交给小 F 的兄弟种植管理。缺乏劳动力以及昂贵的治疗费用使小 F 一家脱贫的希望极其渺茫，每年的收入扣除日常花销以及医疗费用，即便有所结余也是用于还款，几乎没有用于扩大再生产的资金来源，小 F 一家已经深深陷入贫困陷阱之中。

劳动力转移务工是增加农户家庭收入以及脱贫的有效方法之一。河边村外出务工人员极少，2015 年在外务工超过 6 个月的年轻人只有 8 人，而且收入大多用于各自的生活消费，很少往家中寄钱，但小 D 是一个特例。

案例三：小 D 是家中长子，最近三年一直外出务工贴补家用。2015 年他在广东务工 10 个月，月薪 3 500 元，自己每月在外开销 800 元，每个月往家里寄 2 000 元。2015 年 11 月，由于家里需要改造房屋，缺乏劳动力，于是小 D 带着积攒的 7 000 元回到家乡。小 D 的母亲患有肠胃疾病，只能在家做些家务。2015 年曾住院治疗一周，医药费一共花了 17 000 元，其中新农合报销8 000元左右。出院后，小D的母亲还要吃药、打点滴，平均每月医药费为300~400元。小D父亲患有高血压且伴有手抖，虽无须吃药治疗，但受身体状况限制无法从事较重的农活。家里还有两个妹妹正在读书，大妹妹在县里读高中，每月生活费600元左右。小妹妹在镇上读初中，每月开销为100元。两个妹妹一年的教育总支出在10 200元（10 200=800×2+600×10+800×2+100×10），平均每月为1 020元（1 020=10 200/10）。这样计算，小D家每月教育和医疗平均固定开销约为1 350元。小D还有一个15岁的弟弟，从学校退学在家。2015年底弟弟误喝农药，被及时送到医院洗胃，治疗费用3 000多元。加上小D家里预建设房屋购买了油锯（加工木料的一种工具）花了3 600元，2015年其全家总收入约42 000元基本上没有结余了。外出踏实务工以及勤俭的生活作风使小D一家的收入大幅度提高，但是家庭成员的疾病和意外的发生完全抵消了收入的增加。维系家庭的重担、辛苦的劳作也给小D的身体留下了隐患，全家人的身体状况同样也是小D最为担心的事。

当我们做完全村的入户调查后，一个疑问不停地出现在我们脑海中：一个如此世外桃源般的雨林山村，究竟是什么导致如此多的村民患上不同的疾病？从目前的调查来看，村庄恶劣的卫生条件以及村民的不良饮食习惯可能是其中重要的两个因素。在河边村的综合贫困治理行动开展之前，村内只有书记家有旱厕，其余所有农户家庭均没有厕所。草丛中、树林边即是农户的"天然厕所"，此外，村民的鸡、猪散养数量很多，随处可见鸡、猪"走家串户"，人畜粪便极度缺乏管理。村内自来水引自深山，水源安全但是没有经过任何净化处理，天气炎热时，村民饮用生水的情况较为普遍。农忙时节，村民的饮食不规律，大量食用野菜也很容易让村民患上胃病。很少有村民前往医院做定期体检，若身体略有不适，多数村民选择草药缓解病症，然而一旦疾病发作，所需医疗费用反而更高。

恶劣的卫生条件和不良的卫生习惯使河边村村民很容易患有各类疾病，疾病一方面使家中青壮年丧失劳动力，另一方面昂贵的医疗支出也使家庭丧失了扩大再生产的能力。这种影响使河边村数十年来脱贫致富的难度越来越大。目前河边村老龄化率仅为5%，60岁及以上老人只有10人，且多数患有不同类型的疾病。这种卫生条件同样使儿童面临生病威胁，河边村已有3个儿童患有不同程度的肺病，儿童的抵抗力普遍偏弱，时常感冒发烧。贫困正以疾病的形式在代际延续，改善河边村的卫生环境，阻断疾病的代际传递势必是河边村综合贫困治理行动的主要工作内容之一。

农户家庭日常消费开支。2015年河边村农户家庭日常开支总额为561 091元，户均花费10 587元，人均2 791元。日常开支占总开支比例最大，涵盖了农户对食品、衣着、住房、家庭设备及服务费用、日常交通及通信，以及礼金和其他生活开支。在具体计算过程中，我们将购买耐用品（摩托车、电视、太阳能热水器等）以及长期外出务工人员的日常消费算作农户的家庭设备及服务支出这一类，这是该部分支出占日常开支比例较大的主要原因。

日常支出的结构分为8个部分，其中烟酒占比最大，为25%。河边村瑶族村民偏好喝酒，但是村民买酒的花费其实不高，花费较多的是烟。几乎每家每户的男性都有抽烟的习惯，尤其是青壮年，几乎每天一包，每包的价格为8~11元不等，一个抽烟的男性平均每年花在买烟上的费用在3 000元以上。通信费用占日常总支出的18%，高居第三位。河边村没有接通固定电话线路，目前只能接收移动网络信号，但是信号较差。村内的手机网络使用比例较高，15~30岁的年轻人都大量使用QQ、微信等网络即时通信软件以及手机游戏等，每月流量及话费费用较高。此外，由于电话费用昂贵，村内目前联系和通信大部分都是使用微信工具，河边村有专门的村庄内部联系群，村干部也通过微信通知村内大小事务。河边村村民每周至少会前往勐伴镇一次，由于进出村庄的道路崎岖，耗费的油费也更多。每往返勐伴镇一次需 5 元左右的油费，基本上每家每个星期都会往返勐伴镇至少一次。

家庭经营费用支持。2015 年河边村实际家庭经营费用支出总计为 584 589 元，户均 10 629 元，人均 2 866 元。家庭经营费用支出较高，主要是因为小 H 家在外地承包了 400 多亩土地种植甘蔗，2015 年共花费生产经营费用 20 多万元，远远高于村内其他村民的平均水平。村内五保户基本上已经丧失了劳动能力，全年家庭没有产生经营费用支出。因此，为准确反映河边村家庭经营费用支出情况，在具体的分析过程中，极大值小 H 家以及五保户的数据被剔除。剔除极大值和极小值之后的村民家庭经营费用总支出为 344 789 元，户均 6 505 元，人均 1 715 元。

在农户家庭经营费用构成中，家庭种养殖成本高居 70%，生产性固定资产支出占比 17%，油费以及农具维修费用占比 13%。由此可以看出，河边村村民的主要生计方式为务农，外出务工以及工资性收入比例很小。河边村的经营费用支出主要为种植甘蔗、水稻、玉米以及维护橡胶林地的管理费用，这其中甘蔗作为最主要的收入来源，花费在其上的费用同样也是最多的。部分农户 2015 年经营费用支出较高，主要是因为有部分农户种植了高成本的无筋豆、香蕉等经济作物。

购置生产性固定资产主要是指有部分农户因为家庭即将新建房屋而购买了油锯，也有农户购买了三轮车以及其他可用于生产的农用机械。在统计生产经营的油费时，我们将用于生产和日常生活的费用分开，分别进行了统计。实际上，河边村村民因为田地距离村民居住地较远，平时务农都需要骑摩托车前往地里干活，农忙时节每天都要往返住所和田地几次。种植经济作物也需要使用摩托车将作物运往公路边的纳卡村。这样当农作物的价格较低时，运输成本也部分冲销了农户的收入，使河边村村民的收入更低了。

教育费用支出。2015年河边村共有28户农户家庭需要支付教育费用，约占村庄总户数的一半，所有家庭教育费用总支出为153 702元，户均5 489元，学生人均花费4 270元。其中学杂费及在校食宿费占比为37%，主要是指学生上学的学杂费、住宿费以及在学校食堂购买食物所需的费用；零花钱占比较大为52%，这主要是因为当地学生普遍都在校外吃早餐，而早餐费一般是统计入零花钱之中的；上学交通费用根据上学地点不同有所差别，但是占教育费用总支出比例不大，为11%。

学龄儿童共计36人，此外有一个适龄辍学儿童。从纵向学习年限来看，河边村的学生构成主要为小学生、初中生和高中生。小学生有19人、初中生有13人、高中生有4人。高中生的教育开支是最高的，村内教育开支超过1万元的4户都是因为家里孩子在上高中，4个高中生有1位在勐腊县就读，另外3人都在州府景洪的民族中学，食宿及日常开销较大。但是因为距离较远，村内高中生平时很少回家，上学交通费用不多。小学食宿交通等费用一般在1 200~1 400元/年，初中普遍为1 600元/年。除此之外，因为上学地点的固定性，我们假设前往相同学习地点的交通费用是相同的。按照每周学生回家一次，每学年10个月计算，本次调研学生交通费用的计算公式是：每次摩托车接送油费×2×4×10。目前村内小学生全部都在位于那卡的希望小学，初中生全部在勐伴中学。据村民估算，往返一次那卡需要油费7元，往返勐伴则需10元左右，小学及初中学生一年上学交通费用分别为560元和800元。家庭经济状况直接决定了学生零花钱的数额，也是各家各户教育开支高低的重要影响因素。

28户有教育支出的家庭平均教育支出占家庭总支出的19.4%。教育支出占家庭总支出最高的一户为64%，主要是因为该户是单亲家庭，户主为女性，较少从事农业生产，每年依靠短期务工收入及政府转移性综合补贴维持家用，在家人没有大额医疗开支的情况下，收入几乎全部用于孩子教育及日常开支。共有8户农户家庭教育支出占家庭总支出比例超过了20%，由此可见有学龄儿童的家庭存在较大的教育开支压力，随着孩子学历的增加以及家中学生数量的增多而逐步增大。实际调研中，很多家长及村民表示，书读得越多，教育费用越发昂贵，父母面临巨大的教育成本压力，学生也将无心学业。

在教育支出最多的10户农户中，我们可以发现其中只有两户农户家庭纯收入（扣除生产性支出）减去教育费用还有较多结余。家庭纯收入减去教育支出后结余负数最大的是小H家，因其2015年亏损过多，家庭纯收入已经是负数。其余7户农户家庭教育对收入的消解作用相当明显，有4户当年需要依靠往年存款或者借款度日，另有3户虽然减去教育支出还有结余，但是已经所剩无几。

财政性支出。本次调研农户家庭财政性支出主要统计的是2015年河边村农户盖房开支。河边村作为小云助贫中心参与实施的乡村综合扶贫治理方案的试点村，项目规划中已经详细列出了每家每户未来几年内房屋建设的时间表。规划中的房屋设计主要为砖木混合结构，以木质材料为主。农户自家准备的木料除了回收再利用老房子的木料外，还有从集体林中砍伐或重新购买的。因此通常所说的备料费用主要是指购买木料的费用、使用油锯砍伐和切割木料消耗的油费以及人工运输费（包括请帮工吃饭）。

调研问卷中也有涉及农户近期是否有建房打算的问题，从调研的结果看，有17户农户在2015年便开始准备建房用的木料（备料）。备料费用与家庭木料存量以及所盖房屋大小有极大的相关性，其中花费最少的农户为300元，主要是因为该农户准备木料时间比较晚，调研时刚开始准备；最多的已经花费了12 000元，家庭木料存量较少，并且已经备料结束。

负债情况。2015年河边村共有30户农户向亲戚朋友、银行信用社借过款，并且在2016年1月之前未还清款项。2015年借款的农户中最低欠款300元，最高欠款27万元，欠款总额为518 900元，户均欠款9 435元，人均欠款2 544元。所借款项主要用于房屋建造、疾病治疗、教育开支以及日常生活开支。借款最多的农户的收入远远高于其他农户，根据访谈得知，该户主2015年种植甘蔗借款27万元，由于甘蔗遭到野象破坏，导致大面积亏本，截至甘蔗收获期，所得收入还不足以还清2014年的借款，因此2015年的借款均未偿还。

由于其家庭借款金额相对于其他家庭而言过于庞大，在分析数据的过程中，为了反映河边村平均欠债水平，我们重新做了剔除极大值后的2015年欠债表。剔除极大值后，河边村2015年欠债总额为248 900元，29户农户平均欠债8 583元，人均欠债1 220元。

河边村农户有着较长的借款历史，并且大部分农户至今依然有负债未还清。调查发现，除了富裕户小H之外，目前河边村共有41户农户负债，最少为300元，最多高达135 000元，明显高于其他户，该户的情况同样较为特殊，户主常年生病，每年需要花费巨额款项用于治疗。过去十几年间曾多次向银行、信用社贷款并向亲戚借款，日积月累之下，负债总额越发庞大，每年收入都不够偿还银行利息。加上最高负债金额470 000元，河边村目前负债总额为1 217 800元，户均22 142元，人均5 970元；即便剔除极大值470 000元的欠债，河边村负债总额也高达747 800元，户均13 596元，人均3 666元；如果在样本中再次剔除欠债第二高的小F家（所欠款项为135 000元），那么河边村负债总额为612 800元，户均11 785元，人均3 049元。

总体来看，河边村村民的负债情况较为严重，三种计算口径得出的结果均显示河边村人均负债金额在3 000元以上，户均超过了1万元。也就是说，即便2016年河边村村民的人均纯收入超过国家规定的贫困线2 760元，依然不足以用来偿付欠款。单纯的以增加少量收入为目的的扶贫政策并不能从根本上解决目前河边村的深度贫困问题。此外，巨额的负债使农户陷入信用危机，除了部分欠款较少以及没有欠款的农户可以再次贷款之外，欠款最多同时也是最需要贷款的贫困户很难再次从银行和信用社贷款。这对农户无疑是雪上加霜，一方面农户很难贷款用于房屋改造和再生产的投资，另一方面农户较低的过往还款历史同样使银行和信用社不敢轻易提供贷款。河边村的综合发展行动需要农户贷款用于房屋的建设，此时来自政府的信誉担保将显得尤其重要。

贫困数字的迷思

　　自实施"精准扶贫"战略以来，扶贫成了全社会关注的焦点。很多人问我，为什么扶贫这么多年，穷人的数量还有那么多？这个问题既好回答也不好回答。可能有人假想政府扶贫的钱没用在扶贫上，也有的认为富人越来越富，掠夺了穷人的财富。对于贫困和扶贫每个人都有不同的看法和想法。所以要回答为什么穷人反倒越来越多的问题是很难的。那么，真的是扶贫这么多年，穷人反倒越来越多了吗？

　　实际上，贫困既是一个客观的现实，也是一个政治、经济、社会的再生产品。改革开放之前，从物质角度看，社会存在普遍的贫困。20世纪80年代中期，政府开始实施扶贫战略，但因穷人太多，

---

* 本文发表在南都观察（2016-06-15），原文链接：http://www.naradafoundation.org/content/4980。

没有财力照顾到这么大的群体，只能选择其中最贫困的群体。如何知道哪些是最贫困人口呢？为此，中央政府制定了贫困线，也就是说收入低于这个线的人算穷人。

1978年的贫困线为农民年人均纯收入低于100元。我不知道那个时候一年100元相当于现在的多少。但是过来的人都知道，当时每个月10元钱可以维持基本生活。按照每人每年100元的纯收入，1978年，中国的贫困人口数为2.5亿人。1985年，贫困人口减至1.25亿人，到1990年，贫困人口减到了8 500万人。所以在大家的印象中，90年代贫困人口已经降到1亿人以下了。

1993年国家实施"八七扶贫攻坚计划"，目标是到2000年解决8 000万贫困人口的温饱。"八七扶贫攻坚计划"结束后，国家宣布贫困人口的温饱问题基本解决。这就给公众留下了我们没有贫困人口的印象。这一印象也有其客观性，类似改革之前的普遍贫困现象的确有了很大缓解。但是普遍认为贫困问题基本解决则是数字游戏的结果。

20世纪90年代贫困线不断调整，2000年的贫困线已达到了625元，但这更多是随物价上涨调整的结果。实际的标准并未提高很多，也就是说我们一直是按照极低的贫困标准来估算穷人数量的。标准低，穷人数量就少，穷人数量的减少就会相对容易。例如，1993年的贫困人口是8 000万人，这是按照低贫困线统计的数据。2000年，按照这个数据，政府宣布贫困人口的温饱基本解决。但是如果按照现在2 300元的购买力平价标准计算，就会有超过5亿的贫困人口，按照这个数量，到2000年，政府无法宣布贫困问题基本解决。贫困线的设定，一方面有着客观的需要，例如究竟多少钱才能维持生活，另一方面政府也要考虑财政能力、业绩是否可以达到等不同的因素。

更为重要的是，这些数字由专业的机构和专家测算，难懂的数据收集和各种数学公式的计算将一般公众挡在知情的大墙之外，贫困人口的多少也借助专业知识，从一个客观的现实逐渐演化成了复杂的政治、经济、社会再生产的产物。公众迷失于不同的数据中，农村的人口则只能被动地在政府划定的收入范围内寻找自己的位置。

长期维持低贫困线造成了公众实际认知和国家官方宣传之间的断层。由于采用较低的贫困线，造成很多人口虽然生活在贫困线之上，但仍处于非常贫困的状态。2008年，政府基于多方面的考虑，将贫困线调整为1 196元，贫困人口因此增至4 000万。

2012年以来，新一届政府秉持到2020年全面建成小康社会的理念，开始全面关注贫困问题，实施"精准扶贫"战略。如果按照原有的贫困线，就只有4 000多万贫困人口，媒体不断披露贫困实情，大家看到很多农村依然非常贫困。这是因为贫困线低，给出了穷人少的印象，而实际很多在贫困线之上的人也很贫困。所以如不调整贫困线，一方面将影响政府的信用；另一方面，到2020年宣布全面建成小康社会之时，依然还存在庞大的贫困群体势必将给政府带来更大的信用问题。因此政府决定大幅提高贫困线，按照2011年的价格水平，贫困线升至2 300元，这次调整比较符合中国贫困的客观实际。

由于贫困线的大幅提高，贫困人口数量猛增到1.24亿人。这就是大家会疑惑20世纪贫困消除了，后来又有1.24亿贫困人口的原因。可见公众的不解来源于不同时间贫困线的变动，而非贫困人口实际增减的真实情况。穷人的命运在很大程度上受到了制定贫困线时政治经济考虑的影响。如果你是处在贫困线以下的群体，就有可能得到支持，而处于贫困线以上的群体可能就被排除。那么有谁会认为人均年收入低于2 300元的是穷人，而低于2 800元的就不是呢？或者说，如果没有严格的记账统计、专业的调查，在农村如何知道谁家的收入究竟是多少呢？数字游戏不仅产生了某种排斥，同时也产生围绕着谁是穷人的社会博弈。

这里讲的数字游戏并非要否定我们的减贫成就。按照世界银行（以下简称"世行"）估算的国际最新贫困线标准每人每天1.99美元计算，我们1981年的贫困发生率是88.3%，而按照2011年我国2 300元贫困线标准计算，1981年的贫困发生率则为90%，两者相差不大。到2010年，按照1.99美元计算，贫困发生率下降到11.2%，而按照中国新的2 300元贫困线则下降到17.2%。也就是说，如果我们按照全球的比较标准和中国新的贫困线估算，中国的人口基本上从80%~90%都是贫困人口的状态减少到只有11%~17%的人口属于贫困人口的现状，这个成绩是很好的。

对于全球来说，中国减贫的贡献也是很大的。按照此前国际贫困线每人每天1.25美元估计，1981—2005年，全球共实现减贫5.19亿人，也就是说在这25年中，全世界共有5.19亿人口的收入提高到每天1.25美元。但是如果把中国的减贫数据去掉，全球的贫困人口反而净增加1.09亿。国际社会一直都把全球减贫的成绩归为他们的努力。但是很多人都用这些数据来质疑这个结论。总的来说，中国减贫成果是中国人自己的成绩，国际社会的贡献是很少的，国际社会的援助对于减贫几乎没有贡献。当然这也是数字游戏。

那么，中国的贫困人口到底减少了多少？这个数据相信很多学者也无法估算。单就收入衡量的数据看，结合世行的国际贫困线和我们最新的贫困线估算，从1978年到现在的三十多年中，按照国际贫困线1.25美元和1.99美元计算，我们减少了6亿~7亿贫困人口，估计还存在5 000万到1亿的贫困人口。这只是按照收入计算的估计。贫困不仅仅是收入问题。即使有人每年纯收入高于2 300元，但是由于医疗、教育和其他的开支造成了欠债，也会陷入贫困。但是这样的情况并不在我们估算贫困人口数据的范围之内。所以，如果按照多维度，如资产、教育、卫生和其他方面衡量，中国减贫人口的数量不会像现在估算的这么多。

国家提出到2020年实现按现在扶贫标准下贫困人口全部脱贫的目标。很多人问我，到时候就没有贫困人口了吧？我说，这要看如何界定贫困了。如果目标是到 2020 年年收入低于 2 300 元的贫困人口的收入都超过这个标准，我估计就没有穷人了！但是，贫困是个相对问题。随着社会的发展，生活水平不断提高，处于底层的群体不管收入有多高则永远属于这个社会的贫困群体。而且对于中国这样的转型国家而言，阶层也在变化。有的今年处于贫困，过几年脱贫了；还有的现在富裕，过几年又贫困了。所以说，贫困是相对的，不会消失。衡量贫困的指标也会不断变化，过去吃不饱算贫困，现在吃不好、穿不好、住不好都算贫困。

只要人类社会的分化不消失，贫困就不会消失，因为社会分化和分层很难消失，所以贫困也就很难消失。有多少贫困人口和什么状态算是贫困并不必然取决于客观上有多少真正的贫困人口，在很大程度上取决于国家和社会在其政治经济的博弈中愿意承担多少道义责任。一般来说当届政府在结束其任期时往往为了业绩形象可以根据现实考虑宣布消除贫困，而新一届政府也可以把消除贫困作为其业绩的内容而宣布贫困问题依然严重。所以从某种意义上说，贫困可以消除，可以减少，也可以增加。贫困人口的数字不必然反映真正有多少穷人，穷人是不是穷人也不必然由穷人自己说了算。

贫困陷阱

广义的扶贫主要是指绝对贫困的减少和不平等程度的缩小两个

---

* 本文发表在《农民日报》（2015-05-27），原文链接：http://szb.farmer.com.cn/nmrb/html/ 2015-05/ 27/nw.D110000nmrb_20150527_4-03.htm?div=-1。

方面。过去三十多年中国绝对贫困的缓解是非常明显的。现在很多地方，一个贫困村里自行车、摩托车、电视机等的有无都无法再作为贫困的标准。但是为什么我们还是感觉到他们依然处于贫困状态呢？这主要是因为相对于城市人口和发达地区的农村人口，很多落后地区的农村人口处于整个社会的底层，不仅是收入，更重要的是整体生活水平的差距衬托出了底层群体的相对贫困感。

我在走访云南的一个贫困县时发现县里很多村子都不同程度地得到过很多项目包括扶贫开发项目的支持。我对其中一个村子的整体观察发现，虽然温饱都解决了，但是十年前的贫困群体现在基本上还是贫困群体，即使在一个县，贫富差距也表现出很强的地域性和阶层性。地理条件好的村子总体上好于山上的村子；在一个村里有社会关系的、地多的、当干部的基本都是富裕户。

在过去十多年中，贫和富的福利差距不是收敛，而是呈现平行移动和放大的趋势。这意味着在经济发展放缓的条件下，处于平均收入之下的群体就有可能长时间处于贫困；而如果假定存在对穷人的相对剥夺，即使经济处于增长状态，穷人走出贫困也很缓慢。

第一，这种福利差距的平行移动或者放大暗示了贫困群体似乎陷入了很难跃出的贫困陷阱。现在的贫困人口似乎陷入了"结构性的贫困陷阱"中，制约脱贫的因素呈现出了刚性的特点。也就是说在机会、资本、利润场域中存在凭借资源、资本、技术、关系、信息和权力优势而优先获益的群体，机会不再平等，初始条件也不再平等。不同群体利用市场规则凭借其特有的资源相互竞争，看起来公平，而在"强—弱"的结构关系中，强者垄断了机会和利益。

第二，由于越过贫困陷阱的经济门槛越来越高，过去年收入几千元是富裕户，现在则是贫困户，对于处于贫困陷阱的穷人而言，依靠自己的力量很难脱贫。目前的开发式扶贫，一是支持的规模很小，强度很低，很难产生越过贫困陷阱的经济效益；二是即使有大强度的支持，减贫效应也会发生转移。如农户分散生产的弊端催生了"公司＋农户"模式的出现，但增加更多的还是老板，减贫收益流失严重。

第三，各种对扶贫资源以及资源产生的利益直接或间接的"捕获"使得穷人摆脱困境更加艰难。例如在很多地方以公共资金投入的扶贫类基础设施项目，有的公司即以苗木、技术集中管理为由与农民签署了"公司＋农户"的合同，通过这种形式扶贫类项目的减贫收益就发生了合法性的流出。

上述讨论意味在新的条件下需要对扶贫开发的制度进行改革。现阶段实施直接的、大规模的福利转移是不可行的，也是不可持续的。这是因为直接的福利转移一般在贫困群体数量较小和公共资金宽裕的条件下比较可行，即便如此，直接福利转移的社会和政治成本都很大。

在现阶段"结构性贫困"的条件下，需要从两个维度上考虑调整开发式的"造血机制"。首先，在贫困群体依然很大的条件下，依托开发性扶贫仍然是扶贫工作的主线，但需要通过一定的"输血"性投入抬高穷人多维度的财富初始水平，使得贫困群体和非贫困群体初始水平差距缩小，降低非收入贫困消解经济收入的程度。社会保障和教育以及基础设施的投入正在发挥很大的作用，但是总体上还没达到有效发挥作用的临界点，所以对收入有消解作用的医疗、教育和乡村基础设施的公共投入的减贫意义非常明显，需要加强。这方面的投入可以确保贫困群体资金财富的存量和增量更多地投入到经济创收活动中。

其次，通过对农户直接的经济性"输血"抬高贫困人口的资产存量。到户扶贫资金通过公司加农户折股是个好办法，但是公司方控制财务和信息，可以通过财务做假账做低盈利甚至亏损。对于这类的扶贫可以考虑由扶贫办聘请独立会计进驻企业。

贫困为何持续存在

我想从三个方面来讲：第一个是贫困是如何再生产的，第二个是过去扶贫的经验，第三个是我们今天面临的贫困和扶贫的政治经济学问题。

首先从历史上看，不管是美国、欧洲等发达国家还是发展中国家，都有10%左右的群体相对处于社会底层。从绝对意义上讲，贫困一直存在。而今天说的贫困，是社会再生产和社会构建的问题。1993年提出了"八七扶贫攻坚计划"，即用7年解决8 000万贫困人口。但现在怎么还是有8 000万贫困人口？这是非常政治化的问题。

根据财力由上而下确定我们所能解决的贫困人口数是一个主观标准。1985年贫困县的标准是一个县年人均收入低于150元，当时有258个贫困县。到1993年贫困线划在年人均收入300元以下，当时统计局的抽样调查结果显示贫困人口数量是8 000万人，贫困县的数量从258个扩展到592个。到2006年，贫困标准提高到600~700元，我国的贫困人口数降至2 148万人。2006年贫困标准提高到700元，2008年贫困标准提高到1 196元。到2011年，我国正式把贫困标准提高到2 300元，这个新标准使得我国贫困人口

---

* 本文是李小云教授在"凤凰大学问沙龙"上的主题发言。凤凰网大学问频道及公众号（ifengdxw）整理发布（2016-09-14），原文链接：https://mp.weixin.qq.com/s?__biz=MjM5Mjc5OTQ0MA==&mid=2652636540&idx=1&sn=105d3c3bc0019950667e00aa42764574。

增长到 1.2 亿人。到 2015 年底，贫困人口为 5 000 多万人。

我们的贫困人口时而 7 000 万人，时而 8 000 万人，是因为我国经济发展水平在提高，人均收入在上升，贫困人口的收入也在上升，贫困线不能永远都以 300 元、600 元为标准，而是随价格的 10% 调整。因此贫困人口数量的不断变化，是我国贫困标准的提高造成的。此外在 20 世纪末解决贫困问题是中国建设小康社会、走向和谐发展的重要举措，而在贫困县的确定过程中一定会有优惠政策，于是大家都往里挤，导致贫困标准的严格性降低，这就生产出了贫困。

所以贫困人口数量的不断增长，是随着政治等各个方面的考量而变化的，并不客观。真正客观的是无论扶不扶贫，贫困人口永远都有 10%。如果不扶贫这 10% 的人生活会很悲惨；若扶贫，他们会好过一些。按照西方福利社会的标准，让他们生活在不会有损于人类尊严的基础上，但不可能有钱出去度假。而在像非洲这样没有扶贫和社会保障的社会里，人们的生活质量就很差。

这里涉及两个问题：一是为什么有这么多的数据？因为贫困是客观存在的，我们今天这么大力度的精准扶贫都非常对，没有问题。二是为什么数据在发生变化？因为贫困线的不断调整，有政治、社会、经济的综合考量。这种制度在扶贫的同时本身也在生产贫困：过去的标准还不到 0.5 美元，而现在的标准接近 1 美元，以后还可能提高到 2 美元。大家生活水平还会提高，所以贫困问题是长期存在的问题。

如果按照世界银行 1 美元的标准来衡量，20 世纪 70 年代末 80 年代初，我国总体贫困的发生率是 84%。但是到 1986 年，我国贫困发生率已经降至 45%，这个事实被很多人忽略了。在改革开放最初的 7 年里，我们实现了中国史上最大规模、最大强度的扶贫：我们有将近一半的穷人——几亿人口摆脱了 1 美元标准的贫困。

从实证经济学的角度看，我们能获得两大启示：首先，为什么这一阶段会产生这么大量的脱贫。我们减贫的两个初始水平：第一，我国在非常平等的状况下开始减贫。这时我国全国基尼系数不到0.2，是一个相当平等的社会，没有任何势力集团、利益集团，也没有任何大的权利不平等问题，所以在这种情况下减贫非常快。这对西方及其他发展中国家有很大的启发，因为其他发展中国家不平等程度特别高，减贫和增长非常困难。第二，这是中国政治、经济、社会生活相对来说最为宽松的一个阶段，尤其是思想。我经常批评民主原教旨主义，不能太强调自由，自由在经济概念里有很多非常核心的元素，这和我们今天讲的中国经济的贫困有关。

在这一阶段我们没有扶贫办和扶贫项目，而是靠一个能让大家公平受益的增长机制，这是社会可持续包容性增长的基本条件，我们现今的扶贫难度恰恰在这里。穷人之所以不能够很快地解决贫困，就是因为结构化的问题。如果没有"消除结构化"这个条件，脱贫会很难，因为让贫困户养一头猪脱贫的时代已经过去了。在这种结构化日益严重的情况下，我们只有通过制度优势，通过社会主义、共产党代表人类利益的政策优势才能打破它。

那么20世纪80年代中期到1993年这段时间，贫困发生率大幅下降靠的是什么？这主要是靠乡镇企业的劳动力转移和流动。劳动力的转移、流动使农民收入增加，所以在第一阶段农业收入大幅提高，接着农民的非农业收入——打工收入提高，这两个是促成中国历史上最伟大的变革、转型的动力。此外，我们允许流动，允许这些人在市场里寻找机会，这也构成了我们减贫的一大动力。21世纪以来，我们进一步的减贫，就来自城市化。

总的来说，贫困人口的下降，收入的提高，来源于社会整体性的转移变化，这里包括农业向工业、城市化的整体转移。

现在的贫困面临两种情况：一是人口转型。快速的转型使乡村留守人员流动，低保、教育等各方面的保护缺失，产生转型性人口。但如果经济能保持7%甚至8%的增长率，那随着经济持续发展，再加上社会保障体系的不断完善，这个问题就可以解决。

第二种情况是，经过二十多年的累积，我国边远地区形成了成片的绝对贫困群体。这一部分已经受到结构化的影响，比较难解决。因为这个群体技能不定，只会做一些简单的工作，但现在多数工作都需要文化素养，他们没办法与优势群体竞争。此外他们没有积存的生存资本。比如扶贫项目来了，只要养一头牛，政府就给2 000元补贴，但这些人连养牛的资本都没有，包括住房，更别提其他发展资本了。在这种情况下，仅仅通过一般性的救助和扶持，是无法让他们脱贫的。因此要对这个群体进行综合性的治理，想办法让他们具备与其他群体竞争的基本条件，包括教育、培训、资产获得等。此外我们还应该考虑贫困人口的资产问题，城里人的住房可以买卖、出租，那如何让贫困人口的资产也变成改善自身福利、提高生活水平的工具，这些也需要我们提上日程。

关于未来扶贫的问题，特别是从精准扶贫的角度考虑，资产经营要确保在公平、不形成大规模破产或产生其他问题的情况下进行。因为很多人都在关注这个问题，认为中国会出现以上状况。另外，实证经验表明，所有发达国家都实行了这样的资产制度，这种制度和发达度直接相连，而所有贫困国家反倒不一定。因此，如何在现有社会政治制度下推进穷人的资产管理，而不是私有化，这个角度也很重要。

第一，从现实意义来讲，中国10亿人口脱贫本身就对世界意义重大，它将世界贫困率降到很低的程度。第二，在20世纪80年代，中国跟众多发展中国家是一起转型的，中国是这些国家中唯一脱贫并发展起来的国家，而且中国是依靠发展农业实现脱贫的，中国是一个农业国家转型成功的案例，其他发展中国家也是农业国，对它们而言中国的成功有借鉴意义。第三，1978—1986年，中国农业增长率是7%，而整个中国经济的增长率是13%，所以农业的发展是中国经济的重头。中国的贫困人口从占总人口的84%降到

42%，7年时间就将贫困人口减少一半。相对于非洲的发展中国家，当时一起面临转型，都寻求独立自主的发展道路，目前看来只有中国探索出成功模式。

语言和贫困也有关系吗？

　　语言与贫困这样一个论题意味着语言与贫困存在着某种关系。这个题目本身可以从不同方面加以解读。首先是我们如何界定贫困的概念，当我们把贫困界定为具有现代含义的，或者是具有发展含义的福利缺失时，这就意味着把贫困更多地定义为一个主要以物质性福利为衡量标准的生活状态。比如，按照现代社会的能量和营养摄取标准界定的极端贫困，以及按照满足教育、健康和居住等现代性福利内容为标准衡量的相对福利缺失的状态。从这个角度上讲，获取这样一种绝对的和相对的福利标准是有条件的，除非一个人完全失去了劳动能力，或者一个社会完全无法为大众提供获取这些福利的机会，否则社会大众必须经过个人的努力来实现自身福利的改善。在现代化，或者在发展的语境下，改善福利的路径具有条件性，这种条件性就直接和语言产生了关系。

　　在脱贫攻坚战中，让贫困地区的孩子都有能力讲普通话也成为脱贫工作的重要内容，这恰恰说明了我们正在展开的旨在阻断贫困

---

* 本文发表在汉语堂（2019-04-08），原文链接：https://mp.weixin.qq.com/s?__biz=MzA3OTI3MjEzNg==&mid=2650872931&idx=3&sn=8028356d6d3b36b59a23a70e99520960&chksm=8443bdc4b33434d24626928f4e07e84feb522b95bbfcc6beeb4a621cc31acc31f5023bbf35ad&mpshare=1&scene=1&srcid=0411BlOkdwOjVmK7lDU5UIGt#rd。

代际传递的各种努力都或多或少与语言产生了联系。无论是经济活动，还是教育等社会服务的供给，都是在现代化路径上展开的经济社会活动，标准化的语言则是在现代化路径上展开经济社会活动的基本条件，很难想象，不懂普通话，不会讲普通话，甚至不会讲汉语如何能够融入经济社会的主流。因此，在这样的现实环境下，很多批判发展的学者往往把语言多样性和文化多样性的流失看作现代化造成的结果。举例来讲，印度之所以会在软件产业中取得长足的发展，其主要原因是印度的语言属于印欧语系，这与软件产业的标准语言比较一致，同时我们也能够注意到在欧美国家的印度移民中，优秀的律师、医生数量很多，事实上这也与印度语属于印欧语系有很大关系。

我在云南勐腊一个瑶族的山村搞扶贫，刚去的时候这里的人普通话讲不好，问他们为什么不到远的地方去打工，他们回答，话讲不好，这意思是说他们的普通话讲不好，而雇主们很多都是外来的老板，他们听不懂瑶语。因而，对于很多地处封闭、偏远的少数民族而言，能够从学前开始普及普通话，对于他们之后进入学校，甚至以后进入社会都是非常重要的。语言的的确确在某种程度上是影响边远地区、少数民族地区发展的重要因素。

语言与贫困的关系，也让我们思考另一个问题，就是文化的多样性与发展的关系。在现代化的发展过程中，单一的语言文化的确会极大提升经济活动的效率，中国人一个最明显的感受就是计算机的使用，在中国使用计算机交流的人比西方要少得多，主要的原因就是拼写录入的困难，其核心也是语言问题。所以从经济发展与语言关系的角度上讲，我们曾出现推动汉语拼音化的呼吁，但是我们也发现，单一性的语言一方面会造成多元文化流失，不过更重要的是，语言的单一化又与其他文化多样性之间产生了巨大的张力，为适应经济活动的效率而推行的语言单一化并不必然会带来少数语言群体的福利改善，很多学者把这种强调通过标准化和单一语言来促进发展的做法看作一种发展的悲剧。事实上，与非语言的文化形态存在一样，多元语言的文化形态同样可以促进发展，核心的问题是社会如何看待多元语言的价值。与非语言形态的文化相匹配的语言文化形态，如少数民族的歌曲、演唱方式以及其他语言形态的文化表达，和少数民族的服饰、仪式等一起构成少数民族文化的整体形态。由于这些文化形态相对稀缺，因此往往都具有很大的经济价值，也自然是发展和脱贫的重要资源。所以我们一方面需要了解在现代化的过程中，单一性的标准化语言在推动现代发展中的重要作用，同时也需要从超越多元文化保护这一伦理上来审视多元语言文化的经济价值。

贫困为何不是饥饿？

如果说贫困不是饥饿，或者贫困没有饥饿，听起来很奇怪。在我们的印象中，贫困至少和饥饿是密切相关的。20 世纪 90 年代初期，我在坦桑尼亚大湖区苏库马高原的农村做研究，每周都到农户家里访谈。那个时候，我对非洲的印象也是到处都是饥饿。可是我在非洲好几个月，却没有发现他们真的有饥饿问题。大概在 2012 年，我和时任国务院扶贫办副主任、现中国扶贫基金会理事长郑文凯先生一起去坦桑尼亚，我记得在我们展开项目的村子里，郑文凯先生问我，这地方也看不到饥饿和贫困啊？我们一般都会把贫困和饥饿画等号，但实际上真正发生的饥荒型的饥饿和我们说的贫困并不必然有直接的联系。阿比吉特·班纳吉和埃丝特·迪弗洛在 2019 年算是出乎意料地获得了诺贝尔经济学奖，一些没有得奖的人酸酸地说，没觉得他们的研究水平很高。以我的水平还不够评价他们的学术水平，但是他们的很多研究十分有趣。他们发现，大多数每天生活费用少于99美分的人，似乎并没有挨饿。如果他们在挨饿的话，那么他们就应该把手里所有的钱用来买食物，但是他们并没有这么做。这两位学者对18个国家的穷人的生活调查显示，食品消费只占农村极度贫困人口总消费的36%~79%。我初到河边村时，整个村庄的村容村貌、人们的衣着等都让我觉得这个地方处于想象不到的贫困状态。即便是这样，我也没有感觉到他们处于饥饿状态。不仅如此，班纳吉和迪弗洛还发现，包括被世界粮农组织定义为饥民在内的穷人，即使在可以吃更多的情况下，他们也不愿意吃更多。实际上，他们吃得则越来越少。穷人吃得越来越少是现代贫困中一个有趣的问题。我们今天讲的贫困主要是在快速经济社会转型中呈现的贫困，这和百年以前物质供给极度缺乏状态下的贫困完全不同。

　　班纳吉和迪弗洛的研究发现，绝对的食物匮乏是不存在的，大多数人甚至大多数非常贫穷的人，都能挣到糊口的钱。这是因为通常情况下，满足能量需求的食品价格都很便宜。他们两位在菲律宾做过估算，只要花21美分就能购买足以提供2 400大卡能量的食物。所以，如果我们每天有1美元的生活费，那么也就是只有20%用于购买食物。这当然只是一个通过工资收入养活自己的案例，在很多情况下，是否处于饥饿状态和现金收入并无直接关系，比如非洲的食品安全问题。我写过一篇短文，讲了非洲农业发展和食品安全之间的关系，就涉及这个问题。在很多热带地区，食物的来源非常丰富，而且往往成本很低。在这种情况下，大多数人都能够获得基本的食物供给。那么，我们为什么还要讨论很多贫困国家的粮食供给问题呢？我们可以很容易地发现，无论是在非洲还是在中国农村，本可以花很少甚至不花钱吃一顿自己做的饭；但有钱以后，很多人都倾向于去吃所谓的"高档"饭。因此严格来讲，不是说饥饿就不会造成贫困陷阱，除非发生大的饥荒，否则在正常情况下，严格意义上的饥饿很难发生。这就是我们经常看到在非洲很多地方，看起来非常贫困，但并不真正存在普遍性饥荒的主要原因。

一旦我们假定另外一种情景，当穷人流入到城市工作时，不大可能再像在乡村那样可以通过收获一些香蕉等水果来满足日常的能量需要，而是需要用自己的工资收入来购买食品。糟糕的是，在城市中他们所需的食品的价格并不是由他们的购买力决定的，而是由城市的平均购买力决定的。同时，城市食物的供给也不再是直接采摘原料并消费的过程，而是一个经过加工、销售等不同环节的商业过程，因此存在最低成本约束。穷人到了城市，之所以成为穷人，是因为他们的收入低于城市的平均收入水平，他们就不得不对每分钱精打细算。在这种情况下，饥饿和贫困就有了关系。在城市挣不到钱或收入很低，就会造成饥饿。反过来，在饥饿的状态下无法工作，从而造成贫困。

很显然，饥饿是两个方面的原因造成的，一是无论是否处于贫困，穷人没有办法获得最经济的食物供给，如他们到城市找不到工作，没有收入。如果他们回到自己的村庄，即便他们没有工作，也可能不会陷入饥饿。二是制度性的分配造成的饥饿。阿马蒂亚·森曾指出，最近几十年中发生的饥荒并不是由粮食短缺造成的，而是制度出现了问题，导致食品分配的不合理。

饥饿与贫困的关系还涉及营养的问题。在抗击新冠疫情期间，上海复旦大学附属华山医院的张文宏医生成了"网红"。他说早餐不能喝粥被很多人攻击，这其实涉及人体营养的问题。从生理学角度讲，人体营养意味着碳水化合物、蛋白质、脂肪、维生素等合理的摄取。人体营养的理论基于现代实证科学的基础，我们会把营养问题与身高、体重相互联系。比如我们使用的 MBI 体重指数，通常将某个范围定为是标准的。一般认为，MBI 在 18.2~25 是正常的。按照这个标准，印度 33% 的男人和 36% 的女人营养不良，这个标准考虑了不同种族的特点。就像张文宏医生所讲的，大家都相信如果儿童摄取充足的营养，就会更高大、更聪明。事实上不必然如此，因为很多矮小的人也很聪明。营养与贫困之间的关系是非常复杂的，班纳吉和迪弗洛在他们合著的《贫穷的本质》一书中，讲了大量印度和南亚的例子。1995年戴维·巴克提出了"巴克假说"，他发现在坦桑尼亚，与未服用碘胶囊的孕妇所生的孩子相比，孕期摄入足够量碘的孕妇，所生的孩子能多上4～6个月的学（根据一项间歇性的政府计划，政府会向孕妇发放碘胶囊）。巴克显然是在说，营养不良会对人民的未来产生影响。中国人说，"从小看大，三岁看老"。如果一个小孩在小的时候能多上4～6个月的学，那么他所学到的东西应该多于没有多上学的孩子。论证这些碎片化的、杂乱的实证研究是否严谨非常困难，但是这些点滴的实证研究正在为我们拼出一个营养与发展的整体图景。

饥饿与贫困涉及穷人的饮食与营养，班纳吉和迪弗洛认为穷人在选择食品时主要考虑的不是价格，也不是营养，而是食品的口味。这并不是说富人不重视口味，但是我们的确发现越是低收入群体，越注重食物的口味。有些时候我们会发现，饥饿与贫困、营养与贫困问题又超出了我们的一些基本逻辑。比如，在很多情况下，穷人更倾向于在有钱的时候买烟和酒，而不是去买牛奶或维生素。同样，很多穷人在节日时，请客送礼等方面的开支都很大，远远超过他们购买有营养食品的开支。班纳吉和迪弗洛认为，在穷人的生活中往往有比食物更重要的东西。他们认为，穷人的首要选择是让自己的生活多一点趣味。我在河边村的几年中，对这点深有体会。我的同事都直言不讳地批评河边村村民有了钱以后就买漂亮的摩托车，买酒、买衣服，我则认为这是正常的。他们这些消费并非一时冲动，这是他们对生活的追求。摆脱贫困不是为了摆脱饥饿，如果仅仅为了摆脱饥饿，穷人其实没有太大的进取动力。追求他们认为美好的生活，是他们摆脱贫困的动力。我们很多时候都会把贫困与基本生存联系在一起，这并没有错，因为我们讲的扶贫也恰恰是为了让穷人能够有最基本的生活。"两不愁"就是基本生活的标准，但是这似乎并不是很多穷人的目标。我在书中也提到了扶贫不是致富，似乎与这个观点有冲突。而我始终坚持的观点是，扶贫的目的不是致富。也就是说，扶贫的目标不是让穷人都能买起摩托车、汽车。如果扶贫能够让穷人买起汽车，那当然是扶贫的成功。扶贫更重要的是保证基本的需求，从这个角度讲，所要扶持的对象一定是在社会中数量极少不能通过自己的努力确保自己基本生存的群体。我认为班纳吉和迪弗洛所讨论的很大一部分穷人，是陷入贫困陷阱的"欠发达"群体。这些人可能还不能算是严格意义上的穷人。

美国也有贫困吗？

著名经济学家、2015年诺贝尔经济学奖获得者安格斯·迪顿在他的著作里讨论了美国的贫困问题。在一般人的印象中，美国是一个发达国家，即使有贫困，贫困也不会很严重。当然去过美国或在美国生活的中国人可能也会说，美国的贫困还是很严重的。我在书中讲到贫困的绝对和相对含义，如果全世界用同一个标准来衡量最基本的需求，也就是以世界银行的极端贫困收入指标来衡量，估计美国的贫困不算非常严重。这是绝对贫困的概念，但同时贫困永远都是相对的，美国的贫困只能用美国的标准衡量。1955年，美国的贫困发生率为22%，到1973年下降至11%，2010年又增加到15%。从1973年到2010年，美国人均国内生产总值增加了60%以上，但是美国的经济增长并没有对美国的贫困产生更积极的影响。

到 2010 年，美国大概有 4 620 万人处于贫困状态。我在书中提到中国在过去四十多年中创造了高速经济增长与减少贫困同时发生的故事。同时，我也提到非洲的大部分国家在过去十多年中同样取得了可观的经济增长，却没有取得明显的减贫成绩。中国的案例是益贫性增长的典型，而非洲则是增长与减贫脱节的典型。迪顿则向我们展示了美国经济增长与减贫脱节的另外一个案例。

当然，美国经济增长与减贫脱节和非洲的经济增长与减贫脱节，无论从物质生产的角度，还是从社会保障的角度，都是不一样的。我们可以先看一下美国是如何衡量贫困的。20 世纪 60 年代初，在美国社会保障机构工作的经济学家莫莉·欧桑斯基对美国家庭的收入和消费展开研究。她本人是该机构的统计经济学家，她的工作有点像我们做扶贫研究的人都比较熟悉的，国家统计局的王萍萍女士。莫莉当时没有想到她基于食物消费的统计性研究居然对美国的贫困产生了重要影响。她研究了美国四口之家（父母和两个孩子）每天所需的食物开支，她得出这种家庭一般有 30% 的收入用于购买食品。她将这些家庭的收入乘以 0.3，得出所谓的贫困线。根据她的估算，1963 年美国的贫困线应该被定在年收入 3 165 美元。1969 年 8 月，美国正式将这个收入作为全美的贫困线。从此以后，除了根据物价水平做出调整外，这个贫困线基本没变动过。2012 年，这个贫困线的最新数据为年收入 23 283 美元。迪顿也不明白为什么过了这么多年，美国还不调整贫困线。

迪顿很显然并不完全认同贫困线的科学性。在迪顿看来，欧桑斯基的贫困线似乎是以营养需求为出发点的。当时美国的约翰逊政府正在准备一项"向贫困宣战"的计划，美国政府内的经济学家需要一条贫困线作为依据，他们觉得 3 000 美元比较合理。所以已经确定了将贫困线定在这个数字上下。实际上，欧桑斯基当时的任务就是要为这个贫困线寻找依据。开始，欧桑斯基比较倾向于采用美国农业部的"低成本食物计划"作为设定贫困线的依据，根据这一计划，每个美国家庭需要年收入超过 4 000 美元；但是，如果选定 4 000 美元，那就远远高于美国政府确定的 3 000 美元。这个过程看起来让贫困线的确定更加政治化，迪顿也说，他并不是要批判约翰逊政府的经济学家，也不是要贬低欧桑斯基的工作，因为美国大众多数也认为贫困线设在 3 000 美元是合理的。迪顿在他的著作中讨论美国贫困线的真实意图在于，说明贫困远不是基本的食物营养的问题。就像我在书中提到的，一般人通常都会把贫困和饥饿看作一回事，但实际上无论是研究贫困的专家，还是社会大众，当他们体验到贫困问题的时候，他们都知道贫困的内涵远远超过基本食物的短缺。欧桑斯基在提出贫困线以后不断呼吁对贫困线进行调整，她呼吁的主要原因恰恰在于她发现用这个贫困线远不能反映美国真实的贫困状况。迪顿是对的，如果美国政府调整了贫困线，那无疑说明美国的确存在用贫困线无法衡量的贫困现象，也说明美国的经济增长没能有效消除贫困。迪顿认为，设定这样一个绝对贫困线，对非洲或者南亚地区的穷国是可行的，对美国则是不合理的。即便在1963 年，美国人的基本需求也无法仅仅通过 3 165 美元就得到满足。美国人真实的情况是，如果没有足够的收入充分参与社会活动，家庭和孩子生活得不如邻居和朋友那样体面的话，家庭和孩子就会被认为处于贫困状态；而衡量这种状态，需要用相对贫困的标准。

  由此可见，讨论美国的贫困问题显然不能与非洲和亚洲贫困国家混为一谈。用绝对收入来讨论美国的贫困无法真实呈现美国的贫困状况。通过对美国收入分配状况的观察，研究贫困的学者几乎都承认美国贫困问题的严重性。从二战结束到 20 世纪 70 年代中期，美国的基尼系数变化不大。1966 年，美国收入最顶端 5% 家庭的平均收入是最底层 20% 家庭平均收入的 11 倍；到 2010 年，这个差距扩大到 21 倍。1966 年，收入最底层 20% 的家庭，年均收入 14 000 美元；到 2010 年，只提高到 15 000 美元；而同期，处于收入最顶端 5% 的家庭则从 154 000 美元增加到 313 000 美元。从这组数据可以看到，绝对收入水平无法衡量美国的贫困，其贫困主要是不平等问题。

在我们的一般认知中，觉得美国是一个正义公平的社会。产生这种印象的主要原因是美国的国家财富水平很高，我们不太容易观察到其他贫困国家那样大规模的广泛性物质匮乏现象。教育、医疗的普及性也很高，很难感觉到其中的不平等。但是，对于生活在美国的人来说，不平等则在日常生活中随处可见。美国的不平等主要体现在政治不平等、就业不平等以及社会文化排斥等方面。美国最低工资水平的制定，是影响收入分配的重要因素。联邦政府制定最低收入标准需要根据通货膨胀和市场工资水平的增长调整，美国国会也有专门负责制定全国最低工资水平的委员会，但是，每次针对最低工资标准调整展开的讨论都会引发争议。1981年，美国劳动者的最低工资标准是每小时3.35美元，这个标准一直到1990年都没有变动。1997—2007年，美国的最低工资标准一直维持在每小时5.15美元。2010年，最低工资收入者的年收入为14 500美元，这已经大大低于当年17 374美元的官方贫困线。迪顿认为，美国最低工资标准常年被压低的现实反映了低收入群体在政治影响力上的下降，他认为这主要与工会组织，尤其是与私营部门工会组织的衰落有直接关系。哈佛大学经济学家阿莱西纳对美国政治制度如何影响美国贫困做了深入研究，他认为这与美国长期以来工人运动和社会主义思潮传播的软弱有直接关系。除了政治方面的原因，劳动力市场的不平等也是导致美国收入不平等加剧的重要原因。随着美国经济结构的调整，美国低收入者赖以生存的低技能劳动部门在全球化的推动下向其他贫困国家转移，从而造成美国本土低技能劳动力就业很难增长。这也在某种程度上解释了美国最近几年的民粹主义泛滥。

迪顿对如何解决美国的贫困与不平等问题提出了很多观点。他说，如果民主政治变成了富豪统治，那就意味着非富人群的权利实际上遭到了剥夺。他引用美国大法官路易斯·布兰代斯的论断，美国要么就是民主政治，要么就是财富集中于少数人手中，这两者不能兼得。实际上，奥巴马执政时期希望推进的普惠性医疗法案的失败已经呈现了美国政治体制的问题。我在迪顿的书里没有看到他直接抨击美国政治制度。迪顿完全同意达龙·阿西莫格鲁的观点，阿西莫格鲁和罗宾逊在《国家为什么会失败》中提出，维护精英利益的制度是经济落后和贫困的主要根源。在自由主义经济学家的视角里，美国从历史看是一个增长与摆脱贫困的好样板。但很显然，很少有人能从美国建国以来的历史过程和政治实践的角度来追溯美国不平等的根源。从这个角度说，阿莱西纳的《美国和欧洲的反贫困》一书，比迪顿对美国贫困的剖析更加尖锐。

2020年之后没有贫困了吗？

2011年，中央提出到2020年实现按现有扶贫标准下的贫困人口全部脱贫、贫困县全部摘帽的目标。为了实现这个目标，中央和地方投入了前所未有的资金规模和行政资源实施精准扶贫。

按照2011年调整后的新贫困线——人均年纯收入2 300元的标准计算，2011年全国贫困人口为1.239亿人，到2015年底，已经减少至5 578万人。

如果按照以往最低每年减少1 200万贫困人口估算，2016—

---

* 本文发表在南都观察（2017-03-08），原文链接：https://mp.weixin.qq.com/s/0BU7upnIwH-7TmyhQvKBIg。

2020年，至少会减少贫困人口4 800万人。也就说，按照以往最低减少数量估算，到2020年，按照现行标准的贫困人口也只有778万人。

而如果按照以往中等程度贫困人口减少的数量——1 400万人估计，到2020年，贫困人口将减少5 600万人，届时按照现有标准的贫困人口将会是−22万人。中国在统计上将不会存在年纯收入低于2 300元的群体。这一变化也意味为此设置了几十年的贫困县将走入历史，中国即将迎来一个没有"贫困"的时代。

因为经济发展水平提高、居民基本生活成本上升，国家以2011年人均年收入2 300元作为绝对贫困线，比以往标准有很大提高。这一标准也代表了经济发展以后，农村人口满足吃住等基本需要的收入水平。一旦按照上述估算达到预期目标，中国农村的绝对收入性贫困将会在统计上消失。

然而，需要指出的是，按此标准计算的贫困人口在统计上的消失，绝不意味着农村贫困的终结。

首先，即使到2020年，按照2 300元标准计算的贫困人口消失，但是由于农村人口极大的脆弱性和兜底保障的低效率，该标准以上的群体仍有可能因为各种风险而落到2 300元以下。这意味着，即使统计结果宣布2020年彻底消除农村绝对贫困人口，仍然会存在低于2 300元标准的绝对贫困人口，只是数量上不会很大。

其次，随着生活水平和成本的上升，2020年之后沿用2 300元标准的合理性会下降。届时提高绝对贫困线的压力会上升。一旦调整贫困线，在统计上绝对贫困人口会重新出现。2010年，按照当时的贫困线统计，发布的贫困人口是2 688万人。2011年贫困线调整以后，贫困人口迅速上升到1.239亿人。社会大众对此纷纷质疑。

最后，如果按照"两不愁三保障"的目标要求，2020年也很难做到每个贫困户都如期实现目标。很显然，大众并不理解"现有标准"的真实含义，而贫困人口本身的动态变化、未来贫困线的调整，都会导致一定数量绝对贫困人口的存在，绝对贫困人口也具有长期存在的客观规律。因此，国家在2020年宣布农村贫困目标实现时，需要客观指出在那之后农村的贫困状况。

无论2020年后绝对贫困是否存在，实施精准扶贫战略以来，农村绝对贫困人口减少的业绩是十分显著的。除非政府未来大幅度调整农村贫困线，否则农村绝对贫困人口即使依然存在，其数量也不会太多。这意味着长期困扰中国农村原发性的绝对贫困将基本终结，农村贫困将进入一个以转型性次生贫困为特点的新阶段。

这样的新贫困并不必然反映在绝对收入上，而主要呈现为收入、社会公共服务获得上的不平等和多维度贫困两方面。

首先，城乡收入差距依然很大。2014年城乡收入比依然高达2.92∶1。据西南财经大学基于2010年的数据研究显示，农村居民收入的基尼系数高达0.60。这显示了收入不平等已经成为农村贫困的主要问题之一。

其次，收入的高低已不必然决定是否贫困，即便很多收入高于2 300元标准的群体，由于资产和社会保障的缺乏，往往不足以抵御风险，在疾病、自然灾害、教育等其他风险下，他们的收入无法弥补支出，因病和因灾致贫、举债度日，这些都构成了转型性的次生贫困。

最后，很多处于贫困线之上的农户虽未陷入贫困，但都会由于抵御风险能力极度脆弱而成为极易落入贫困陷阱的潜在贫困人口。这就是为什么在农村统计建档立卡贫困户时会出现争议。

事实上，单一的收入贫困统计已经无法客观反映农村真实的贫困状况。新的贫困需要新的评估指标，很多地方在精准扶贫识别贫困户时，已广泛使用非收入的指标，如有的地方采用"一看房，二看粮，三看没有读书郎"等客观物化指标。这些指标都属于多贫困维度。形成客观反映农村贫困的新评价体系是未来农村扶贫工作的重要内容。

新的农村贫困格局意味着传统意义上的"贫困"不再是2020年后扶贫工作的目标，转型贫困群体和潜在贫困群体将成为新的扶贫工作的目标群体。这两类群体的主要贫困特点是多维度的，因此需要尽快制定转型扶贫政策和战略。

目前中国农村扶贫的政策虽然也在考虑多维度的贫困问题，特别是实施精准扶贫以来提出了"两不愁三保障"和"贫困地区农民社会基本公共服务领域主要指标达到全国平均水平"的要求，中央和地方政府也一直将农村公共服务均等化作为缓解贫困的重要手段，但是由于彻底消除城乡差异仍然需要一个过程，所以扶贫政策主要还一直立足于贫困人口收入的提高。

近年来，农村收入性绝对贫困的下降、转型性贫困的严重性，都显示了在新贫困阶段下，国家扶贫政策转型的必要性。

一方面，农村收入中农业收入不断下降、收入越来越依赖工资收入，同时工资收入对不平等的贡献又远远大于其对总收入的贡献，虽不能说以提高收入为手段的农村扶贫已走到尽头，但至少可以说调节农村收入分配正在成为解决农村贫困问题的主要措施之一。

另一方面，城乡社会公共服务不均衡正在成为转型贫困的主要原因。因灾、因病、因学等致贫成为农村贫困普遍的现象。这一现象背后的原因很多。首先，虽然针对贫困群体的社会安全网已经构建，但是，农村社会保障的兜底强度往往不足以抵御风险，虽然新型农村合作医疗的覆盖面已经很大，但是，大病危病带来的贫困风险依然很大。

其次，各种社会保障在制度上呈现碎片状，降低了财政有限的情况下保障兜底的有效性。

再次，虽然对贫困地区的教育、医疗等支持有了很大的提高，但是这些服务是按照城市消费标准建构的，其费用水平相对贫困人口的收入而言依然过高。虽然有社会保障的支付，但过高的医疗和教育费用仍然过度消解了农民有限的收入。

最后，从制度上讲，现有农村社会保障基本上属于补充性，还达不到真正意义上的支付性保障，虽然上大学和医疗的费用对于农村和城市是一样的，但由于城市人口的支付能力远远高于农村，富裕人口远远多于贫困人口，因此，农村贫困人口更容易因学、因病致贫。

很显然，在新的农村贫困格局下，需要改变原有的城乡扶贫二元战略框架和以农村开发式扶贫为主导的路径，2020年后的农村贫困需要设计城乡一体化的扶贫战略和政策。这也意味着需要将未来的扶贫战略重点放在社会服务数量和质量的均等化上。特别需要指出的是社会服务的质量差异，如儿童营养、中小学教育和医疗服务质量等方面将会逐渐成为引发新贫困的主要方面。新的农村扶贫战略需要考虑两个一体化——城乡一体化、开发与社会公共服务一体化。

新贫困格局需要新的扶贫战略，而实施新的扶贫战略需要建构能适应新贫困形势的新体制。直到20世纪末期，农村扶贫工作基本上是在农村和农业发展的框架下展开的。进入21世纪以来随着保护式扶贫（如低保、教育、卫生等社会公共服务领域）在贫困地区的不断展开，农村扶贫工作开始不断超越农业发展为主线的制度界限，形成了复杂的多部门交织的局面。

通过行政手段开展的两项制度衔接和资源整合的实践，显示了农村扶贫工作在制度上的乏力，扶贫管理的碎片化与扶贫工作要求整体性推进之间的矛盾日益突出。这一矛盾在新的贫困格局下对扶贫工作有效性的影响将会更加显著。

首先，随着农村贫困特征日益转向次生性多维度，涉及扶贫的各个领域则发散在各个不同的部门，除非中央像精准扶贫这样通过政治和行政手段进行集中动员，否则现行体制在各个部门，尤其是在其专业管理和资源行业管理分割的体制下，在部门利益的割裂下，难以有效整合各种资源。尽管政治和行政动员十分有效，但这样的动员往往又会与现有法律和法规相抵触，缺乏可持续性。

其次，现行扶贫协调部门只涉及农村，而贫困在城乡之间处于流动状态，城市化不断吸纳农村人口，贫困也随之转移到城市，城乡二元扶贫治理格局显然不能应对新的贫困变化。

最后，虽然现行扶贫机构具有宏观协调职能，但是随着扶贫工作日益延伸到其他部门，碎片状的治理导致资源使用的低效率，需要发育综合性的治理结构。

新的贫困格局和战略需要一个综合的贫困治理机制，这是2020年后农村贫困工作的关键。

第二章
扶贫有必要吗?

二十多年前，我刚刚开始做扶贫工作，在一个贫困的山寨，我和两位外国朋友看到了一个七八岁的小女孩和她五六岁的妹妹，从她们的穿着可以判断她们的家境贫困。大一点的女孩睁着大大的眼睛看着我们，这一幕给我留下了深刻的印象。随后我问村里的干部这两个女孩的家庭情况，村干部说她们的父母生病，家里债务累累。我们到她们家里看了看，那是石头垒成的房屋，家里几乎一无所有，村干部说家里没有钱，两个孩子马上就要失学了。那个时候没有"两免一补"，也没有其他方面的支持，我和我的同事提议能不能为她们做点公益，大家都没有任何异议，连我的两个外国朋友也毫不犹豫地说他们愿意做点贡献。贫困既是绝对的，也是相对的，当你面对那些在基本生存线之下，吃不饱、穿不暖，连基本居住都无法保证的绝对贫困群体时，任何针对他们的扶贫都不会引起太多的争议。即便这两个小女孩的家庭还远不是这种绝对贫困群体，我们对支持她们都没有提出太多的异议。也就是说从相对意义上讲，如果我们的社会福利和财富分配差距太大，我们对于帮助最底层群体的行动也不会有太大的争议。扶贫既有天然的伦理合法性，也有功利角度的社会合法性，也就是说人类社会本身既存在着利己行为，同时也存在着有利于自己的利他行为。同情、怜悯、关爱等都会促使我们去帮助那些深陷困境的同类，与此同时，人类的社会理性，又会从制度方面来缩小贫富差距，从而避免对社会产生破坏。

那么我们为什么又会对扶贫是否有必要提出质疑呢？当扶贫超越了仅仅去扶持那些最贫困、最需要帮助的群体以及从人道主义的角度转向更为复杂的政治、社会、经济过程的时候，扶贫的实践就会出现复杂化甚至出现异化。社会中对于扶贫是否有必要的争论实际上并非涉及扶贫是否有必要的问题，而是涉及这一确保社会公平的实践如何避免出现负的外部性，从而对社会产生反向的紊乱和破坏。一个谨慎而富有责任的扶贫行动，是社会和谐的重要力量，相反，一个不负责任的扶贫行动，往往会导致爱心的滥用，从而使扶贫失去其社会的正当性。在现代社会，扶贫是一个非常复杂的政治、社会、经济过程，实施一个负责任的扶贫行动是非常困难的。当下由中国政府推动的精准扶贫，投入了巨大的经济和社会资源，其主要的目标就是让农村绝对贫困群体脱贫。但是在实践过程中也出现了很多问题，中国政府在这个过程中反复强调，不能随意降低标准，但也不能随意提高标准，实际上也是希望能够规范政府的扶贫行动，从而避免出现负面的社会效应。

穷人的生活是他们自己的选择吗？

"尊重穷人的选择"是扶贫中几乎毫无争议的原则。一旦贫困成为一种生活方式，同时穷人又拒绝做出改变的时候，"扶贫"就会变得很无奈，努力去扶贫似乎也就丧失了其正当性。基斯·佩恩是美国北卡罗来纳大学教堂山分校的心理学教授。他的著作也是我们研究贫困和不平等的必读书。佩恩的研究主要是从实验心理学角度探索贫困和不平等的问题，同时他的著作里大量展示了其搜集到的各种各样的贫困案例。

佩恩的叔叔斯特曼生活在一个垃圾场边上的仓库里。冬夜，气温接近零度，他的叔叔就围在仓库角落的煤炉边上度日。佩恩的爸爸和佩恩去看望叔叔，试图说服他到佩恩家居住，最后叔叔同意了。但是他坚持不住在佩恩家里，而是选择住在佩恩家猪圈改造的仓库里。后来他还是回到了垃圾场边上的仓库里，59岁那年，他因肺癌在那个垃圾场去世。

在佩恩笔下，他的叔叔是个贫困潦倒的悲剧案例，而他的命运毫无疑问是他自己选择的结果，他拒绝了佩恩爸爸的"扶贫"救助，甚至在得知自己患肺癌后又拒绝了医生给出的戒酒和服药的建议，他选择继续喝威士忌。佩恩的叔叔是穷人选择自己生活的典型案例。世界上有很多佩恩叔叔这样的人，这些人的行为为那些支持"穷人有选择自己生活方式的权利"的人提供了实证案例，也会让很多的"扶贫人"在遇到这种情况时无奈地止步。

我在村里扶贫时遇到了很多事件不同但是性质类似的例子。我发现一位单身农户，凡是集体活动他都非常积极地参加，但是鼓励他建设客房，他就很不积极，即使我们说提供帮助，他也不积极。我对同事说，"这是他的选择，我们没办法"，因为其他人日夜努力建设客房增加收入的行动明显不是他的选择。有一次，我对一位农户说："你每天骑着摩托车到外边跑，一天挣不到100元，除了油费和摩托车的折旧，没有多少钱，你把客房收拾好，把屋外的环境改善了，可以挣更多啊。"他听了笑笑，也做了改进，但是依然每天往外跑。住在村口的那户，现在房子还没建起来，他三个兄弟的客房和餐饮收入一年有好几万。他把建房的贷款拿来做了别的，结果亏本了。我见到他说："你看，你没挣到钱吧！"他说："明年我一定挣到。"他没有算过，到了明年，他三个兄弟挣的钱估计都要超过10万了，他怎么能一下就赚到十几万呢？这几个农户的行为选择显然不符合经济学家的理性假设，因为他们不是选择明显有可能挣更多钱的事，而是做了非理性的选择。

那么，真的就是他们自己的选择吗？事实上，在面对佩恩叔叔的结局上，不论是坚持"扶贫"的人，还是坚持"尊重他们的选择"的人几乎都认为佩恩叔叔的结局是一种悲剧。那么，为什么在针对是否或如何阻止这个悲剧发生上会有不同的观点呢？我们假设如果社会中每一个人都生活得和佩恩的叔叔一样，因为大家都一样，所以就不会有人认为佩恩的叔叔是一个悲剧。问题是，当大多数的家庭都在舒适的房子里过冬，佩恩的叔叔却在艰难度日。我扶贫那个村多数人家都有很好的木楼，而且都能从中得到可观的收入，而有的人则还没有住房，这个时候就出现了谁是穷人的问题。这个问题直接涉及我们对待不平等的价值取向。世界上的任何议题都是政治化的，可以分出左、中、右的观点差别。但是不同政治取向的人在对待不平等的问题上却非常一致。因为不平等不仅直接伤害了穷人，同时所引发的社会问题也让富人直接受害，如绑架和谋杀等。更重要的是不平等产生的社会裂痕更是给社会上每个人造成了永久的伤害。无故而对社会进行破坏性报复的人来自长期处于底层的比例要远远高于处于上层的人群。即使很多幼年生活在歧视条件下的人在成年后没有做出违法和破坏性的行动，但幼年期所处的恶劣环境以及在富家孩子优越的反衬下形成的心理阴影不仅伴随着他的一生，同时不平等的反差以及他遭受的心理伤害在很多情况下对其产生了反向激励，使得这些人反而更加冷漠、自私、不择手段。我们常常在很多贪官的自我陈述中听到他们说自己出身贫寒，是党培养了他们，他们最终辜负了党和人民的希望。这些人大多都在他们有权力的时候不择手段，贪得无厌，给社会造成了很大的危害。贪污和腐败在不平等程度高的国家比不平等程度低的国家往往更为严重，中国人讲"穷养德，富养志"，说穷人容易缺"德"，富人容易丧"志"。这并不是对贫富的道德评判和对穷人的歧视，而是客观地呈现了不平等条件下人的行为取向。一个人在路上捡到100元，如果是一个缺少100元的人，他会倾向于占为己有，而对于一个千万富翁而言，估计他都不会去捡。而我们的社会则将拿了别人掉的钱看作是"不道德"的。虽然贫富的境遇对于一个人的影响是复杂的社会问题，在客观上并不存在由于贫富差异而必然出现某种社会后果，但是不平等导致的伤害则是必然的，而且不平等对于穷人和富人的最终伤害可能是一样的。

"尊重穷人的选择"在原则上并无错误。然而真正的尊重并不是简单地问他们愿意做什么，而是要了解他们所处的环境以及他们为什么做出特定的选择。也就是说是什么原因造成了他们陷入自我破坏的恶性循环。佩恩的研究发现，人们在美国这种不平等程度高的国家做出错误选择的频率远远高于像加拿大这样不平等程度低的国家；高度不平等的肯塔基州像佩恩的叔叔这样的人的比例高于不平等程度低的艾奥瓦州。不平等之所以影响一个人的选择不在于是不是他自己的选择，而在于不平等条件下，优势和富裕群体对于机会的系统性垄断从而产生对穷人获得机会的系统性排斥。当穷人的机会被极大地压缩,"尊重穷人的选择"正面讲是一种天真,负面讲则是一句冰冷的推辞。"扶贫人"止步于"尊重"这个道德屏障就形同把穷人推向深渊。一旦一个人陷入恶性循环,事实上也很难将他拉出陷阱,但这不是扶贫退却的理由,因为几乎没有人一开始就会选择堕落和落后,一个人一旦长期堕落和落后就会逐渐形成与此相应的生活方式,这种生活方式反过来又会加剧堕落和落后,这就是所谓的福利破坏性循环。真正的扶贫是要打破这个循环。穷人和富人都拥有同等的权利、同等的机会,当权利和机会不平等时,扶贫人不应该拿着"尊重穷人的选择"的道德原则去鼓励穷人在原有的轨道上重复,而应该拿出不同于穷人生活和生计方式的方案去扶持他们。很多时候这些外来的方案并不是穷人愿意的选择,所以实施起来好像并不道德,因为很多时候这些方案都是"强加于人"的,但是如果我们不给穷人提供不同的机会、不同的想法、不同的方案,那让他们去选择什么呢?

佩恩讲了一个与这个议题有关的故事。他的女儿发现了一种能吓唬父母的游戏。他的女儿经常爬到床边和沙发边上,然后把自己摔下去,她知道总会有人接住她,因为她从来没有被真正摔过。佩恩说他自己知道不断地接住她只会鼓励她继续这样做。但是佩恩觉得与其用不接住她这样一个冰冷的方式回应她的冒险,不如让她相信在这个世界上当你有风险时,会有人帮助你。佩恩希望通过积极的帮助把她的预期循环推到一个正确的方向上。我们很难把这个案例泛化成教育子女的样板,但是用帮助而不是拒绝引导人做出正确的决策可能是改变世界的方式中较好的选项,这也从一个侧面为"扶贫"的正当性做了辩护。

我扶贫的那个村,有位男主人经常光着膀子坐在没有完成的大房子里,一次次看着邻居家住着旅客,不知道他是怎么想的。有一次,他对我说:"李老师,我今年把甘蔗弄了就弄房子!"听了他的话,我突然觉得我当初让同事"尊重他的选择"实际上是我面对他时的无能，而非真正尊重他的选择，因为我知道他对于自己要去做什么一无所知。他身患重病，债务累累，他坚持不盖房是要先挣钱还债，信用社天天催他还钱。他说不盖房并非他真的不想盖。如果我们当初想办法帮他盖起来，他就会和他的三个兄弟一样有可观的收入，不会像现在这样困难。任何人面对风险都会选择自己熟悉的路径规避风险。穷人生活最大的问题是日常的困难和危机不断，他们的行为主要受到更加急迫和重要的动因驱动，他们会用手头最好和最短期的危机处理方式应对危机。"尊重穷人的选择"听起来是那么的温情体贴、通情达理、富有道德性，但问题是可供穷人选择的机会很少，或者他们了解的机会也很少。当初我在村里和村民商量盖什么样的房子，农民都说要盖砖混房。他们没有住砖混房的经历，我说这里白天热，晚上冷，还下雨，砖混房不通气，会夏热冬冷，我和同事"逼"他们不要盖砖混房。现在村民都说木楼好还能赚钱，其他村里盖了砖混房的人也都说这个村里的木楼好。当一次一次拿到钱的时候，村民感觉到了他们"被选择"的意义。为穷人提供更多可供选择的机会，很多时候甚至去说服他们改变原有的生活轨迹并非不道德。相反，用"尊重穷人的选择"甩手不管则是"扶贫人"逃避道德责任的行为。真正的扶贫既不是强加一些简单的"方案"，更不是以"尊重穷人的选择"为由掩盖自己的无能和冷漠。

为什么有人是"穷人"？

我从事扶贫工作多年，频繁地和"穷人"打交道。我虽然提醒自己要带着"穷人"的视角来看待他们，但我毕竟不是"穷人"，所以有些时候很难理解他们。这两年我算是真正到了"穷人"中间，和他们一起探讨脱贫之路。我也常常陷入他们之所以"穷"，都是因为他们的"穷人"思维方式的范式中。我们计划在进村的中间建一个小广场，涉及两户的位置做一个微调，大家都同意了，但后来有一户不愿意调整，小广场只能作罢。我们设计新建的房子，卫生间建在房后，这样既不挡阳光，也美观，最后我们的一个示范户还是把卫生间建在了房前。我们为每一户提供材料建房，道路雨天泥泞，让他们出工修路，最后只有几个人来，我的同事生气地说："李老师，他们真该穷啊！"

其实，"穷人"为什么穷是困扰我们的一个难题。大家常常觉得"穷"是因为他们懒惰，没有进取心，缺技术，没有信息，不守纪律。但是只要你真的花时间和他们一起生活，就会觉得这些原因很难解释"穷人"为什么会"穷"。比方说，假设让居住在富人区的那些富人像我们要求"穷人"那样组织起来投工投劳把他们院里的道路修好，你觉得这些富人会积极响应并付之行动吗？如果我们让城市里的居民分段负责他们居住城市的公共设施，他们会做吗？我觉得他们可能不会！我们扶贫中经常会让农民拿出自己的钱配套我们给他们的项目，很多情况下他们都不想出，我们觉得他们很愚昧。但是如果我们同样给城里人一个项目，让他们配套，你觉得他们会很乐意吗？我看也不一定。有人会说，李老师你这样比不合适，城里人缴了税，政府应该对这些负责。是的，但是农民也缴税啊，农民过去还缴了很多看不见的税，可农村怎么就没有像城市那样的道路和卫生公共服务呢？你让同样履行了公民职责的人付出不同的劳动，还要指责他们懒惰，是不是有些不公平？我虽然不赞成民粹主义主张，也不希望成为民粹主义的鼓动者，但这不妨碍我思考针对"穷人"的"实质性公平"问题。

我们一般会把社会中的贫困归结于两个方面的原因。一是所谓的财富创造中的剥夺问题，特别是在资本主义条件下的剥削，也就是所谓的无产阶级的绝对和普遍性的贫困化。但是，为什么在很多发达资本主义国家的贫困反倒大大缓解了，是因为资产阶级消灭了吗？显然不是。二是所谓的文化性贫困问题。在很多情况下，即使不存在社会的整体性贫困，仍然会有很多人处于贫困状态，他们显然不是由于财富剥夺造成的，这就出现了所谓的"穷人文化"论的观点。我们在讨论中国的"穷人"问题时，都不自觉地会受到这两个理论范式的影响。受到经典马克思主义理论影响的学者把中国的贫困看作财富不公平分配的结果，特别是把收入的分配看作主要指标，收入也同时成了判断谁是"穷人"和消除贫困的指标。但问题是，同样低收入的人群在不同地方可能就不一定是"穷人"。比如，我在德国遇到一些年轻人，他们每月的工资只有 1 000 多欧元，这个收入远远低于德国的平均收入水平。我说那你属于德国的贫困户了啊！他们说不是啊，我们有工作啊。因为他们有工作，有收入，而且有社会保障，一旦失业就会得到每月 500~800 欧元的失业金，得了病有医保，所以尽管他们的收入少，但不是"贫困户"。假如在中国一个农民每年有几万元的收入，但是他没有医疗保障，一旦得了大病就可能马上变成"穷人"。很显然，收入低并非必然导致贫困，现代风险社会中每个人实际享有的社会保障可能是决定贫困的重要因素之一。不仅个人的保障影响贫困，公共设施同样影响贫困。假设农村的公共设施和城里相差不大，公共交通也有补贴，教育和卫生条件很好，加上个人的各种保障，即使收入偏低，也很难发生真正意义上的贫困，可见个人能否获得福利保障才是衡量贫困的主要指标，人之所以是"穷人"，不能完全说是因为财富的掠夺和文化的贫困，因为这些可能让一个人不能成为富人，但是不必然导致这个人成为"穷人"。一个国家不能做到普惠性和均等性公共服务才是现代社会生产穷人的根本原因。

杨改兰的悲剧

甘肃康乐县阿姑山村28岁女村民杨改兰杀死四个幼小孩子然后自杀的悲剧引起社会巨大震惊。许多媒体的报道都将此悲剧指向低保。虽然不能简单地将杨改兰的悲剧归咎于低保的执行不当,但是低保等一系列扶贫措施的实施不当所引发的社会性问题不能不引起我们的高度关注。

首先,低保实施的政策工具与乡村的现实之间一直存在很大的矛盾。政府依据贫困线得出低保户和贫困户的数量比例,再按照这个比例将低保户与贫困户的比例下放至村庄。而在广大的贫困地区,特别是在贫困发生率很高的贫困村,村民的生活状况相差不是很大。无论是低保还是贫困户都附带着政府的无偿资源转移,这就势必造成权力性的挤入,出现村干部和相对富裕群体挤入低保户和贫困户的现象。即使在那些不存在挤入现象的村庄,由于实际生活状况相差不大的现实困惑,迫使很多地方将低保转变成按年农户轮流受益的平均分配格局,这一现象在贫困村庄非常普遍。低保资源在乡村复杂的社会政治条件下出现异化,低保在某种程度上变成了"唐僧肉",使低保失去了兜底扶贫的作用。

其次,低保有效实施的基础是对低保户的识别和相应的退出机制的到位。对贫困群体的识别需要相对严格的收入记账体系或者定

---

* 本文发表在光明网(2016-09-12),原文链接:http://www.xinhuanet.com//politics/2016-09/12/c_129277774.htm。

期的专业性的收入统计，而且村民还得普遍认可这样记账和统计的真实性和正当性，否则任何形式的农户识别和退出都存在很大争议。即便是通过村民公开讨论决定谁该进入谁该退出，在乡村对低保户和贫困户的识别仍然存在很大的模糊性。在乡村，识别那些有特殊需求的特困户相对容易。但一般来说，国家给定的低保户和贫困户的数量会多于急需救助的特困户的数量，但又少于乡村中实际需要低保和扶贫帮扶的农户数量，客观上必然会出现部分贫困群体被排除在外的现象。虽然很多地方都采用村民公开评议低保户和贫困户的做法，但是由于僧多粥少，公开的民主测评结果也只是形式上的共识，并非实质上的认同。这就是为什么部分村民依然会对经过民主测评得出的低保户和贫困户名单有异议。现实中，一些农民的确非常贫困，也非常需要低保的兜底，但是经过民主测评之后没有被纳入低保范围。但是，被纳入低保范围的村民往往也是和他一样贫困。那些没有被纳入低保的农民往往会因此产生愤怒和失落，发出"他们凭啥是低保，而我不是"的呼声，有的甚至可能产生极端的行为。一项旨在帮助贫困群体的行动，在执行中陷入了异化的困境，这显示了当前农村社会保障政策与农村现实的某种不适应性。

再次，近年来的民粹主义思潮在唤起社会和政府关注弱势群体的同时，也使得政府通过不断增加其保护弱势群体的数量来平息民粹的呼声。但是，在财政资源有限的情况下，扶持数量的增加速度高于单位个人强度增加的速度。在物价持续上涨的背景下，有效的兜底效益下降，一些地方的低保甚至变成了平均福利。从某种意义上说，以扩大农村低保覆盖率为指标的农村低保政策需要向兜底质量转变，农村低保覆盖率不宜继续增加，而应该注重培育合理的识别和退出机制，提高兜底效果。

最后，以低保和贫困户识别为特征的农村扶贫政策的实施需要大规模放权。农村扶贫工作是一项复杂的社会专业性工作，政府缺乏足够的组织和专业资源有效地实施这一复杂的社会工程，一旦出现像杨改兰这样的事件，社会舆论立即剑指政府执行不力，造成社会和政府的非良性互动。农村的各项扶贫政策最终都落到乡镇一级，乡镇没有人力资源落实好这些政策，就容易造成落实不到位和落实偏差。因此，政府可以向社会力量购买扶贫服务，全国目前有几十万个民间组织，由这些社会组织实施扶贫，一则可以迅速弥补政府组织资源的不足，二则可以减轻政府的政治社会责任，可以极大地缓解政府和社会的潜在冲突风险。

勇哥为什么富不了？

去过河边村的人估计都认识勇哥。勇哥其实很年轻，我的同事和学生都喜欢叫他勇哥。我也叫他勇哥，其实我的年纪都可以当他父亲了。我住在村里很多时候离不开勇哥。我在村里的公寓位于村子最高的地方，屋后就是雨林，两侧也是大树。雨季的晚上蟋蟀的叫声持续不断，尤其是在我房屋周边的蟋蟀更是产生一种低频的共鸣，严重影响我的睡眠。勇哥每天都会过来，拿着手电筒在我的房前房后找蟋蟀。他居然能在土堆里、石缝里和野草里找到很多蟋蟀。只要被他清理过，我的公寓就会变安静。勇哥的聪明经常让我的同事和学生感到惊讶，河边村内部的庭院、道路只要我给画一个图，他就能带着大家建设出来。河边村那一个个由砖块垒成的小庭院、小景观、台阶路，都是勇哥和村里其他年轻人自己建起来的。勇哥的技能是多方面的，他会做木匠活，也是第一个学会盖木楼的年轻人。

勇哥长得很结实，也很灵活，爬树很快，我喜欢和他聊天。他对雨林里的植物和动物了如指掌，对很多热带植物的用途也很了解。不仅如此，勇哥还是一个真诚、善良、朴实的人。但是，他一直单身。我说，勇哥，你快点找女朋友，你结婚的时候我一定要送你一辆五菱宏光的汽车。这事已经好几年了，勇哥还是单身。勇哥过去靠甘蔗挣些钱，这几年有了客房，加上合作社工作人员的补贴，收入增加了。我常常想，勇哥这样的"穷人"，真的比在城里的很多"富人"聪明得多，可为什么像勇哥这样的年轻人总是处于贫困？河边村有很多像勇哥这样的年轻人，既勤劳又聪明，却仍困于贫困之中。

本杰明·富兰克林的《穷理查历书》是对美国穷人问题产生深刻影响的著作。这一著作代表了美国人对贫困的基本看法。《穷理查历书》告诉我们，贫困是个人的失败。美国人一直都把懒惰、不努力、能力低列为贫困最重要的原因。将贫困看作个人不努力的结果，几乎成了包括中国在内的现代社会对贫困根源的共识。在脱贫攻坚战中，农村到处都是"扶贫不养懒汉"这类的标语和口号。我经常随着基层干部到贫困村去，和干部一起到农户家里，几乎所有的干部都会带着自上而下的口气给穷人们"训话"，告诉他们现在党和政府这么好，要有内生动力，不能当懒汉。其实这些同志说这些话，完全没有经过思考，几乎就是网上媒体到处都可以看到的那些针对穷人话语的表达。"穷人贫困是穷人自己懒惰造成的"这种观点，已经深入到我们的社会意识形态中。我这几年做扶贫工作经常有朋友们问我，你那个村里的人懒不懒？我说，"他们不懒啊"。我的朋友就会说，"他们不懒为什么还那么贫困呢"。

我在本书的其他章已经讲到了贫困和懒惰之间关系的问题，我在这里还是想说，就个例而言，当然有因为个体失败导致贫困的案例。美国著名社会学家马克·兰克通过对美国穷人和非穷人对待生活和工作的态度，以及他们的积极性方面的比较研究发现，穷人和非穷人在这两个方面几乎没有差异。即便在美国，从实证科学的角度也无法证明富兰克林的贫困个体理论。

将贫困视为个体的失败不仅是缺乏实证支持的科学问题，更重要的是伦理和道德问题。将贫困视为个体的失败，是富人逃避自己社会责任的天然借口，也是富人维系自己经济地位和经济权力的政治武器。更为重要的是，将贫困看作个人不努力的结果会影响我们在社会的整体面上建立起一个公平公正的价值体系。同时，也会掩盖我们体制和政策的缺陷与不足，从而阻碍我们通过制度变革来建立一个公平的社会。社会对穷人的普遍看法不仅仅是懒惰，往往还将犯罪等罪化的行为与穷人联系，从而对穷人产生深刻的社会排斥。将一个社会的贫困从总体上归结为社会成员的懒惰，那将意味着这个懒惰的群体同时还可能有潜在的犯罪倾向，因此，穷人就或多或少地成为社会改造的对象。这样，贫困问题就从经济社会问题转变成了政治问题。

我的同事和学生完全同意我的观点，那就是勇哥和他的伙伴们贫困，但是他们不懒惰。他们绝对没有任何伤害社会的可能行为。他们真诚、吃苦，而且非常聪明。他们之所以处于贫困，是因为他们没有在一个高收入和高福利的行业中就业。我想，任何一个景观园艺公司如果能雇到勇哥这样的人，那么他一定会为这个公司做出很大的贡献，他自己的收入和福利也会有很大的提升，他会在更广阔的空间里结识女朋友，最终找到理想的伴侣。但是，他没有任何学历，初中都没有毕业，当然没有办法和清华建筑学院毕业的学生竞争，他甚至都无法和一个园艺专业的大专生竞争。河边村的年轻人很多，我5年来和他们在一起，对他们非常了解，这也是我在河边村的实践中反复提出贫困陷阱的主要原因。

兰克对美国广泛接受的"贫困是个人努力不足"的观点进行了深刻的批判。他从就业、教育等不同方面展示了美国社会贫困的根源。他认为，美国社会贫困的重要原因是，美国的经济结构无法为所有参与者提供足够的就业机会，美国的就业市场无法为那些需要就业的人提供足够的体面工作。美国数百万家庭在贫困线以下或贫困线上苦苦挣扎。兰克同时清醒地指出了美国社会的流动性问题，他认为尽管美国社会存在一定数量的流动性，但是美国社会的阶层作为一个整体是自我繁衍的。那些工人阶层，或者低收入阶层的人，他们的孩子往往也和他们一样。相反，富人的子女也会继续他们富裕的生活。我们中国人经常会讲富不过三代，但是这并不意味着穷人可以轻易成为富人。

在过去几年中，很多地方都请我去讲脱贫攻坚战的意义。很多人都在讲脱贫攻坚战的伟大意义，我也讲消除绝对贫困的意义。我的主要观点是，现在剩下的贫困群体是处于贫困陷阱的群体。他们的贫困不是由懒惰和不努力造成的，而是因为我们的经济和社会结构的制约。就像今天我们的就业制度很难雇用像勇哥和河边村的那些年轻人，因为他们没有学历，很多人普通话也说得不好。不是因为他们懒惰，更不是因为他们愚昧。类似勇哥这样的"穷人"，在中国有很多。他们之所以贫困，是被我们的经济和社会制度排斥了。我们这种排斥并非是社会有意识设置的，而是经济和社会转型自然形成的。现代的经济社会体制本身没有扶贫的功能，因此，必须要有政府的干预。突破结构性约束，并非简单的事情。兰克在《国富民穷》一书里，对美国的不平等和贫困做了系统介绍。他的主要观点也是致力于通过建立一个公平的经济社会制度来消除美国的贫困问题。对于把公平和公正作为最引以为豪的国家体制特点的美国来说，都无法让奥巴马通过让美国人民广泛受益的医疗保障法案，可见，发育一个有利于穷人的经济社会制度并非易事。从这个角度讲，我写了很多中国脱贫攻坚意义的文章，这些文章涉及如何将消除贫困的政治承诺转变成有效的政治行动，是基于公平正义的国家治理的最为重要的指标。我以为，衡量一个国家治理的成功，不应该看有多少富豪，而应该看有多少穷人。当中国的领导人不断地出现在贫困乡村，不断通过各种办法来消除帮助穷人的障碍时，我们可能才会理解，消除贫困问题实际上是一个非常困难的过程。

有哥的房子为什么还没盖起来？

去过河边村的人，一定都会对村口那栋又高又大的房子有印象。这栋房子就坐落在村口的河边，进河边村的人都要经过这栋房子。四年了，这栋房子还没完全建起来。我每次去都要爬上去找有哥和他爱人聊一聊。他家原来住在现合作社办公室的小山坡上，他家的房子是由木头搭起来的棚子，外面经常晾着破旧的衣服。进村的时候远远望去都能看到他家的破房子。后来，调整宅基地，把他家调到了现在的位置。有哥的房子是我在河边村扶贫的难点。

开始，争取到了政府易地搬迁和其他方面的扶贫资金。有哥是建档立卡户，可以享受 4 万元的建房补助，同时可以贷到 6 万元 20 年无息的贷款。因为是建房资金，所以政府都采用建好房，验收，然后再付钱的管理办法。扶贫资金的管理经过了几十年的实践，形成了一套完整的管理办法，但是这些管理办法的确有很多问题。以前，如果把扶贫项目资金直接交给农民自己使用，很多情况下都会出现资金被挪作他用的现象，如农民会把获得的资金还以前的旧账，或者用于购买食物等。这都是很正常的现象，我们往往把穷人特殊化，把穷人的行为也特殊化。其实，穷人和我们都一样，决策和行为都遵循同样的逻辑。如果我们欠账时间很久，不断被催账，我们肯定也是有了钱先还债。同样，孩子没吃的、没穿的，我们有了钱肯定先给孩子买吃的、买穿的。但是，由于扶贫资金有具体用途，如果由贫困群体自己决定用途，虽然这样最能解决他们面临的紧迫问题，但是扶贫项目的任务就无法完成了。所以，在实践的过程中逐渐形成了很多资金管理办法，比如实行资金配套。过去在很多地方做产业扶贫，都要求农户出一定比例的资金，与扶贫资金共同配合。对于资金的拨付方式，也逐渐形成了先验收再拨付资金的管理办法。恰恰是这些看似合理的办法，却给扶贫工作造成很多困难。首先，很多贫困人口根本就没有钱，无法提供配套资金。所以，在很多贫困村发现，真正受益扶贫项目的农户往往都不是最贫困的农户。扶贫专家汪三贵教授在10年前就对中国村级扶贫的政策进行过系统评估，这是他评估的主要发现。其次，项目验收后再拨付资金又不符合农村的贫困实际。贫困农户根本没有钱，相互拆借都非常困难。河边村开始建房时，我们动员大家到信用社先贷款，然后扶贫资金到位后再还款。但问题是，到信用社贷款是要付利息的。农户的账算得很精细，所以很多人都不愿意先去信用社贷款。我在2015年花了很长时间动员农户去贷款。有哥当时不仅不去贷款，而且连政府6万元的无息贷款都不要。

　　有一次，我路过有哥家想过去和他聊聊房子什么时候能建起来。到了他家发现还坐着几个手里拎着小黑包的人，看起来像基层小干部。他们一边抽着烟，一边看着我。我觉得没有见过这些人。乡里的干部我都认识，不知道他们是从哪里来的。后来，村里人跟我说，信用社的人过来催账了。有哥长期患病，这几年为了看病借了大量的债款。所以，信用社经常过来催债。我有点明白了，有哥的账算得很清楚，要想得到政府的6万元无息贷款，他必须先到信用社贷款建房。按照他现在的信用记录，估计不可能再贷到任何钱。

他只能选择不要政府的钱，这也算是无奈之举。后来，我们和政府一起研究，认为他身患重病，有两个上学的孩子，负担很重，能否尽可能解决他的资金问题。有哥后来自己准备了木料，估计在亲戚那里借到了一点钱，把房子的结构立了起来。当时，我们和政府商量，只要他把结构立起来，就算他完工，然后给他付钱。如果我没记错的话，有哥前后获得了将近 11 万的资金支持，后来政府原计划的 20 年无息贷款也不用还了。但奇怪的是，有哥的房子自从立了结构以后，还是一直没有建起来。

我到村里好几次要和他说，发现他都不在家。村里人说，他拿了钱没有盖房子，而是到外面承包了甘蔗地，也就是说他把建房的资金给挪用了。每一个人都是他自己生计的经济学家，我们可以指责有哥挪用扶贫资金，我们也可以据此不再给他提供任何支持，但这都改变不了有哥是改变自己命运的能动者。我后来看到有哥问他是不是把钱用到承包甘蔗地了，他说，"李老师，我用钱搞了甘蔗地，甘蔗地今年就能挣到 20 万。我挣到钱就来盖房子，你放心，我一定把房子盖起来"。我听了以后，心里酸酸的。在他的心里，房子是为我盖的，他盖好了房子，是给我看的。我让他盖房子，是希望他快点把客房盖起来，这样客人住进来他就能挣钱了。我这样一个扶贫人和被扶持的人，完全生活在两个世界。这才是贫困的元问题，这才是扶贫工作遭遇失败的根本原因。

从那以后，我就不再找有哥催他建房了，我等他挣到那 20 万。2019 年，村里人告诉我有哥在外面承包的甘蔗地被大象破坏，损失非常大。我见到有哥，他说，"李老师，亏了，但是还是能挣到钱的"。由于疫情的原因，我已经好久没去村里了。我设法从大家的照片里捕捉有哥家的房子是不是又盖了一些。只要他加几个木板，我都能注意到，好像他并没有盖他的房子。村里的很多人都不相信有哥说的话，但是我相信他说的，他有钱一定要盖这个房子。如果他没盖这个房子，就说明他没有挣到钱。如果大象不吃他的甘蔗，

81

如果大雨没有淹了他的地，我觉得有哥不止能挣到 20 万元。有哥是最好的穷人经济学家，他把钱投到了最可能挣钱的地方。10 万元盖房子，即便盖起来客房，一年最多挣 1 万元。我知道村里人都嫌挣的钱少，所以总跟村里人说，只要保证每年能挣到 1 万元就能脱贫。有哥告诉我，他在外面投资 10 万元，能够保证挣到 20 万，而且他投资的又是自己熟悉的甘蔗，无论从技术还是市场都没有太大的风险。据说遇到了大风大雨，加上大象，才让他遭遇挫折。无论如何看，有哥都是一个生活的经济学家。

我这几年搞扶贫，逐渐形成了一个概念，穷人的失败不是穷人的过错。有哥不断陷入贫困并非个人不努力或者懒惰，主要是制度的原因。如果我们有穷人投资的保险机制，如果我们对野生动物保护的补偿标准再高一些，如果我们有能够引导穷人投资的机制，我觉得有哥不仅能脱贫，而且能致富。有一天，我的家人问我，她认识一个人，每天什么都不干，就是摄影、旅行，她的头衔是某公司的执行董事，她从哪里挣钱呢？我说，她把自己的钱和别人的钱搞到一起，然后再去投资挣钱。穷人懂得钱会生钱，但是穷人没有任何钱生钱的机会。我非常赞同兰克关于贫困的观点，如果一个社会财富的积累需要各种各样条件，那么社会成员的财富拥有就会出现分化。而这种分化，将不断得到固化，从而形成难以缓解的社会不平等。在社会不平等的条件下，穷人之所以贫困就是因为他们处在很难破解的贫困陷阱中。我特别希望尽快见到有哥，真正和他讨论一下他的创业道路。他过去几年的奋斗，就是靠开始的 10 万元贷款，好在其中的 6 万元已经不用偿还了。对于支持穷人的经济活动而言，究竟是让他们按照我们的建议去做，还是索性把我们能给予的支持交给他们自己来决策，真是一个复杂的问题。我是一个一般不持批判精神的人，喜欢把事情看得很乐观、很浪漫，所以就不能成为一个很好的学者。我在想，如果支持穷人的机构能够做一些对穷人的创业保险、投资引导，甚至做一些穷人的投资银行，将穷人的资产转变成资本，不是比替穷人做那些产业更有效吗？

穷人为什么不喜欢存钱

　　我的同事和学生在村子里工作时，都喜欢和勇哥一起玩，大家都喜欢他朴实、聪明。学生们曾帮勇哥制订了一个储蓄计划，将他每次客房收入的一部分存到银行，并监督不让他随便把储蓄花掉。我们没有办法在村子里做随机对照实验，所以只能做一些简单的干预研究。2018年，我看到勇哥家的院子里停了一辆崭新的高档雅马哈摩托车。我问这是谁买的，勇哥说是他哥哥买的。他哥哥帮助村民盖房，加上经营自己家的客房，挣了不少钱。我问他哥哥，为什么不把钱存起来，原来的摩托车不是也很好吗？他看着我，笑了笑，没做答复。勇哥的哥哥平时不爱言语，有了钱总往外面跑，村里人总爱说一些他的闲话。后来，我听说他在外面用挣到的钱还赚了一些钱。怎么赚的，赚了多少，我没有去追问。

　　我问村民，你们为什么有了钱不存起来？他们的回答几乎一样，我们哪里有钱可存呢？以前我不知道他们的收入，自从有了合作社以后，每户的收入都在账上，我是可以看到的。我知道每户至少挣了多少钱，特别是村里很多年轻人都是单身，这几年挣的钱虽然不算多，但在一个贫困村里也算不少了。所以，我总会问他们，钱是不是存起来了。我总觉得村民平日生活不需要花太多钱，应该把钱存起来，将来可以做些投资。对于单身青年来说，攒些钱也可以娶媳妇。但是农民的生活似乎并非我想象的那样,很多问题仅靠语言交流是了解不到的。我每次看到勇哥都会问他,又没钱了吧?他总是笑眯眯地说,全花完了。我说,又没有找到女朋友,钱花到哪里了?他只能笑笑,应付我一下。

我慢慢发现了贫困村的经济社会学。勇哥的二哥有两个上学的孩子,孩子每周都需要生活费,他二哥经常没钱给孩子,勇哥只能帮哥哥的忙。村子里的人串起来都是亲戚,平时觉得他们关系都挺远的,其实掰着指头算一下,他们大多都是近亲。相互借钱是河边村村民经济生活的重要组成部分,有限的资金在村里的流动维持了村民的生计。河边村在没有建起瑶族妈妈客房之前,主要收入来源是甘蔗。然而,甘蔗的收入只有到年底和年初才能得到,平时他们在雨林里采集中药材砂仁,收成好的时候可以有比较可观的收入。此外,外出打零工也是收入来源之一。全村的收入大概主要集中在年底和年初这一段时间,村民在大多数时间是没有现金的,而现在的生活又离不开现金,买烟酒、买油盐酱醋都需要钱。家家户户都有摩托车,摩托车也需要加油。所以河边村经济的特点是,缺乏现金。对稍微富裕一点的村民来说,挣到钱的就必须留着应付日常生活需要,对没有挣到钱的人来说,就得去借钱。村民之间的拆借都是小额度的,我没有听说过村民之间相互借钱要支付利息的,我想如果涉及大额债务是要支付利息的。

我们总是习惯于从正规经济和规范性制度的角度来观察穷人的经济社会问题,往往把穷人不储蓄看作是他们贫困的重要原因。班纳吉和迪弗洛在讲到穷人储蓄时,提出了贫困自我控制的逻辑问题。他们认为,诱惑的逻辑对于穷人和富人都是一样的,但是其后果对穷人来说更为严重。对穷人来说,自我控制更难实现。储蓄的目标是比较长远的,是为了实现更大的目标。一个长远的更大目标,对穷人来讲太不现实。城里人的储蓄至少是为了买一套房子或者买一辆汽车,河边村村民也都想买一辆汽车。当他们花费数千元去考驾照的时候，发现存钱买车这个目标还很遥远。富人存钱一是为了投资，二是为了将来净资产的增值。穷人未来的资源是很少的，当他们看不到未来资源时是不会储蓄的，况且他们的起始资本往往少得可怜。在现代市场经济中，穷人没有任何优势。富裕的人不会因为日常的消费而困惑，城市的工薪阶层每月工资都有结余，他们将结余的钱存在银行里或者投资到资本市场，从而增加净资产，或挣到更多的钱；而穷人则受日常生活的困扰。河边村的小周告诉我，要是没有客房收入，他两个妹妹上学就成问题。所以，储蓄并不是他们的经济学问题。

我们往往把穷人在正规金融系统中的缺位看作是他们经济活动落后的原因，但是我们忽视了，一个贫困的社区事实上就是一个穷人的银行。在这个银行里，没有正规金融系统的存贷规则，也没有任何管理成本。整个村庄就像一个大的资金池，每家每户只要有钱，都有可能为其他村民提供帮助。河边村建房过程中很大一部分资金是村民之间相互帮助解决的。穷人不储蓄并非他们不知道储蓄的好处，而是他们的日常生活依赖于有限的现金，储蓄会让每时每刻发生的支出变得非常不方便。村民说，他们把钱存到银行，取钱还得骑着摩托车去。过去村民很少有账户，最近几年因为脱贫攻坚，建房子的资金和合作社支付村民的收入都需要通过银行转账，这样才有了银行账户。因此，我的学生也才有可能监督勇哥把剩下的钱存起来。

穷人储蓄少的另外一个原因是他们把挣到的钱都消费到了不该消费的地方。我们的一个调查发现，这几年随着河边村收入的提升，烟和酒的支出大幅增加。我的同事也总是试图说服村民少抽一点烟，少喝一点酒，把剩下的钱存起来。村里的意见领袖——邓哥，可以说是烟不离手酒不离口，他总说，烟酒是不能没有的，在地里干活儿不抽烟就没有精神。富裕的人很可能在烟酒方面的支出花费不多，因为他们更关注自己的健康。河边村村民并没有看到烟酒对身体健康的危害，而他们的收入也只允许多抽一点烟，多喝一点酒，支撑不了太多其他消费。基本生存之外的消费是富人和穷人都不可缺乏的生活组成部分。很多年前，我在德国和一个朋友吃饭，他是德国一个基督教慈善组织的负责人。他说最近在忙着动员捐款，号召德国人少喝一瓶啤酒，把钱捐给拯救穷人的项目。我说这不是很简单嘛，钱又不多。他笑着说，啤酒对德国人很重要，让他们做一点牺牲也不容易，所以要提醒他们，这是上帝的旨意。对于富裕的德国人来讲，牺牲一瓶啤酒都需要上帝的旨意，可见，生存之外消费的意义不能简单从经济学上考虑。穷人对烟酒的消费，和富人出去旅行、与朋友聚餐等一样，都是生活的组成部分。如果说，劝富人少喝一瓶啤酒都需要上帝，那么劝穷人少抽一根烟，要靠谁呢？

像我这样从事扶贫的人总是站在富人的立场上考虑问题，总会觉得穷人的特点与能够致富的特点格格不入。如果穷人不是按照他们现在的方式生活，那他们的实际境遇将会更加悲惨。一个看似明显贫困的村庄，实际上都是一个鲜活的按照穷人经济学和社会学法则运转的村庄。我们看不见我们不熟悉的那些规则，社会学家用了很多概念来描述乡村社会，很多时候我都不太懂这些概念。我在河边村生活的每一天，都让我感受到这样的穷人经济学。每一块钱都在不同的村民之间流动，这个看不见的资金流动支持着他们购买基本生活用品，支付孩子上学的费用。现在他们也会把钱存到银行，有了微信转账和支付便利后，对他们来说把钱存在银行比放在家里更加安全。所以村民现在的存钱行为，其实并不完全是增加了"储蓄"，而是某种程度上让银行帮他们把钱"保管"起来，因为他们不需要再骑着摩托车到镇上去取钱了，而是可以用微信继续他们相互之间的资金帮助。一个河边村看起来更像一个看不见的银行。

贫困的循环

某日，我突然收到一条微信：李老师能借我一点钱吗？看到微信的名字，我不熟悉这个人。叫我李老师，多半是学生；问我借钱这位，显然不是我的学生。后来我问他是哪位，他说他叫卢刚；我觉得他应该是河边村的村民。我问村里人谁是卢刚，村里人说，他就是村里"疯女人"的儿子。于是，我问他借钱做什么，他说他爱人在医院里生小孩，出院时要交钱，他没有钱。我问需要多少钱，他说要3 000元。我用微信给他转了3 000元，他说以后还给我。我进村的时候，"疯女人"家的那几个孩子我都认识，孩子都很小，我想不起来这家怎么会有一个结婚成家生小孩的孩子呢？我也不知道他怎么加上了我的微信。

我回到村里，具体了解了卢刚的情况，才知道他还不到18岁，找了个十多岁的女朋友，怀孕就结婚了。他没有钱付医疗费，也一定是真实的。村里人说，李老师不能借给他钱，借给他也不会还。其实我也知道他不会还，我更多是为帮助那个不幸刚出生的孩子。后来我在村里看到过一个小女孩抱着一个孩子。卢刚也从来没有来找我说还钱的事，也没有找我表达一下谢意。之后，卢刚又给我发信息，说要出去打工挣钱养孩子，再向我借一点钱，他说出去打工挣到钱就把上次借的一起还了，我又给了他500元。我记得他后来又找我借过钱，我没再借给他。河边村村民几乎都是早娶早嫁，这几年村里结婚的男孩和女孩，在我看来还都是小孩子，早婚早育是这个贫困村庄的普遍现象。心理学家杰伊·贝尔斯基提出一个观点，他认为，在充满压力或无秩序的艰苦环境中长大的女孩，早生孩子的可能性更大。另一位心理学家米奇·卡伦的研究认为，当人们感到自己贫困时，就会变得目光短浅，会用尽一切手段，迅速获取自己所需的东西，他们对未来往往视而不见；而当人们富有时，他们就会从长计议。穷人的这些特点被很多人当作是贫困的原因，显然也并非没有道理。在扶贫工作中，我们也往往把很多和贫困相关的特征定义为致贫的原因，希望通过教育来改变他们的行为。

河边村的年轻人文化程度普遍较低，有的读到初中就辍学回家了，能够读到高中的孩子凤毛麟角。邓哥告诉我，他们在学校里学习也学不到什么，读一年花一年的钱，回来还得当农民；还不如早点辍学，回来割胶、砍甘蔗挣点钱。邓哥的话虽然无奈，却道出了贫困的一些真正根源。我在想，如果河边村的孩子，从小就在北京蓝天幼儿园度过童年，在清华附小和清华附中读小学和中学，他们是不是也在读完书后无奈地回到村里呢？当然这是个不恰当的比喻。我在镇里访问过他们的小学和中学，在过去十多年教育发展计划的支持下，镇里的小学和中学的条件都有了很大的改善，无论是校舍还是学校设施，都看不到落后的痕迹。村里的孩子愿意去上学，我问几个小孩为什么愿意去上学，他们说学校吃的比家里好，这多少也是令人欣慰的事。但是校长告诉我，现在最大的问题不是校餐也不是校舍，两免一补完全到位，农民在小孩教育上的花费不太高，基本能够承担，最大的问题是师资，开不出英语课，数学和语文老师的质量都有待提高。

从这个角度看贫困的循环问题，我们可以找到一些线索。一方面贫困的确是一个恶性循环，陷于贫困的青年人一旦处于无助状态，他们就不可能像富裕家庭的孩子那样每天对未来进行规划和努力，他们面对的是眼前的困境。贫困家庭处于一个没有未来的困境中，只能影响下一代早生早育，他们面对的是生存和繁衍的基本需求。在基思·佩恩看来，在艰苦的时代，未来是不确定的，生存和繁衍的可能性都会变小，也许你还没有活到生小孩的年纪就会死去，在这种情况下，早生多生才是有效率的。基思·佩恩把这一现象称作"快生早死"。当然这讲的是生物生存性竞争的基本逻辑，即便像河边村这样贫困的村庄，出现早婚早育事实上也不一定是出于这样的原因。但有一点是肯定的，当任何一个人进入到这样的状态时，一方面会进入到一个为了满足眼前需求而进行短期决策的状态；同时，这种基于眼前需求的行为会不断地延续，从而造成这个人一生的困境。他们缺钱，没有办法支付医疗费用、日常生活开支，于是就不得不去借钱；为了还钱，他们不得不去做很多急功近利的可能挣到钱的事。在这种循环下，他们很容易受到欺骗、盘剥，有的甚至去犯罪，河边村就有这样的案例，我把穷人的这种境况称为贫困的个体循环。与此同时，当一个家庭处于这种状态时，应对眼前需求和生计压力的行为又会通过家庭的教育传递到孩子身上，这就是所谓的贫困代际传递，我将这个现象称为贫困的代际循环。当一个村庄有很多这样的贫困家庭时，应对眼前生计压力的行为就会通过邻里效益而影响到其他家庭，从而形成贫困文化。我们在贫困村庄经常看到贫困现象，很多人会将这一现象称为贫困文化，并很轻易地将贫困归结为是贫困文化导致的，言外之意是只要改变这样的贫困文化，他们就能走上脱贫的道路。

我不敢说自己没有一点这种文化主义倾向，我也会不自觉地说服村民要有长远的眼光，我也反复和同事讨论河边村这些年轻人将来怎么办，我的同事甚至在村里发起了很多文化活动，比如放电影、搞体育活动等。我想在村里建一个图书馆，村民说，没有人会去图书馆看书的，现在很多都是政治学习的书，也没有什么书能教我们致富；河边村很潮湿，图书馆里的书会发霉，还需要有人打理。在村里生活久了反倒觉得自己更愚蠢了，一个扶贫教授在一个贫困村里生活工作，对贫困的认识越来越无助。

我在这本书里反复讲贫困陷阱和结构性贫困，实际上很多感触都来自我在这个贫困村的体会，是这个村庄教给了我真正有关贫困的知识。

扶贫的目标是打破贫困的两个循环，而要打破贫困的循环，很显然我们不能仅仅把目光放在穷人身上，不然我们很容易拿出高高在上教育穷人的方式。而无论是贫困的内循环还是代际循环，其根源往往并不必然在穷人身上。就像我前面讲的那个不恰当的例子，如果河边村的孩子能上好学校，在高中毕业以后至少都能像城里的孩子那样读到大专，我想他们的命运会有很大不同。我在村里扶贫时建立的小型公益组织雇了一位本地的年轻人，她是哈尼族，读到大学，大学毕业还读了中央民族大学的硕士，她曾是这个公益组织的执行干事长，现在是中华慈善总会的项目官员。这位女孩就是通过教育改变命运的典型案例，当然，她之所以能改变命运有很多特殊的原因，所以她也只能成为个例。我们扶贫不能将个例拿出来教育别人，而要研究为什么这不是普遍现象。一旦不能在普遍水平上展示接受教育的人比不接受教育的人生活前景更广阔，我们就没有办法说服大家接受教育。有些时候我们自己觉得很无奈，为了完成脱贫攻坚的目标，政府工作人员逐户排查辍学问题，只要有任何困难不能上学的，政府都会给予支持、确保孩子能上学。但我们需要反思的是，一旦我们把很多资金投入到改善贫困地区的教育质量，把贫困地区的教育与这些孩子的未来前途紧密结合起来，其实我们是不需要挨家挨户去动员孩子上学的。河边村这几年出了三个大学生，这三个孩子都是从村里一步步学习走出来的，他们假期回到村里的确给村里的年轻人带来了新的希望。

马拉维一个村庄的穷人生活

我的同事唐丽霞教授在执行我国对马拉维的援外项目工作中走访了马拉维的一个村庄,她写了一篇小短文,短文中呈现了非洲村庄穷人的生活。在过去 10 年中我主要在坦桑尼亚从事发展实践工作,坦桑尼亚的农村和唐丽霞教授看到的马拉维的农村非常相似,非洲是全球贫困问题最为严重的地区,到过非洲的人几乎很少质疑是否应该做扶贫工作。唐丽霞教授访问的这个村庄距离巴拉卡(Balaka)镇只有不到 20 公里的路程,整个马拉维基本上是没有公路的,下了主干道,通往各个村庄的全部都是土路,这个地方地势还比较平坦,车还能够进去,只是颠簸得厉害。绝大部分村庄都没有电,水是井水,这些水井大部分都是国际援助项目,联合国儿童基金会、国际计划、联合国开发计划署以及一些双边援助组织都有在马拉维打井的项目,中国也为马拉维修建了 600 口水井,这些项目对这些村庄来说是非常重要的,否则他们就只能到很远的地方去挑水。这个村庄没有电,虽然距离有电的城市居民居住区也就几公里之遥。村内几乎没有什么公共服务设施,农民的住房散落在四方,每所房子都很小,大约二十平方米,这些房子大部分是红砖建造的,贫困的家庭用茅草封顶,稍好的家庭能够用上石棉瓦。村子里有两个用茅草搭起来的小卖铺,小卖铺卖的东西很简单,包括食

---

* 本文发表在小云助贫(2015-09-16),原文作者唐丽霞是中国农业大学人文与发展学院教授,链接:https://mp.weixin.qq.com/s/XkKc0V1zOWXse-k8_AivcQ。

用油和一些零食。这些食用油用小袋子装好，满袋 50 夸查（约 0.48 元），半袋 30 夸查（约 0.29 元），这种销售方式是为了适应当地农户现金匮乏，他们既没有存款，也没有钱储存食品，通常都是买一点吃一点，找机会挣到钱，再买一点，再吃一点。

  由于 2014 年播种季节水灾严重，幼苗基本被水冲掉，补种也耽误了时机。2015 年又特别干旱，玉米减产严重，往年 1 英亩（0.4 公顷）土地可以收获 50 袋（2 500 公斤）玉米，也就够一家人的口粮了，2015 年 1 英亩只收获了 1 袋或半袋玉米，市场上玉米的价格也从 2014 年的 4 000 夸查（约 38.4 元）/袋涨到了 8 000 夸查（约 76.8 元）/袋。虽然 6—7 月收获的季节刚过，但农民家里已经没有玉米了。"现在我们每天只能吃一顿饭"，当她问及这个村里谁是富人的时候，他们的评判标准是：富人可以一天吃两顿饭，在这个有 80 户农民的村庄，大约只有 10 户农户是富人。因为玉米减产，棉花收入对于他们就更重要了，如果他们将棉花销售给合同公司，因为要扣缴他们的贷款，所以能拿到手的现金就会很少，这样他们可能就要面临饥荒，于是大部分农户选择了将棉花卖给非合同公司，这样可以拿到全部现金，而对于已经一贫如洗的农户，棉花公司不可能再通过收现金的方式收回贷款，这也是一种弱者的武器，但这样的方式对于他们来年生产的打击很严重，但是在这个阶段，他们已经无法考虑更远的明年，因为今天等着钱买点吃的。

  距离明年收获的季节还很漫长，唐丽霞问他们打算怎么办呢？幸运的是，巴拉卡还是马拉维比较重要的集镇，有好几家棉花公司，也有一些农场，他们就去这些公司和农场打零工，每天能挣 500 夸查（约 4.8 元）；有的就去割草，每天割一大捆，能卖 1 000 夸查（约 9.6 元）。唐丽霞问他们赚了 500 夸查以后，怎么去消费呢？他们说，500 夸查可以买 5 堆木薯，5 堆木薯可以供家里一天的口粮，然后再去找零工做，再去买一天的粮食。500 夸查可以买 4 公斤左右的玉米，看上去似乎比木薯更划算，唐丽霞又问他们为什么不买玉米，而要买木薯，他们回答说："这附近不卖玉米，卖玉米的地方远，另外，玉米需要花钱加工成玉米面，吃辛玛还要吃菜，这都需要钱。吃木薯就简单多了，不用跑很远，买回来煮了就能吃，也不用配蔬菜吃。"可以看到，穷人为了维持生存已经将智慧发挥到了极致。唐丽霞举起手机给他们拍照的时候，他们说："哎呀，现在我们是正在挨饿的状态，拍出来的照片一定都不好看。"

女性容易陷入贫困吗？

1978年，时任美国伊利诺伊大学社会学系助理教授的戴安娜·皮尔斯在美国的《城市与社会变迁评论》上发表了《贫困的女性化：工作和福利》一文。皮尔斯基于1950—1970年美国的就业数据，研究了美国社会再就业和收入方面的性别不平等问题，提出"尽管美国妇女的就业有所改善，但是美国16岁以上的穷人中有2/3是妇女"的观点。皮尔斯的贡献不仅在于首先提出了"贫困女性化"的概念，而且通过极具说服力的数据从研究方法上极大地影响了其后有关女性和贫困以及性别不平等的研究。皮尔斯研究的主要依据是工资收入，由于收入数据呈现性好、说服力强，所以收入成为研究女性贫困最重要的指标之一。皮尔斯在研究中采用了两个概念：一是穷人中女性的比例，二是贫困家庭中女户主家庭的比例。值得注意的是，皮尔斯没有采用包括贫困和不贫困总样本中的贫困家庭和个体的数量，而是选用贫困家庭和个体作为样本总量统计其中女性的数量和女户主家庭的比例。皮尔斯的研究结论是基于女户主家庭这个单元，采用这一方法的弊端是，如果总人口中女户主家庭的数量减少，那么所要测量的结果将不会发生变化。后来的研究大都采用包括贫困和不贫困群体在内的总样本中的贫困比例，这一方法有利于估算贫困发生率、贫困的强度和深度，因此成为目前通过收入性指标研究贫困女性化的主要方法。

20世纪90年代初期，我在荷兰学习期间有一门课是性别与发展，课堂的阅读材料里就有关于皮尔斯研究的相关论文。记得那个时候，在性别与发展领域，妇女的贫困化问题是一个新的议题，非常时髦。我自己几乎没有任何消化，就把这一概念系统地引入到了国内。我回国后和同事做了一些关于河北农村的性别与发展调查。实话说，在当时学习西方理论的大环境下，我不可能去批判这些理论，当然也没有这个能力来反思西方的发展理论。2019年，我在《妇女研究论丛》上发表了一篇文章，主要是基于我在河边村展开的扶贫实践。很长一段时间，我自己对于通过经济赋权来帮助妇女摆脱贫困的理论观点是完全接受的，可能也是深受皮尔斯研究的影响。在河边村的扶贫实践中，瑶族妈妈客房是这个项目最核心的内容。我把它定义为，为妇女再造一个赋权的经济空间。言下之意是，一旦妇女有了这样一个相对独立的经济空间，她对家庭的经济贡献就会显性化，从而能够实现赋权的目的。然而，实践结果并非如此。我曾经问一位妇女，你们每天都给客房打扫卫生，帮助安排接待外来的客人，客房收入能算作你的收入吗？妇女说，这个不能算是我的收入，是我们一家人的收入。我的学生详细计算了瑶族妈妈客房的男女劳动分工情况，结果显示在瑶族妈妈客房的工作链条上的每个环节，妇女花费的时间要远高于男性。当然，妇女不觉得这个收入是自己的收入，可能主要还是性别意识的问题。同时，也有其他家庭把客房收入算作妇女的收入，因为收入打到了妇女自己的银行卡上。重要的是，无论是算作全家收入的一部分，还是算作妇女的收入，妇女在这个相对独立的经济空间中获得的收入最终很大一部分都转变成了家庭成员包括丈夫在内的福利支出，如孩子上学、女性买日常消费品。我们调查的同时发现,随着客房收入的增加,家庭烟酒消费额急剧上升,这一消费很显然是男性消费,而妇女消费项目的支出增加则不是很明显。我把这个现象称为"赋权的异化"。

妇女与贫困之间的关系其实是比较复杂的,皮尔斯研究的群体是依赖工资收入的美国黑人无产阶层家庭,同时又是单亲家庭。首先,单亲家庭比婚姻家庭在维持生计方面更为脆弱,即使男性户主单亲家庭也是如此。其次,工资性收入为主的工薪阶层家庭由于收入较低,加上子女的负担,本身就容易陷入贫困。这与美国不同阶层收入结构的分化有很大关系。因此,皮尔斯的贫困女性化研究本身可能并非全球化的现象。

发展中国家的很多家庭没有固定收入,尤其农村人口的收入不以现金为主,很多都属于自给自足,因此很难用经济收入指标来研究贫困与妇女的关系。同时,以女性单亲家庭为单元得出的贫困女性化的结论,并不必然符合男女婚姻家庭的情况。在男女婚姻家庭中,可能男女双方在收入方面都是贫困的,甚至存在男性收入低于女性的情况,与其说贫困女性化,倒不如说贫困结构化更合理。说到这里,我想到了马克思的基本理论,马克思认为阶级剥削是第一位,也就是说在资本主义社会,无产阶级贫困化的主要原因是资本家对工人阶级的剥削。从这个角度讲,如果一个无产阶级家庭处于收入贫困状态,那么无产阶级的妻子和丈夫都将是穷人。

当然需要指出的是,从经济角度衡量贫困所呈现的性别问题,并不必然说明贫困在男女性别之间没有差异性。即使阶级消灭以后,性别的差异依然存在。问题是,是性别本身的差异导致了贫困女性化,还是贫困加剧了性别不平等。在回答这个问题之前,我们需要明确,这里所说的贫困的含义。贫困是从精神和物质角度衡量的福利状态缺失,基于这个定义,性别的差异会带来性别的贫困分化。比如,在一个以工资收入为主的家庭,如果按照收入的多少来衡量贫困，那么在很多这样的家庭中，由于妻子需要照顾子女，有的甚至需要照顾老人，因此无法承担收入较高但也需要高强度时间和精力投入的工作。这样的性别劳动分工差异，的确导致了收入差异。而且由于女性的家务劳动没有计入社会劳动的价值体系中，照料子女和老人都是无偿的，因此形成了对女性不公平的贫困。很多人对男女性别收入的差异与贫困的联系持有异议，他们认为不能因为性别劳动的差异就断定女性处于贫困的状态。即便是在有差异的状态下，很多女性并不觉得处于贫困。这一认识的主要根源在于性别意识。在长期的赋权意识影响下，妇女福利的缺失已经成为习惯性常态。所以，我们常说社会依然是一个父权影响下的社会。贫困的定义是相对明确的，主要指精神和物质两方面呈现的福利状态的缺失。如果我们将精神和物质两个维度的福利内涵指标化来研究性别的状态，其结果往往会更为客观。例如，以在休闲方面花费的时间、在娱乐方面花费的时间以及对家庭资源的控制等不同的维度来衡量，在很多情况下，贫困女性化是客观存在的。

我们一直都觉得贫困虽然是相对的，但它有客观性。即便我们用从政治到经济等多维度的指标来研究贫困的性别差异，也会发现贫困女性化是客观存在的。但同时，我们也发现在不同的条件下，以及在不同的维度下，甚至在不同的话语条件下，贫困的含义是不同的。特别是在不同的语境下，贫困女性化以及基于贫困女性化理论展开的扶贫干预更是十分复杂。我在20世纪90年代末，参与了大量的妇女减贫实践。我在新疆和田从事维吾尔族妇女增加收入、缓解贫困的项目时，遇到过很多困惑。我们给维吾尔族妇女安排了很多培训、会议、外出考察学习的机会，很多妇女反映这些项目工作负担过重，而且家里的男人对她们意见又很大。这个项目是原加拿大国际发展署的援华项目，那个时候国际发展项目有两个重要主题，一是贫困，二是性别，我们当时都觉得这是先进的理念。而实际上，将这些理念应用到发展中国家的具体实践时，社会文化差异的影响已经开始出现。所以，我们不能武断地讲，贫困就是客观存在的。这也并不意味着贫困不存在，当一个人或一个群体处于饥饿状态时，贫困的客观性更强。因此，对于这样一种状态的援助与干预的正当性也更大。但是，对于并非处于这种状态的福利差异来说，贫困的相对性会更加明显，尤其涉及贫困女性化这个主题的时候。

女性主义者往往都会先入为主地认为女性是弱势群体，女性更容易受到贫困的影响。所以我们在做很多扶贫项目时，都会自然而然地把女性看作牺牲品和扶贫的对象。这看起来是有女性主义视角的立场，但是这样的视角也容易产生两个方面的负面影响。一是，孤立地看待和支持女性的经济开发活动，在没有性别社会赋权的条件下，会极大地增加女性的负担。二是，性别的社会关系是人类社会最基本的关系，只强调性别关系的结构性，而不强调性别关系的依存性，容易造成性别关系的社会性断裂。

识别穷人为何很难

我从 20 世纪 90 年代中期开始接触扶贫工作，当时在工作中遇到的第一个问题就是谁是穷人。我那个时候从事的工作主要是为国际组织在中国的发展援助项目做具体的技术工作。这些工作涉及援助项目的具体设计、落实和评估。我当时不懂为什么几乎所有的项目都要求贫困导向，在项目中要明确必须使穷人受益。现在，我才知道 20 世纪 90 年代中期西方提供发展援助的国家开始关注援助有效性问题。1996 年，在巴黎召开的发达国家发展合作部长会议上，各国部长接受了经合组织发展援助委员会提出的将减贫作为国际发展援助重要议程的建议。自此以后,凡是由发达国家提供的对外援助项目都需要投入到与减贫相关的领域。所以,我从那时开始接触的援华项目基本都是扶贫项目。

我和我的同事在北京郊区——延庆县开展两个乡的社区开发项目,当时让村民代表坐在一起,用贫富排序的方式确定谁是穷人,谁是富人。这些方法在我的一些书里都能看到。我记得让我最困惑的是,有一天,有一个村民居然从延庆跑到学校找我,说他是贫困户,贫富排序的名单里没有他。我当时说,名单是民主排序排出来的,没有你就表示你不是贫困户。20年后,我在河边村用同样的方法确定贫困户,村干部和村民代表一起在我那个破旧的小木楼办公室里开会,至今我还留着那天会议的照片。我的学生徐进在记录板上画同意票数,结果出来以后,站在门口的村民说,这个结果不公平。我说,你也看到了所有过程,哪里不公平呢?她说,我们都很穷,这个村里谁也不比谁富裕多少。20年了,像我这样的学者在这个重要的问题上好像没什么认识上的进步。

在脱贫攻坚的这几年中,"贫困户"成为一个重要的政治经济社会符号。在农民看来,成为穷人不再是一种耻辱,当然也不光荣。农民无不把被当作穷人看成是获得利益的重要身份。在地方干部看来,有穷人就意味着有外来资源,当然也意味着有责任,而且干部也认识到脱贫攻坚的责任要远远大于之前任何时候的扶贫责任,将来穷人脱贫了,他们也会有升迁的机会。确定谁是穷人是一个技术难题,当摆脱贫困演化成为政治、社会、经济场域的时候,谁是穷人就变得更为复杂了。

2012年,中国政府决定农民人均年可支配收入2 300元(2011年不变价格)为农村绝对贫困标准。从理论上说,收入低于这个数字的农民就是穷人。那么,我们在现实中如何按照这个标准来确定穷人呢?在农村,农民的收入来源是多样的,一部分来源于打工收入,另一部分则来源于农产品的销售收入,还有来自出租土地的收入。这些收入进入家庭后无法区分是谁的收入,且多没有记账,对总体收入没有概念。即使农民清楚每一笔收入,当得知收入低于贫困线便可成为贫困户并得到好处时,难道农民还会如实地报告收入吗?贫困是福利缺失的总体状态,农户即便现金收入少,但土地生产和居住条件都没有问题,可能不属于贫困。相反,即使农户的可支配收入高于2 300元,但居无住所,却有可能是贫困的。中国的农民不是以正式工资就业为主的群体,他们收入来源的特点决定了仅以年可支配收入标准来确定谁是穷人是困难的。因此,在脱贫攻坚的过程中增加了"两不愁三保障"的目标,使在农村识别谁是穷人更加容易。

无论是按照收入还是按照非收入标准确定谁是穷人,都无法解决识别穷人的客观困难。照理说,在一个村庄谁家富裕谁家贫困,大家都是很清楚的。但是,问题首先是,在很多贫困村,贫困现象非常普遍。农户之间的差异很小,除非扶贫对象只针对极其个别的极端贫困,如孤寡老人、残疾、疾病、无劳动力、无住房的农户,否则,一旦扶贫对象的数量超过了这些极端贫困农户的数量,确定穷人的问题就会转变成复杂的社会问题。

从理论上讲,穷人是那些总体福利被剥夺的群体。他们的食品安全、营养、教育、健康、工作等被剥夺的原因是多样的,可能因为他们残疾,也可能因为市场制度,等等。在一个社会中,那些处在收入最底层的群体,是这个社会中的穷人。这些群体的共同特征是,从社会角度讲,他们是流动性最差的群体,呈现出典型的社会阶层的代际性特点;从政治角度讲,他们几乎没有任何话语权,经常处于被代表的状态;从经济角度讲,他们的收入不仅很低,而且不稳定;从文化角度讲,他们被视为贫困文化的代表,被社会排斥。在现代社会,无论是发达社会还是不发达社会,穷人的特点在总体上都是相似的,造成贫困的原因也有很多相似之处。其中,制度被认为是造成贫困的根源。美国强调社会公平，但矛盾的是，美国几乎是全世界最不平等的国家。比较政治研究往往都会把公平和正义作为国家之间政治制度对比的重要内容，实际上，穷人的数量和不平等的程度可能最能反映一国实质性的公平和正义。不同的政治制度与公平和正义的关系，特别是不同的政治制度与贫困的关系，都是极为复杂的，不能简单地予以定论。卢梭在《论人类不平等的起源和基础》一书中讨论了政治制度与贫困的关系，现代社会有关政治与贫困的论述也非常多。

回到谁是穷人这个主题上，我们不能忽视用"人"来概括穷人的局限性。首先，我们讲穷人没有考虑到在一个富裕的家庭，妻子可能是贫困的。她的贫困状态有可能不直接反映在吃饭穿衣方面，但她可能没有任何权利决定自己的生活，完全处于权利被剥夺状态。这样的例子在全世界有很多，所以，我们讲穷人还与性别有关。同样，我们讲穷人时，老人和儿童以及老人和儿童中的男性和女性等，都会有不同的贫困含义。在现代社会中，妇女、老人和儿童更易陷入贫困。除此之外，贫困还有族群差异。一般来讲，少数民族地处山区、边远地区，远离都市中心地区的群体，贫困发生率往往比较高。

讲到谁是穷人的问题，就会自然地联想到如何帮助穷人。其实，为了帮助穷人，我们不一定要像我前面说的，在一个村庄里通过民主排序把穷人选出来的方式，只要我们知道哪些群体和具备哪些特征的人，更容易成为穷人，我们就可以采取相应的方式防止贫困发生。美国社会学家皮尔斯提出了贫困女性化的理论，她发现单亲家庭的女性更容易陷入贫困。基于她的发现，美国联邦政府在20世纪80年代投入了大量资源，鼓励单亲母亲组建婚姻家庭，同时设立项目以减少未婚生育。

穷人是如何扶贫的

说穷人是如何扶贫的，听起来有点怪。扶贫都是富人扶持穷人，哪有穷人自己扶持自己的？但其实不然。贫穷的乡村社会也有自己的扶贫策略，要不然在一个有穷人和富人存在的乡村社会，又如何维系基本的秩序呢？我们现在的扶贫工作，一是过于政治化，二是过于西方化。从政治上讲，似乎大家都能上学，都有医疗保障，都有高的收入，就证明国家治理是成功的。为了这样的目标，国家往往不惜一切代价解决贫困问题。西方社会是个体化的社会，这样个体化的社会当然也有它传统的扶贫方式，那就是教会和民间组织的慈善。中国传统的乡村社会也有慈善维护平等，从某种意义上讲是维系乡村秩序的根本所在。

首先，在乡村社会缺乏现代生产力的工具，这在很大程度上使用了个体的体力。因此，为了求得物质生产的最大化，不得不采用亲缘和地缘这样的社会网络来分享劳动力帮工互助。相互帮助、克服困难是乡村社会集体性生存的基本逻辑，而相互帮工就必然导致食物的共享。食物的共享机制不仅是自发的，同时也存在着乡村制度的安排。传统的乡村有益田和益仓，这是公共性应对扶贫的体制。遇到特殊困难群体就会动用益田和益仓进行救助。这是传统乡村社会的普遍性传统福利实践形式，这种形式就是直接的扶贫。很可惜，我们在现代扶贫的理念中很少挖掘传统扶贫的宝贵财富。

不仅如此，乡村社会并不禁止富裕的存在。在乡村社会，道德伦理进一步符号化产生信仰，如中国人讲的"命、福、报"就是在财富的贫富之间进行调节的传统伦理机制。对于那些好吃懒做的人来说，那是他的命，而对于勤劳的人来讲，那是他的福，这样就界定了财富的合法性。因为一旦打破维护财富拥有的合法性，就必然导致乡村秩序的紊乱。乡村社会同样不允许毫无节制的财富获取，中国人讲报，有了福，有了财富，就需要分享财富，否则就会有报应。所以乡村社会的富人都要"舍"，如果不施舍，这个富人在乡村无法生存。富人的施舍是乡村社会维持稳定的另一个重要的机制，这也是某种意义上的扶贫。乡村社会一方面通过集体性的机制做到相互帮助，共渡难关，同时又在施舍的实践中达到了对不平等的抑制，这其实都是我们现代扶贫的基本理念。可惜的是，我们现在的扶贫实践完全依照现代社会的个体福利标准进行，所以我们在乡村的扶贫实践经常遭遇困境。

第三章

扶贫是为了共同富裕

扶贫工作涉及贫困的两个维度，一是绝对贫困，二是相对贫困。即便绝对贫困，在很多时候也是相对的，比如今天的绝对贫困和30年前的绝对贫困标准一定是不一样的。因此在社会的不同阶段，仍然会有客观存在的绝对贫困群体，这主要是指生活在这个阶段的最底层的群体。而相对贫困一方面包括了所谓的绝对贫困群体，但它是相对于整个社会而言，生活水平处于社会平均线之下的群体，相对贫困群体的贫困指标是相对的，比如在一个贫困国家，其不贫困的群体与发达国家的贫困群体相比可能就属于贫困群体了，因为不同国家平均生活水平不同，而绝对贫困群体如果从人类生活最基本的需求出发，如吃、穿、住，虽然对吃穿住的标准也会有不同，但相对而言不同国家之间是可以进行比较的，这就是世界银行通过购买力平价设定的国际绝对贫困线。

正是由于贫困存在着绝对性和相对性两个维度，所以才使得扶贫工作变得特别复杂，有些时候也特别困难。扶贫工作的难度主要在以下几个方面：首先，要消除贫困就需要知道谁是贫困人口，一般来说，按照绝对贫困的指标来瞄准穷人相对会容易一些，但这也取决于绝对贫困指标的设定。绝对贫困指标设定得越简单、越客观，特征越明显，瞄准穷人越容易。比如没有住房、残疾人、五保户等具有明显排他性的指标，识别容易，其他群体不容易挤入，所以在识别过程中争议比较小。但是即便是针对绝对贫困群体，一旦涉及的指标多，识别起来就比较困难，就容易发生挤入和排出。其次，扶贫的目的是消除和缓解贫困，严格讲消除贫困主要是消除绝对贫困，比如精准扶贫中设定的"两不愁三保障"以及年纯收入 2 300 元这些农村绝对贫困的标准。而缓解贫困则主要是缓解相对贫困，无论是消除绝对贫困还是缓解相对贫困，都不是简单的各种指标数字的变化问题，而是复杂的政治、社会、经济过程。扶贫工作难并不都是因为扶贫的对象脱贫如何难，而主要是在扶贫过程中调整政治社会机制的难度大，因为现代社会普遍存在的贫困现象，不是贫困人口的个体问题，贫困主要是经济社会转型中的结构性问题和制度性问题。最后的难点是消除和缓解贫困的战略和政策以及具体的措施如何能与"穷人"的实际相结合，也就是扶贫的战略和政策如何能更有效。

欧美扶贫为何不同

前不久，我应邀在位于纽约的华美协进社（China Institute，由胡适先生创办）与哥伦比亚大学的伽芬克尔教授，做了一个中美贫困的对话。对话涉及美国的穷人观和美国针对穷人的政策问题。从伽芬克尔教授的介绍中可以发现，美国对待穷人的政策与我们想象的完全不同，这让我想到了欧洲和美国在这方面的差异。

美国和欧洲大陆国家都是西方民主制国家，有着共同的文化和宗教基础，而且都是发达富裕的社会。我们也常常习惯上把欧洲和美国统称为西方，觉得欧美的政治、社会、文化应该是相似的，对穷人的政策也应该是一致的。但是，当我们仔细对比欧洲大陆与美国的很多政治和社会实践时，会发现二者之间的差异实际上很大。这就是李普塞特（Seymour Martin Lipset）1996年提出的"美国例外主义"（American exceptionalism）。美国例外主义的概念，揭示了美国与欧洲在诸多方面差异的原因。美国例外主义最典型的案例就是相比欧洲大陆而言，美国例外的"穷人观"和针对穷人的政策。哈佛大学经济学家阿莱西纳和格莱泽对此做过系统研究，该研究以"美国和欧洲的反贫困"为题，由牛津大学出版社2004年出版，2013年再版。

欧美对待穷人的态度和政策，集中反映双方再分配公共政策方

---

* 本文发表在经济观察（2018-12-24），原文链接：http://www.eeo.com.cn/2018/1224/344061.shtml。

面的差异，进一步讲，欧洲大陆国家的累进税率远远高于美国，欧洲劳动力市场的管制和工会的活动相比美国更加倾向于保护低收入群体。在欧洲，一个处在社会收入最底层的人，一般来说会比在美国获得更多的支持。总体而言，美国再分配的公共政策远远落后于欧洲大陆。美国政府支出占GDP的比例大致在30%，而欧洲大陆达到了45%，北欧国家甚至达到了50%以上。这一差距的2/3是社会福利支出的差异。那么，对于具有相同文化传统和宗教基础的欧美，为什么会在人本问题上出现如此大的差异呢？阿莱西纳和格莱泽做出了比较系统的解释。

从理论上讲，在选举民主制度下，社会的不平等程度会改变一个国家的政治结构——因为大多数穷人会通过选票支持向富人征税。美国社会的税前收入差距远远大于欧洲，但是美国的税率却远远低于欧洲。一个通常的解释是，美国的社会流动性很高，一个人今天是富人，明天可能就是穷人，反之亦然；而在欧洲，由于社会流动性差，一个穷人很可能一直都是穷人。按照这个理论，穷人在美国很容易摆脱贫困，所以他们不大需要政府的支持。根据世界价值调查，71%的美国人相信只要努力工作就可以摆脱贫困，而只有40%的欧洲人持相同观点。这也是我们对美国的一般看法。但是阿莱西纳和格莱泽的研究发现，美国穷人向上流动实际上低于欧洲的同类群体，而且美国的穷人无论从工作时间和努力程度上都不亚于欧洲的穷人。很显然，上述理论均无法解释欧美针对穷人的政策差异。也有人认为，欧洲的税收效率高于美国，但是很难想象意大利的税收效率真的会高于美国。还有一个解释是，欧洲人比美国人更慷慨大方，但这显然无法解释美国在慈善社会行动中的高度热情和慷慨。

很显然，理解欧美在对待穷人政策上的差异，还需要分析双方在其他方面的差异。欧美都是民主制，但两者在如何落实满足大众愿望方面的政治制度则差异很大。除了英国以外，欧洲大陆的大多数国家的选举体制都是比例代表制。比例代表制有利于左翼政党的成长，这样的制度倾向于更多的福利分配以及福利型国家的建立。而美国的单一多数制选举制度则在很大程度上阻碍新的、边缘性政党进入政治生活的主流。美国宪法下三权分立体制的主要作用就是阻止政府对政策做出大的变动，这个体制对于增加福利的企图特别敏感，美国最高法院和参议院在历史上曾多次否决了扩张社会福利的提案。奥巴马政府医改过程的挫折就是非常典型的案例。从某种意义上讲，欧洲的比例代表制与美国的单一多数制差异是造成欧美在福利分配领域差异的深层次原因。

欧美选举制度上的差异，是在不同的历史发展过程中逐渐形成的。第一次世界大战之前，欧洲的一些小国，如比利时、芬兰、瑞典、荷兰、瑞士，都出现了席卷全国的工人运动。由于这些国家的军队数量很少，无法镇压工人运动。第一次世界大战之后，欧洲一些大的国家如德国，军队处于混乱状态，工人运动蓬勃发展，社会主义者和共产主义者积极推动了有利于工人阶级的宪法改革。其中重要的标志就是比例代表制选举制度的逐步发展。但在美国，社会主义者和共产主义者一直没能推动美国宪法的改革。美国单一多数制的选举制度加上多层次的、相互制约的制度安排，排除了任何边缘性政党试图从根本上改变宪法的可能性。虽然美国的宪法也有过修改，但宪法的主体还是1787年由富裕的白人起草的，这个宪法从根本上保护的是白人的私有产权，而并不主要是维护社会公平。美国宪法长期维持原状的核心，是社会主义和共产主义运动在美国的缺失。

影响美国社会主义和共产主义运动发育的要素很多。第一，美国历史上虽然也有过大规模的工人运动，如芝加哥工人大罢工，但是美国地域广阔，而且首都又远离工人集中的城市，工人运动很难像欧洲那样席卷全国，也很难直接威胁位于首都的国家权力机构。第二，与欧洲大陆不同的是，美国地域广阔，人的流动空间很大，受到剥削的工人很容易逃离工厂，到其他地方谋生，很多人的确也是通过这样的方式富裕起来的，所以美国人相信个人努力。第三，作为一个移民国家，美国社会普遍存在着种族高于阶级的现象，种族之间的庇护阻碍了工人阶级跨种族的团结。马克思和恩格斯研究早期工人运动时也注意到了这个现象。第四，美国维持其政治稳定的另一个重要原因就是，美国一直都有比较强大的军事力量，美国军队多次成功镇压了工人罢工——如1894年，发生在芝加哥的普曼大罢工就是被美国联邦军队镇压的。最后，与欧洲不同的是，美国未曾出现类似欧洲那样战后社会陷入动乱、民不聊生的局面，因此，基本上没有形成社会主义和共产主义发育的土壤。

欧洲大陆和美国在对待穷人的观念上也有着显著的差异。美国人通常认为贫困是因为懒惰和不进取，而欧洲人则认为贫困是结构性的。这种观念的差异，直接影响了欧洲和美国的社会再分配政策。调查显示，凡是认为贫困是因为懒惰的，基本上都反对社会再分配政策。如上所述，欧美在贫困观念上的差异固然与其选举、政治体制相关，但是也和欧美在宗教上的差异有关。欧美具有宗教的同源性，并不意味着两者是一样的。美国文化中的加尔文主义和新教伦理，让美国人更多地将成功看作个人努力的结果。很多逃离欧洲大陆到美国的移民，都持个人努力改变命运的价值观，他们没有通过获得社会保护从而预防风险的预期。研究显示，风险防御与社会保障需求之间是高度相关的，低的抵御风险意味着对社会保障和社会分配的需求不足。从历史上看，欧洲大陆的天主教传统则坚持上帝对穷人慷慨帮助的理念，这一宗教传统与社会主义思潮一道推动了欧洲的社会再分配政策的形成。

我们往往觉得欧美是一体的，很多时候也的确是。但是在很多重大问题上，我们又发现欧美的差异很大，有时候甚至有冲突。当年欧美针对伊拉克战争就出现了重大的分歧。法国的"黄马褂运动"迫使法国总统做出了让步，这与美国的情况明显不同。在当前全球化处于危急的时刻，欧美再次出现重大的分歧。从全球化产生的内部和外部不公平的结果看，欧洲和美国受到的影响是一样的，甚至欧洲受到的影响更大，如难民问题等。但是欧洲并没有像美国那样转向极端的反全球化。欧美的差异很难仅仅从地缘政治的角度加以说明。欧美的历史、政治传统和社会文化等要素不仅是欧美在对待穷人的观念和政策上的差异，也是欧洲和美国在其他国际事务上产生分歧的重要因素。

扶贫究竟要扶谁？

扶贫，顾名思义是帮助贫困人口，贫即穷人，扶是帮助。扶贫帮助穷人几乎不会有任何疑义。但是，我经历了近 20 年的扶贫实践，越来越质疑被我们广泛接受的扶贫的基本价值。我不是质疑消除贫困的目标，也不是质疑帮助穷人的基本动机，我质疑的是贯穿我们现有扶贫行动的很多观念和做法。我曾经访问过云南楚雄的一个彝族贫困村，村里盖了非常漂亮的彝族特色民居。穿过起伏的山坡，可以想象这片靠天吃饭的土地过去不会非常富裕，整个山坡种满了芒果。我在村干部家和他们聊天，我问，为什么你们这里的变化这么大？村干部非常激动，连说了三遍，都是政府好。我们很多人听到这话，都会觉得不是实话。其实，他讲的是实话。

他没有说现在的生活是因为他自己如何努力如何奋斗的结果。当然，他能有今天的生活，绝对不是任何人送给他的，一定是他自己辛苦努力的结果。但是，在这个彝族村民朴素的认知里，他认为这样的生活不是他可以奋斗来的。这当然不能理解为是政府恩赐给他的，我们的政府是以人民为中心的政府，为人民服务是我们国家政党和政府的基本价值。所以，当农民说都是政府好，我们也不认为政府应该受到感激。农民说政府好，恰恰在暗示我们，扶贫究竟是扶谁。

扶贫的目标当然是为了摆脱贫困，扶贫的目标当然是帮助穷人走出贫困。但是，当我们做扶贫的具体工作时，我们发现在大多数时间，扶贫工作的对象和目标还真的不一定是穷人。这就涉及我在本书反复讲的关于贫困的本质问题。在各种贫困问题中，我们不能排除由于个体的失败导致的贫困。然而，即使是这些个体失败导致的贫困问题，追溯其根本原因仍然离不开社会的经济政治结构问题。从一般意义上说，我是贫困的结构主义者。当政府官员和专家讨论各种各样的扶贫政策时，我们并没有讨论如何改变每一个穷人的观念，而是在讨论我们有多大能力改变政策和制度。当我们向决策者反映当前涉及农村的政府资金管理分散，分别掌握在各个部门手里，没有办法整合起来用于扶贫，决策者针对这个问题制定了资金整合的政策。河边村村民能住上现在这么好的木楼，而且木楼客房还能带来收入，很大程度上得益于政府的政策。所以，即使大家认为我是河边村脱贫建设中不可或缺的人物，但是我自己和村民都会毫不犹豫地说，河边村的变化主要还是要感谢政府。很多人认为我讲这个话是在搞政治，其实我讲的是实话。

凡是扶贫工作取得成就大的时期，都是政策出台力度大的时期。研究者和决策者可能没有意识到，当他们反复讨论每项扶贫政策时，他们是在"扶持"自己。对每项政策的纠正，对即将实施的政策展开实验，恰恰都是一个没有尖锐批判的自我批判过程。这种自我批判是在扶持自己，是在不断完善和成长。过去农村发展一靠政策，二靠投入，三靠科技，没有说靠农民。这里没有说靠农民绝不是指农业发展不需要依靠农民，毫无疑问农业发展的主体是农民，然而农业发展的约束主要在政策、投入、科技三个方面。这同样是扶贫工作的问题。

造成贫困的原因是多样的。在很多情况下，体制是造成贫困的重要原因，比如城乡二元体制。在城乡二元体制下，农村流动人口不能在就业的城市落户居住，孩子不能在当地入学。很多农民工的孩子要不就作为留守儿童留在村里，要不就在城市的农民工子弟学校读书。城乡公共服务的差异导致了农村人口在教育和医疗等方面处于劣势地位，这些都是贫困产生的制度性原因。扶贫工作的内容恰恰是逐渐消除产生贫困的制度性原因。所以与贫困的斗争，实际上也是与产生贫困的制度斗争。就连美国这样普遍相信贫困是由个人努力失败造成的国家，一旦认真分析国内的贫困，几乎无人可以否认美国的贫困是结构性和制度性的。很显然，美国的扶贫工作也在与产生贫困的制度斗争。

我从20世纪90年代中期开始从事扶贫工作，从来都是带着自上而下的观念去"改造"穷人。直到我去河边村，我依然觉得扶贫就是改变穷人的观念，改善他们的能力。我在本书中提到，贫困的元问题涉及传统性和现代性的问题。这在贫困的景观分析中，显得有点过于宏大，没有具体的实在内涵，而且容易产生穷人之所以贫困是因为他们落后的印象。我对扶贫进行自我反思并不是想呈现任何穷人的立场，因为这容易陷入自己批判的民粹主义的旋涡。我想说的是，究竟是什么让穷人被远远甩在了发展列车的后头。

制度和政策是人格化的，政策是由人制定的，制度也是靠人来维系的。因此，人的观念、价值和立场影响着政策的制定。如果体制和政策是产生贫困的重要原因，那么扶贫工作难道不是在改变和扶持我们这些有权力以及富裕的人吗？在与贫困群体的互动中，扶贫政策的不断完善几乎都是通过学习来改变我们自己的思想而完成的。我说过，衡量一个社会文明程度的重要标志不在于有多少富人，而在于有多少穷人。当然，由于贫困是一个相对概念，所以相对于富人的穷人总会存在。如果贫困村都能发展成像河边村这样的村子，即使村民与我们相比依然是穷人，但他们也不是之前那样的穷人了。这就是脱贫攻坚战一直努力的目标。在社会上，基本消除极端贫困状态的目标是可以达到的。我们很多人都去过西欧或北欧，那些国家仍有很多穷人，但极端贫困消除了。制度和政策是造成不平等的主要原因，消除贫困的过程便是改善制度和政策的过程。如果贫困乡村都能建设与城市一样好的幼儿园，贫困农民的孩子可以像北京的孩子那样在幼儿园度过童年，如果贫困地区的中小学师资质量和上海、北京这些地方的中小学师资质量一样，那么未来产生不平等的贫困的概率就会大大降低。我当然知道实现这个目标几乎是不可能的，全世界也没有完全一样的社会公共服务，但是我们的确有能力缩小这个差距。仔细想想，脱贫攻坚战中的很多措施都是为了实现这个目标，但实施起来不太容易。所以，扶贫看起来是在扶持穷人，扶贫队伍在贫困村里贴了很多标语，说的都是如何改变穷人的观念，号召穷人不要"等靠要"，要自力更生之类的话，好像贫困都是因为穷人的观念和懒惰造成的。实际上，真正困扰贫困的问题并不主要在穷人身上。

说贫困的根源不在穷人身上，是极容易引起争议的。的确有很多案例显示在几乎完全同样的条件下，有的人会变富裕，有的则依然贫困。就像在河边村，一家有好几个兄弟，有的会富裕一点，有的会穷一点。然而，如果系统地审视贫困问题，我们很难将很多个体的成功或失败当作论证贫困到底是个体原因还是结构原因的证据。

扶贫能致富吗？

我在云南勐腊河边村扶贫已经有 3 年多了，最近我突然有些困惑。我们在河边村还能干点什么？上次在村里，我和一个农户聊天，我知道 2017 年他从瑶族妈妈的客房项目里挣了七八千元。我说："挣钱了吧？"他说："没有，太少了，李老师。"按照劳动力计算，他们外出打工一天可以挣到 100~150 元，七八千元的收入相当于要打 60 天以上工才能够挣到。村民出去打工一年累积到 60 天以上是不多的。他们种植甘蔗、卖砂仁可以挣到一些钱。但是，像瑶族妈妈客房基本上不用太多的劳动力，瑶族妇女帮助收拾一下房间就可以获得这样的收入，在我看来已经很不错了。我给农民讲，你还不满足啊。他说："李老师，我们等着你带领我们致富呢。"

"我们等着你带领我们致富"这句话，让我陷入了长时间的思考。我能带领他们致富吗？马云是千亿富翁，他能带领全国人民致富吗？好像不行吧。农民想致富是天经地义的，就像我也想致富，后悔当年房价便宜的时候没多买几套。为什么当年就有人买了很多的房子而我没买呢？我开始反思扶贫和致富这个问题，我们的政府官员，我们这些下去搞扶贫的人，踌躇满志，告诉农民，扶贫你就能致富，告诉农民你们艰苦奋斗脱贫就能致富。仔细想一想我不禁暗自出汗。这是一个多么大的承诺啊！也可以说是个极其不负责任

---

* 本文发表在小云助贫（2018-05-18），原文链接：https://mp.weixin.qq.com/s/O1jtMKL9kFl0ET5PeVqxaQ。

的承诺，我们在不经意中，抬高了我们帮扶对象的预期。而我们可能根本就达不到这种预期。我们可能自己在概念上混淆了"扶贫"和"致富"的关系。

　　扶贫和致富有没有关系呢？当然有关系。很多人就是从贫困走向富裕的。所以我们要严格界定我们说的"贫困"和"富裕"是什么概念。我刚开始在河边村扶贫的时候和村民讨论未来他们的房子，那个时候农民都住在现在看来几乎无法居住的房子里。我请搞建筑设计的志愿者把我设想的房子通过电脑做成彩色图片，我跟志愿者讲，一定要做成有颜色的，好看的房子。然后我做成PPT（演示文稿）在我曾经用过的那个破旧、黑暗的办公室里播放给村民看。村民都不相信，他们能住到那样的房子里。今天村民住上了比那个效果图还要好的房子。政府通过组合性的扶贫资源为农户摆脱贫困的状态提供了支持。如果从福利的角度看，河边村算是脱贫了。为了让农户获得甘蔗和砂仁收入之外的新的收入来源，我们设计了围绕"瑶族妈妈"客房建设的一系列综合治理实验。现在河边村"瑶族妈妈"客房这个产业做起来了。2017年，有很多农户客房加餐饮收入已经超过3万元。即便是没有餐饮的也都有1万多元。我以为村民觉得自己脱贫了。但是我和很多村民聊天，他们还是讲："李老师，你还是要帮我们挣钱啊！"

　　2018年以来，河边村的很多村民都在考驾照，考驾照要花1万元左右。我说你们都不想着投资再去挣点钱，就已经开始高消费了。有个年轻的村民跟我讲："李老师，我看你们开车，我手也痒啊。"这些其实都无可厚非。正面讲，中国的精准扶贫在政府的推动下能让河边村这样一个贫困村庄在3年内变成现在的样子，是一个值得骄傲的案例。

　　真正让我思考的其实不是农民想致富的想法，而是我已经开始感觉到了我在河边村做的这个实验的真正问题。我很少给村民开大会，3年多一共开过两次。前一段时间，我给村民开会，我讲河边村发展的真正困难才刚刚开始。我觉得村民没有太理解我说这话的含义。最近一年多，我和我的同事、学生的重点工作是开拓围绕"瑶族妈妈"客房的产业促进工作。我和我的同事、学生，经常加班加点做宣传，联系各种客源，签订各种合同，想尽一切办法开具发票。我的同事、学生几乎都成了现场的接待员。这个过程中，几乎没有农民的参与。不是说我们不希望他们参与，而是所有工作农民都做不了。农民不知道这些工作是什么，该怎么做。他们只知道某一天要来多少人住宿。所以我在会上告诉农民，我为什么说河边村的建设工作还没开始，就是在说如果李老师和他的同事、学生都撤走了，你们还能有这样的收入吗？我记得我刚说完这句话，很多农民就齐声说："李老师，你们可不能走啊！"

河边村实验进入到真正的挑战阶段。我和我的同事、学生可能永远待在河边村为农民做这些事情吗？我突然觉得非常内疚，一方面，盲目地把村民带入到一个预期很高的状态。让他们发展了一套与他们的技能、文化有着巨大差异的产业。现在又说，我们撤了你们怎么办。自己觉得，这样的扶贫似乎都不道义。当然，我们已经开始通过建立合作社，确定各类工作的助理，从而培养农户自主管理能力。但是即便如此，我能够清楚地认识到他们掌握这些技能还需要漫长的过程。河边村实验遇到的困境恰恰也说明了普遍存在的把深陷贫困陷阱的群体带上发展之路的艰难。其实，如果能有专门为这些村民服务的企业，他们来做我和我的同事、学生现在所做的事情，那么河边村的可持续脱贫还是有希望的。但是，这类企业或者民间组织在哪里呢？这几年在公益界宣传公益资源下行的情况下，我甚至在勐腊县注册了"小云助贫"这样一个小型民间组织。但是在基层做公益一方面没有办法产生很大的社会影响，更重要的是招不到高素质的人才来做这样的工作，连我的学生也没有一个表示将来毕业会从事这样的工作。从某种意义上说，协助这些远离现代市场经济的群体在市场中逐步走向富裕在理论上应该是可行的，但是在实际操作上却很难。其次，如果这个村里能有一群能人，自己组建一个文化旅游公司，那河边村可能就真正有了生命力，但是在一个由亲属关系和传统伦理维系的贫困社区，如果让几个农户既有自身利益又需要为其他农户服务，这件事情难度是很大的。在这样一个传统社区建立基于契约的社会关系难度也是很大的。客源的分配稍有不公就会立刻导致契约关系的破裂。我和同事讨论过，将来合作社可以雇用一个管理小团队，通过向公益界申请来对这个团队给予支持，然后随着村里会议旅游休闲的发展，逐渐过渡到由合作社支付他们费用。我和农户开会讲这个方案，他们似乎也很赞同。

我和我的同事还有学生在河边村的扶贫实践中，认识到了可持续的扶持难度是很大的。这也让我想到了加拿大、美国、澳大利亚和新西兰这些国家对于原住民的支持存在的问题。虽然说这样的比较不一定非常恰当，但是摆在我们面前的一个现实是——当我们用现代的福利标准衡量什么是贫困的时候，同时当我们又把一个自己有能力实现这个目标的路径假设为他们也能遵循的路径的时候，我们实际上已经给自己创造了这个困境。在这里，我没有任何文化歧视和发展条件论的偏见。但在客观上我们必须认识到，在很多情况下，按照现代性伦理设置的摆脱贫困和走向富裕的路径并不总是有效的。我在这样的困境面前也束手无策。

我们在河边村所做的工作在社会上已经有了很大的影响，无非是说，如何如何成功。很多同事和朋友其实都不以为然，他们一方面看着我的面子说几句表扬的话，另一方面，也觉得我3年来辛辛苦苦值得表扬一下。其实我知道，我和我的同事还没有找到河边村可持续脱贫的方向。

排斥的社会结果

无论说贫困是结构性的失败，还是文化的原因，或者说是个人生活的失败，都无法描述贫困的顽固性，更无法充分阐明贫困的社会后果。穷人的行为，一般很难成为社会美德的组成部分。即便是穷人的诚实，也往往会被看作愚昧。对于一个安分守己的穷人来说，显然他没有很多社会上的恶习，我们也可能仅仅是施与同情和怜悯。很多的社会"美德"，实际上都是按照富人的行为来设定的，这就是在一个社会里人们往往崇尚富裕的原因。崇尚富裕当然有追求物质丰裕的冲动，但由富人文化所主导的社会心理环境更是驱使人们追求富裕的主因。我们发现在很多情况下，即使一个相对贫困的人一旦有了钱，也会倾向于按照富人的消费模式来消费，形成所谓的"穷炫耀"。佩恩是一位了不起的社会心理学家，他对不平等的社会心理学的研究向我们展示了在不平等的社会环境中，穷人如何受到攀比心理的影响而呈现出不同的社会行为。由于社会的基本价值体系主要受富人文化价值的影响，富人主导着社会权利，因此，即使穷人数量可观，他们在社会上仍感到自卑而无助。富人总觉得穷人的贫困是他们个人失败的结果，他们就该处于这种状态。穷人或出于无奈，或出于被迫，或出于习惯，而陷入并做出了遭受社会谴责的行为，如偷盗、贩毒，使得贫困又与罪恶发生了联系，由此产生社会的排斥。当初在非洲存在的种族隔离，在美国广泛针对黑人和其他少数族裔的歧视，就是基于保护社会秩序的正当性。一旦与这些"穷人"生活在一起，富人就会有不安全感。在很多国家，富人把自己居住的小区修得高墙林立,名曰保护自己的安全,实则是在社会中加筑了一道道社会分化的藩篱。

社会排斥来自不平等,同时又强化了这种不平等,形成了社会不平等的恶性循环。在这样的恶性循环中,穷人的状况不会得到改善,富人的安全也不会得到保障,这是贫困与不平等的社会代价,也是我们扶贫的主要动机。从这个角度讲,扶贫有两个维度的使命,一是主张社会公平的理想主义,一是出于我们自身利益的功利主义。我们不能把社会的排斥视为理所应当,当面对很多"穷人"无理取闹,甚至面对他们的不法行为时,我们都会很自然地对他们产生排斥性的举动。

去过河边村的人可能记得,早晨经常能听到一个女人大声吼叫和谩骂,她的骂声响彻全村。不仅如此,她阻拦村里在她家周围进行任何建设工作。村民们对她无能为力,都觉得她疯了,有"精神病",曾试图把她送到医院。我和学生多次和她交流,每次来到她那个破烂的家,她都会拿出小板凳让我坐下来,我和学生都感觉不到她有精神病。她每次大声叫骂都是用瑶族语言,我完全听不懂,村民说她就是在骂人,而且骂得很难听。我和学生都试图了解她到底为什么要这样极端激烈地对抗全体村民。有一次我到"疯女人"家里和她聊天,她说她的孩子在上学,家里没有一点钱,丈夫从来不讲话,身体也不好,不能下地干活;她一边说一边哭,她说很多年前村里人欺负他们,占了她家的地,她要把地要回来。其实,村里人都认为她特别能干,从种水稻到收获,基本全靠她一个人。村里人认为她男人很窝囊,说到那块地的事,很多村民都轻描淡写,不愿意正视。现在村里人把新房盖起来了,家家户户都进驻客人有了收入,而"疯女人"家仍然是一个空架子,房屋周边杂草丛生,她和村民们的生活差距越来越大,这样的反差加剧了她的逆反心理。村民们认为她气焰嚣张,她现在是全村的"公敌"。

我觉得这是一个排斥导致贫困恶性循环的典型案例。镇里的领导坚持认为这个女人受到了村里的排斥，希望村里人通过关爱和支持帮助她脱贫。村里开了很多次会，决定出义务工，大家一起捐钱帮她把房子盖起来，村里提出的条件是：第一，她不能每天到处吼骂；第二，配合村里在她家前后按规划进行建设。"疯女人"当然不会拒绝村里的支持，但她也提出了自己的附加条件，就是要把被占的地要回来。很多村民说本来那块地就不一定是她的，现在别人用了，也不可能要回来。"疯女人"坚持认为，那块地是她家开垦出来的，就是她家的。从公平的角度讲，村里过去的地都是山地，实际上应是谁用了就是谁的；既然那块地是她家开出来的，按照习惯法，就是她的，不管谁占了，都应还回来。很显然，当初有影响力和权力的人出于各种各样的目的占有了她家的地，导致不公平；而她用自己唯一的能力来反抗权利被侵犯。在这个过程中，她没有获得村里人的支持，渐渐地走到了全村的对立面。

在河边村这样的贫困村，很长一段时间村民的生计和生活在很大程度上依赖于村内社会网络的维系。用村民的话说，与亲戚和邻居的关系好，大家就能得到别人的帮助。"疯女人"一家在村里也有很多亲戚，从亲缘角度讲，她家也是全村大家庭里的重要一员，但在排斥和对抗排斥的过程中，她的家庭被孤立了。我看不到她和村里任何一家来往，也很少看到她的孩子和其他家的小孩来往。她经常拉着女儿的手，一边走一边谩骂，愤怒的情绪传递到孩子身上，给他们的心理造成了负面影响。向我借钱的那个男孩就是"疯女人"的大儿子，不到结婚年龄就生了小孩，现在全家的负担更重了。

如果我们不从不平等和排斥的角度看待这个案例，我们会很自然地将这一家的贫困遭遇看成是他们个人和家庭失败的结果。然而，消除社会排斥并非易事。社会排斥并不总体现在宏观的政治叙事方面，如在美国广泛存在的对黑人的歧视与排斥。复杂的是，即使在很小的社会范围和群体里，都存在各种各样的排斥。权利不对等、财富占有不均等都会导致排斥。在这个案例中，我们看到基本权利的保护和贫困之间的关系。我不能肯定"疯女人"每天的吼骂就一定与那块土地有直接关系，但事实是，她反反复复提出的条件就是要拿回那块土地。多年来，村里和外界给了她家很多帮助，但她感到这些帮助是"恩赐"，是在指责她、希望她妥协的附加条件——因为她的吼骂实际上并不针对村民个人，而是在伸张她的权利。村民们认为"疯女人"是在勒索政府、勒索村里，是为了得到更大的利益。村民说，每次她叫得厉害，政府来给点钱，就会好一点；但村里不能这样惯着她，她现在变本加厉看见人就骂，我们需要制服她。

这是一个极端的贫困案例，我们暂且不去追究导致"疯女人"贫困的根源，只要观察一下她给村里带来的麻烦。她不是与犯罪有直接联系的极端贫困的负面案例，但是，这一贫困产生的社会后果严重影响了一个村庄和谐健康的社会环境。"疯女人"每天早上那撕裂人心的吼骂，让住在村里的客人心绪难平。不平等和贫困导致的后果是严重的，我们不能因为改变贫困十分困难，就轻易放弃我们改变贫困与不平等的决心。不平等与贫困带给我们的伤害，足以帮助我们回答为什么要进行扶贫。

机会平等的神话

在非洲工作的很多年，我奇怪地发现身边的非洲朋友无论是官员还是农民，很少提到机会和个人奋斗与贫困之间的关系问题。当然，官员和一般农民之间的生活差异还是很大的，但对于一些普通官员来说，他们与农民的生活差异并非十分悬殊。很多年轻人即使大学毕业了，但在我看来，他们仍然过着和在村庄里并无实质性差异的生活。这个现象似乎暗示了在非洲即使个人十分努力，也很难出现像马云这样的富翁，这当然并不意味着非洲没有富翁，但是要找到像美国那么多依靠个人努力成为富翁的案例，恐怕并不多见。通过个人努力成为一个自由而富裕的人，是美国给这个现代社会提供的几乎无人争议的社会价值。"美国梦"在美国主导的全球文化传播中成了每个人追求个人财富的理想。那么，这个个人机会平等的理想大陆果真如此吗？阿莱西纳在《美国和欧洲的反贫困》一书中详细讨论了美国个人机会致富理念的历史形成。1835年托克维尔写道："在美国，大多数的富人都曾经是穷人，他们现在都乐得清闲，但年轻时都忙于事业。"托克维尔完美地捕捉了美国的自我想象，但他在某种程度上也误导了大众。针对美国大众的调查发现，美国人相信他们生活的国家充满了机会，他们的国家没有社会阶层，如果一个人是贫困的，那他理应贫困。阿莱西纳认为，这个信念和经济学的关系不大，主要受到了政治的影响。美国不相信社会阶层，而相信人人平等，这并不是美国不存在社会分化，而是不同的政治意识形态长期性的影响。欧洲人普遍相信社会阶层的存在，所以欧洲人并不认为一个人贫困是他理应贫困；他们更倾向于认为，贫困是社会的牺牲品。马克思主义的理论频繁地出现在欧洲的媒体上和学校的课堂里，相反，美国教育体系则长期由右翼政治意识形态主导。在这样的主导下，无论学校还是社会都被美国的人人机会平等的理念笼罩。那么这个理念究竟是如何形成的呢？

1624年，约翰·史密斯（John Smith）写道："对于来到新英格兰的定居者而言，即便你一无所有，只要你有一双手，就可以建立工厂并很快致富。"1656年，约翰·哈蒙德（John Hammond）写道："即使在英格兰时你是一个剪羊毛的人，在弗吉尼亚，你也能成为一个伟大的商人。"早期到达佐治亚的定居者把这块殖民地描绘成自由和富裕的摇篮，在这里，每个人都会很快成为拥有庄园的富人。毫无疑问，与大西洋对岸的英国和欧洲大陆相比，当时美国有非常廉价的土地，工资也很高，但因此便将美国描绘为人人平等的乐土则是完全不准确的。积极推销佐治亚殖民地的詹姆斯·奥格尔索普（James Oglethorpe）的助手曾撰文号召欧洲人来佐治亚定居开发，而他本人一开始创业就惨遭失败。实际上，那些积极推销殖民地的人都有着强烈的个人利益。很多人是欧洲的贵族和富人，他们希望通过这样的宣传诱导大量的移民来到美国。我们很难排除美国作为人人平等大陆的想象不与那些有意的误导和个人利益之间的联系。19世纪贫困与收入分配问题开始卷入美国辉格党和民主党之间的争议。辉格党热衷于通过激进的政府政策来干预经济，如实行关税，这被民主党看作是有利于富人的政策。辉格党同时在积极倡导社会流动，他们认为，美国机会平等的车轮正在转动，今天处于社会底层的人，将会成长为明天的富人。辉格党的候选人把自己扮演成通过个人努力成功的典范，正如1840年美国总统选举中，威廉·亨利·哈里森（William Henry Harrison）重申自己出身卑微，从而反击民主党候选人作为贵族血统的身份。在辉格党不断强化美国社会流动的前景时，他们的民主党对手们很难倡导社会阶层固化的现实。民主党的很多领导人本身也是个人奋斗的成功个体，他们很难从自身经历反驳辉格党。民主党很难在美国倡导当时影响欧洲的马克思的阶级理论，他们能做的只能是强调自由；他们只能反对过多的政府干预。阿莱西纳认为，美国两党之间的斗争虽然有助于限制财富更多地向富人分配，但是却没有办法帮助美国唤醒阶级意识。

19世纪下半叶，社会学家赫伯特·斯宾塞（Herbert Spencer）的社会达尔文主义开始成为美国共和党的右翼意识形态。社会达尔文主义强调社会流动，但强调流动与进化依赖竞争。美国社会达尔

123

文主义的社会理论与经济理论相结合，形成了"百万富翁是竞争性文明的产物"的观点。这一理论与在美国盛行的加尔文主义教义相联系，形成了穷人的机会和富人的机会是平等的、穷人的失败反映了他们道德价值缺陷的理论观点。那个阶段的社会达尔文主义从社会理论的角度强化了美国富人是个人努力结果的主流社会价值。19世纪末期，美国社会曾出现了来自欧洲社会主义思潮影响的社会运动，但是最终右翼思潮依然主导了美国的政治生活，社会主义思潮没能成为在美国有影响力的社会思想。

美国人人平等的自我想象到了20世纪，在政治话语和教育系统的推动下不断加强。1921年，沃伦·哈定在总统就职演说中说道："没有人可以反驳今天摆在我们每个人面前的机会的平等。"1925年，卡尔文·柯立芝在他的就职演说中说："聪明且正确的办法是坚持现在的税收和其他的经济法律，不要影响那些已经成功的人士。最好是为其他人创造更好的条件。"他的言下之意是当时的税收和经济制度是理想的；而事实上，美国的税收和经济法律体系一直都有利于富人。共和党长期以来在维护富人权益方面是很有策略且非常有效的，就像今天的总统特朗普一样，他们一方面顽固地维护美国自建国以来就已经逐步发育成型的白人主导的、有利于富人的政治和法律制度，同时他们不断地渲染美国人人机会平等的理想，从而赢得美国大众的支持。美国的民主党从一开始就没有得到类似欧洲社会主义党和工人党在欧洲所获得的政治权力和大众支持，因此很难从根本上改变美国白人主导的、以富人为中心的政治制度。

大萧条期间，美国左翼思潮开始上升，政治话语开始转向美国的不平等问题。美国总统富兰克林·罗斯福在他的第一任就职演说中讲道："失业的人正在面临生存问题，很多人面临收入下降的问题，这不是因为他们懒惰，而是由统治者的失败造成的。"1935年，休伊·朗（Huey Long）提出"共享我们的财富"

计划，认为财富分配的极端不平等正在关上数百万儿童获得公平机会的大门。二战之后冷战的出现使得美国左翼政治思潮再次受到攻击，在美苏对立的格局下，倾向于社会主义的政治思潮在美国几乎失去踪迹。20世纪60年代，作为美国副总统的尼克松在遭遇丑闻时发布了著名的"跳棋演讲"，他在演讲中又重申了共和党领导人经常用自己卑微的出身证明，在美国机会对每个人都是平等的。之后共和党的历届总统候选人的演讲中都几乎无一例外地强调美国的这一理念。

人人机会平等的理念深入人心，但事实上，美国从来都是一个阶层分化严重的国家，不平等是美国社会一直以来的痼疾。讨论美国经济为什么如此发达，不是本文的目的。美国之所以在建国后的几百年成为世界的强者，有多方面的原因，但相比欧洲，美国的贫困问题和不平等问题要严重得多。在美国历史的每个阶段，个人的财富积累都有特定的政治、经济和社会条件，将这种成功一般化为美国机会的人人平等，并非美国的真实现实。而人人机会平等的理念之所以能成为美国人普遍相信的理念，是美国长期以来右翼政治主导美国社会的教化结果。阿莱西纳在书中系统归纳和分析了美国针对穷人形成的这样一套社会意识形态。

李云龙的未来

我在村子里有一个习惯，每天下午绕村跑步一圈，每次跑到下面，李云龙都光着小脚丫追着我喊："李老西（李老师）好！"我真的很喜欢这个李云龙，三年前他还没有出生，他的爸爸错过了政府建房贷款的时间，当时没有拿到 6 万元贷款，所以没有办法买木料。李云龙出生时，他们住在一个木板搭起来的简易棚子里。看着村里的房子一栋栋建起来了，每次路过李云龙家，特别是冬天下着雨，看着那又破又矮的房子，我都不知道他们将来怎么生活。我偶尔会和他们一同坐在外边，一边烤火，一边聊天，我问李云龙的爸爸将来怎么办呢？他说，"我也不知道"。这是一个非常勤劳、聪明、能干的男人，他砌砖的技术是村里最好的，却也只能每天骑摩托车出去赚点钱，他说他也不知道房子什么时候能盖起来，一脸的无奈与无助。

后来，政府想办法补上了他的贷款，我发起的公益组织及时提供了帮助，全村人都帮他盖了房，他的房子终于盖了起来。李云龙从出生到现在，光着脚丫跑，见证了家里艰苦盖房的过程。我估计李云龙长大以后可能就不记得了。李云龙的爸爸在村民的帮助下把房子盖起来了，但是他还是缺少把客房做起来的资金，每次看到其他家来了客人，李云龙的爸爸还是显得无奈而且无助。我和同事宋海燕老师商量，决定再帮他一把，让他尽快把客房做起来。我借给他 4 000 元，每次在村里我都会监督他客房的建设进度。最近我到村里去，刚到他家门口，三岁的李云龙兴高采烈地跑出来，冲着我说："李老西（李老师）好，我带你上楼去看房子！"我的"粉丝"李云龙知道我每次都要去看房子，所以带领我去楼上看他爸爸装修好的房子，因为他想让我知道家里住了客人。

李云龙今年 9 月就要去上村里的幼儿园了。如果李云龙的家还是三年前那个样子，如果没有这几年的扶贫行动，李云龙的未来将会怎样呢？

扶贫是为了共同富裕

我国经济社会的发展是一个长期的历史过程。中华人民共和国成立以后，土地改革和初步的工业化过程为以后经济社会的发展奠定了雄厚的物质基础，也积累了发展的经验和教训。从某种意义上说，没有中华人民共和国成立以后三十多年正面和负面的经验教训，就不大可能有改革开放的政策。自改革开放以来，中国社会经济发展大约经历了三个阶段，我要强调的是，这并不是一个严格的发展阶段的科学划分，只是我国经济发展政策变化的一个大概说明。

第一个阶段主要是从1978年到2000年，虽然在这个阶段有关社会公平和环境的问题也一直是我国社会经济发展中的重要内容，但严格上讲这个阶段还是以经济发展为中心的。确保经济增长也一直是这个阶段经济社会发展的主要内容，所以，从经济、社会、环境和政治发展综合的角度看，改革开放后的20年，基本遵循了"发展是硬道理"的逻辑。在此期间，由于资本的长期性短缺，同时经济发展又需要大量的资金，所以无法为社会保障和环境保护提供足够的资金。应该说社会保障和扶贫在客观上还做不到大面积的覆盖。但随着经济的快速增长，城乡差别逐渐扩大，贫富差别日益加剧，农村的普遍性贫困逐渐开始转化为地域性、群体性贫困。

---

* 本文发表在人民论坛网（2015-11-13），原文链接：http://theory.rmlt.com.cn/2015/1103/407428.shtml。

第二个阶段主要是从 2001 年到 2013 年，我称这个阶段为从经济发展为中心向可持续和包容性发展为主的过渡性阶段。21 世纪以来，三农问题、城乡差别问题、环境问题和腐败问题比以往更加突出地显现出来。社会各界对以社会公平和城乡差别为核心的经济社会发展问题反应十分强烈。在此情况下，经济社会发展的政策开始由以经济发展为中心向更加包容的发展阶段转化。之所以能产生这个转变，主要原因还在于经济发展已经积累了相当多的财富，特别是中国加入世界贸易组织（WTO）以来，贸易红利剧增，城市化迅速推进导致农业劳动力大量转移，农业在国民经济中的份额快速下降。这个转变最为明显的标志是农村税费改革、一系列农村社会保障政策的出台，以及对环境和资源保护措施的切实重视。

第三个阶段是从 2013 年至今，我国的社会经济发展开始步入到追求可持续发展和包容性发展为主的阶段。在这个阶段，人口结构、产业结构和社会结构出现了根本性的变化。福利格局的分配、环境和腐败等问题已经演化成社会经济发展的主要问题。可持续发展和包容性发展已经成为我国经济社会发展的必然选择。十八届五中全会提出的《中共中央关于国民经济和社会发展第十三个五年规划的建议》，标志着我国社会经济发展将全面进入经济建设、政治建设、文化建设、生态文明建设和党的建设为一体的综合发展阶段。其中，《建议》提出的到 2020 年实现现行标准下农村贫困人口脱贫，贫困县全部摘帽，解决区域性整体贫困的目标也标志着基本解决的物质条件和发展阶段条件趋于成熟的情况下，困扰经济社会协调发展的农村贫困问题有望在较短的时间得以缓解。这也是中央做出从根本上解决农村贫困问题的背景。

实际上，经过三十多年的经济发展和农村开发式扶贫以及农村社会保障工作的推进，农村温饱型贫困已经基本消除。目前农村的贫困主要是在经济发展过程中由于收入和收入分配机制不公平造成的收入和总体福利的差异而呈现的绝对和相对的贫困状态。总体上说，农村存在着两种类型的贫困。

一种类型的贫困属于所谓转型性贫困，我们也可以称之为过渡性贫困或短期性贫困，这种类型的贫困主要是由于快速的工业化、城市化以及出现了不可预见的灾害等导致经济收入损失，从而引发福利的缺失。这种类型的贫困之所以陷入贫困的另一个原因是，用于由经济收入损失而导致的福利缺失的社会保障机制缺失，或者强度不足以产生保护兜底作用。随着制约其收入损失因素的消失以及有利的经济发展环境，很大一部分人走出贫困。同时，这部分群体中的一部分可能会因为各种因素从而转变为长期性贫困。

第二种类型的贫困是长期性贫困。这部分群体是随着经济的发展不能在经济活动中受益并长期处于很低的收入水平，加之缺乏社会保障，从而逐渐被沉淀到收入和福利底层的群体。这部分贫困群体构成了贫困群体的存量部分，而每年由短期性贫困转变为长期性贫困的群体构成了贫困群体的增量部分，共同构成了所谓的长期性绝对贫困群体。这部分群体中，有的是完全没有能力的群体，需要社会保障的支持；还有一部分是虽有能力，但在结构性因素的影响下无法自己走出贫困。在短期性贫困群体中也存在绝对贫困群体，这些绝对贫困群体一部分能在政府的扶持下，通过经济开发走出贫困；也有一部分会沉淀为长期性贫困。在短期性贫困群体中也会有一些群体处于短期性的相对贫困状态，这部分中会有一些转变为短期性的绝对贫困，也会有一些转变为长期性绝对贫困。要指出的是，相对贫困会长期存在，而且社会保障若做不到全覆盖，绝对贫困也会长期存在。从福利角度看，只有当衣、食、住、教、医的基本保障做到人人覆盖，而且其标准能做到按照全社会的福利水平逐年调整，绝对贫困才有可能消除。所以，从某种意义上说，区分绝对贫困和相对贫困的意义并不是很大。

但是，界定短期性贫困和长期性贫困则会有很大的政策含义。按照收入性贫困的贫困线计算，截至 2014 年底，我国尚有 7 017 万贫困人口，但这 7 017 万绝对贫困人口中到底有多少短期性贫困和多少长期性贫困人口，是不清楚的。通过微观层面的观察，我们发现，如果将连续 5 年处于贫困状态作为贫困标准的话，长期在住、教育、医疗和收入等方面处于绝对贫困的人口数量基本上是这个水平，甚至更高。虽然长期性绝对贫困人口在全国农村均有分布，但由于社会保障制度在不同地区落实的情况不同，发达地区的绝对贫困人口数量较少，且代际传递的趋势基本消失，而大量的长期性绝对贫困人口主要分布在边远的山区和落后地区，而且有代际传递的倾向，这是扶贫工作的难点。

第四章

扶贫难在哪里?

中国从1982年开始农村的扶贫工作，据说是因为领导干部到了中国的三西地区考察，被那里的贫困状况震撼：很多农民都住在窑洞里，有的家庭甚至全家只有一条裤子。虽然改革开放之初中国整体上还处于落后状态，但是中国政府依然决定在三西地区开始扶贫，只不过那时候没有直接叫扶贫，而是叫三西地区的农业建设工作。当时的认识是改善农业生产条件从而提高粮食生产能力就可以帮助摆脱贫困。那个时候的贫困更多是食物性贫困，我自己就出生在三西地区，对于那种极端贫困有着深刻的记忆。2020年8月，我和同事一起到我的出生地和生活地陕西定边县和宁夏盐池县考察。在我的记忆中，20世纪80年代定边县和盐池县很多人都住在窑洞里，我和同事到了我曾经去过的一个村庄，我的爷爷奶奶在20世纪60年代从甘肃逃荒到这个小村庄，直到80年代我的父母把他们接出这个村庄，他们一直生活在窑洞里，我和同事在窑洞前和村民以及地方干部一起合影。小时候我曾被送到这个村子来度暑假，村里的老人至今仍然记得我的名字。今天，这个村庄几乎不存在了，完全实现了脱贫，昔日贫困的景象荡然无存。我在非洲也从事扶贫工作，第一次踏上非洲的土地是在1990年，从欧洲到坦桑尼亚做实地研究。在过去十多年中，我一直都在非洲工作，一个最大的体会就是几乎察觉不到贫困得到了缓解。

从事发展研究和扶贫工作，我一直有一个困惑：为什么有时候扶贫看着很容易，但在很多情况下却很艰难。其实，扶贫真的很困难，要不然为什么中国到2020年消除农村绝对贫困，还需要脱贫攻坚呢？国务院扶贫办主任刘永富同志看了我扶贫的河边村，说你在这个村扶贫不容易。我说其实最不容易的是一个国家的决策行动。刘永富主任也认同，没有领导的高度关注，扶贫很难有真正的成效。大家对这样的对话都习以为常了，觉得都是一些政治话语而已，但是对于我这样一个在国内外长期进行扶贫实践的人来说，其实是实话。真正的政治承诺是扶贫最难得的政治资源，把这样的政治承诺落实到行动，则是最为珍贵的治理资源。有没有政治勇气和行动能力打破贫富的结构性制约，从根本上改变贫富之间的分配格局，这才是扶贫最难的事情。我不是说中国在这方面做的是最好的，但是中国在向这一方面努力。这一章里的很多讨论实际上都从正面呈现了扶贫的政治承诺如何落实到行动。

为什么贫困是结构性的？

杰弗里·萨克斯是过去 20 多年国际贫困研究领域里最活跃的学者之一。萨克斯曾经是哈佛大学经济学教授，后来在哥伦比亚大学继续他的国际发展研究。他是 20 世纪 90 年代苏联"休克疗法"的专家组成员，因此很多人曾对他的自由主义主张进行批判。萨克斯教授最著名的工作是帮助联合国制定了"千年发展目标"，并作为联合国秘书长"千年发展目标"的特别顾问，活跃在世界各地。萨克斯也是中国发展研究基金会的常客，几乎每年都出席中国发展高层论坛。我和他有两年在同一个分论坛里讨论有关援助的问题，感觉他对援助的信念不像他书里反映的那么坚定。我记得他在多年前出版了《贫穷的终结》，这本书被国外大学的发展研究专业列为研究生的参考书。萨克斯的观点无外乎是通过援助来终结贫困，他在这本书里提出通过大推进式的援助来摆脱全球贫困。萨克斯认为由于地理位置和其他一些原因，有些国家虽然有发展潜力，但却陷入贫困，且一直处于贫困的恶性循环之中。他认为，只有通过援助帮助他们进入发展的轨道，否则，这些国家会一直处于贫困状态。萨克斯的观点支持了贫困陷阱理论。

威廉·伊斯特利是著名的发展经济学家，曾是世界银行的高级经济学家。他写过很多书，如《白人的负担》《经济增长的迷雾》《专家的暴政》等，这些书在发展学领域都有巨大的影响。伊斯特利还是世界银行高级经济学家，诺贝尔经济学奖获得者迪顿曾经主持对世界银行政策研究的一个独立评估。迪顿在评估报告里曾经写道，伊斯特利的著作是当时世界银行最有影响力的研究著作。伊斯特利质疑援助在发展中的意义，他对援助的立场几乎与萨克斯完全对立。他认为，许多过去很贫困的国家现在富裕了，而很多过去富裕的国家现在又贫困了，贫困的这种变化性说明贫困陷阱是一个残酷的欺骗穷人的伪概念。

学者之间对概念有争议是正常的，无论萨克斯支持贫困陷阱的观点，还是伊斯特利反对贫困陷阱的观点，都不能够否认在很多情况下，贫困具有长期性特点。我们将这样的贫困称作长期性贫困或深度性贫困。我们会提出这样的问题，为什么处于相似地理环境甚至相同的民族，有的国家贫困，有的国家富裕？为什么施行了同样的市场改革，有的国家成功了，而有的国家失败了？为什么一个群体并不懒惰且有能力，但却处于贫困？我在书里经常会引用河边村的例子，那些我熟悉的年轻人非常勤劳，却深受贫困的困扰。为了回答这个问题，经济学家提出了贫困陷阱的概念。贫困陷阱是指贫困群体要想实现他们生计的彻底改变，一是需要一整套的投资门槛，这个投资门槛包括需要基本的资金量和与之相配套的人力资本。贫困陷阱理论无疑为对穷人施以援助提供了理论依据，我在这里不对贫困陷阱理论做深入论证，而仅仅希望通过我自己的扶贫经验来说明，贫困陷阱在很多情况下是客观存在的。

2015 年我到河边村时，村里没有一家有像样的住房。河边村是瑶族村庄，我对他们的习俗不是很懂。一般来说，汉族人有了钱要先盖房。所以我问村民，你们住在这样的房子里，有了钱是不是也要先盖房？他们说，当然是要先盖房。当时我就开始算账，盖一个能住人的房子究竟要多少钱。经过与村民反复讨论，大致得出盖一栋能住人的木房大概需要 10 万~15 万元。2015 年，河边村村民当年的可支配收入大概在 1 万~1.5 万元，而村里大多数家庭当年的现金支出都超出了 1 万元。后来我发现，村民的负债率很高。在这种情况下，即使村民每年能够节余 1 万元，那也得 10 年以后才有可能住上新房。这意味着农民为了住上新房，要把所有的储蓄都用来盖房，将不可能再有任何资金用于投资生产活动。然而，农民不可能每年节余 1 万元，如果按照 2015 年的收入，恐怕要到 20 年以后才能住上安全的住房。这就是我在很多场合讲的，一个通俗的、可以在现实中看到的贫困陷阱案例。如果到边远地区、少数民族地区，特别是那些山区的少数民族村寨，我们可能都会有一个疑问，这些村寨为什么贫困？毫无疑问，这些贫困村寨与河边村一样，都处在所谓的贫困陷阱中。形成贫困陷阱的原因非常多，其中核心的原因是，这些群体的生计与社会主流的经济活动产生了脱节。比如，在疫情发生后，河边村的新业态遭到了致命的打击，收入几乎回归到零，村民不得不组织起来到江浙地区打工。我的同事说，村民出去二十多天基本上都回来了。原因很简单，他们没有文化，普通话说不好，没有办法在发达地区的电子工厂做工人。一方面，这些工厂急需劳动力，另一方面，这些村民不具备当工人的条件。这个现象并不是疫情发生后才有的新现象，实际上从十多年前就开始了，村民当时就外出打工，最后也都回到村里。贫困陷阱的概念并不能够解释所有的贫困现象，我在本书的其他部分讲到了，如果一个国家处于经济欠发达状态的普遍性贫困，那么要说这是贫困陷阱的话，只能说整个国家陷入了制度性的贫困陷阱中。

贫困陷阱的概念为扶贫提供了重要依据，我在河边村的实验就是基于这个假设展开的。我与政府协商利用易地搬迁、危房改造的资金，为每户村民提供近 10 万元的资金用于建房。开始的想法是，用政府的扶贫资金帮村民建设住房，将资金转化成村民的固定资产，这样至少房屋作为抵押，村民还可以筹集资金。后来，我与村民共同探讨又逐渐形成了将住房同时打造成能够接待外来客人的瑶族妈妈客房，通过外部援助为村民提供了初始资本。从 2017 年开始，在我们的帮助下，瑶族妈妈客房和村内各种能够接待会议的设施陆续建成，村民开始有了收入。到 2019 年底，来自瑶族妈妈客房及相关活动的收入有了极大的提升，村民户均收入在 2018 年底就实现了倍增，2019 年收入又提升了 30% 以上。河边村的案例清楚地显示了基于贫困陷阱理论，帮助贫困群体摆脱贫困的可行性。

基于贫困陷阱理论展开的扶贫实践的成功，并不必然意味着这一成功能够可持续地发展下去。很多朋友都问我，河边村是不是可持续的。我说，可持续是非常难的，首先，河边村实现脱贫是在我们高投入的帮助下展开的。贫困陷阱理论中一个重要的概念就是，越过贫困陷阱的门槛包括最基本的人力资本要求。河边村瑶族妈妈客房这个新业态的运营，主要是在我们的帮助下展开的，而农户尚不具备管理能力，这是河边村最大的挑战。而且，我也看不到村民能成长到有效和市场对接的程度。所以，贫困陷阱的确是存在的。当某个群体被远远甩在现代化列车的后头，他们很难通过自己跑步追上向前奔驰的列车，这也是很多像河边村这样的贫困乡村处于落后状态的主要原因。要想让这些贫困乡村摆脱贫困，需要帮助他们赶上那个现代化的列车，这其实是很难的。所以，贫困总是顽固地存在着。其次，贫困户即便刚刚走出贫困陷阱，但几乎没有任何应对风险的能力，一旦出现大的市场波动，他们的投资就会受到影响。河边村的新业态在 2020 年第一季度的收入为零，实际上我们已经开始建设应对风险的复合型产业，如冬季蔬菜、中药材、养蜂等。但疫情不仅影响了新业态，而且严重影响了农产品的销售。河边村村民在经历了两年的脱贫喜悦之后，在新冠疫情的冲击下又陷入了困境。但不同的是，他们所处的福利状态已经完全不同了。整个村庄的基础设施，村民的居住环境都有了根本改变，虽然收入下降了，但是多维度贫困早已有了根本缓解。

扶贫难在文化？

提到扶贫，我们总会想办法让农民提高收入，或者为贫困农户提供教育和医疗等帮助。对于很多无法产生收入的贫困人口，则给他们低保。从扶贫角度讲，这些措施都没有错，这也是我们现在扶贫的主要做法。但同时，我们也会听到很多不同的声音，其中主要的质疑是，难道我们永远只能通过这种方式扶贫吗？如果通过这种方式扶贫，那不就形同养懒汉吗？这一质疑听起来有些无情无义，但是仔细想想，这个质疑并非没有道理。

一旦讨论如何能从根本上解决贫困问题，好像谁也提不出什么有效的办法。那么，扶贫究竟难在哪里呢？刘易斯的贫困文化理论虽然容易给人产生歧视穷人的印象，但刘易斯的理论触及了扶贫难的根源问题。

穷人不是一个孤立于社会的个体，贫困是社会关系生产与再生产的产物。特定的社会关系与生产关系相互结合，形成了一个社会特定的政治社会文化关系的整体。社会关系与物质生产之间存在着必然的联系，也就是说不同的社会关系会产生不同的物质生产关系体系。这样的关系形成了相应的价值、认同、社会规范以及它的物质生产能力。而人在这样一个体系下，会形成日常生活的习惯，由此形成一套基于特定社会关系的物质生产技能。在一个贫困的社区，每个人都习惯于日常的生产活动，例如在河边村，早上能看到很多人挑着猪食去喂猪；到了割胶的时候，晚上就会到胶林里割胶；到了插秧的季节，大家就一起去插秧；到了收获甘蔗的时候，大家又一起通过相互的帮工去砍甘蔗。这些农作习惯生产出了各种不同形式的仪式，插秧时每家会杀猪，开始砍甘蔗时也会杀猪。一个传统的贫困乡村，通过它的亲缘和地缘，形成了一个能够相互帮助、克服劳动分工问题的社会关系和生产关系模式。而这样的社会关系和生产关系同时也维系了村庄的秩序。每一个村民都在这样一种生产生活关系中从小长大、结婚、生儿育女，如果不遇到大的自然灾害，这样的生活的确很艰苦，但也是安详和平静的。所以，我刚到村庄的时候问农民，谁家贫困，谁家富裕。农民始终告诉我，我们都差不多。外面看着是贫困的村庄，自己看着并非是贫困。在这样的村庄按照精准扶贫的政策，就需要确定谁是贫困户，谁是低保户。这是我们现代扶贫的范式。现在扶贫的范式是基于个体主义的福利差距。现代社会是由个体构成的，由市场组织、科层组织与政府组织共同控制的一个社会形态。在这样的社会形态下，很容易出现个体的福利差距。因此，很容易出现个体福利的缺失，因而也容易展开针对个体的扶贫。但是对于一个普遍存在贫困的村庄而言，扶贫的难度就很大。

扶贫主要难在这样的贫困村庄存在着根深蒂固的贫困文化，这样讲不是对贫困人口的歧视，而是说在低水平物质生产的条件下，贫困人口已经形成了一个维系低水平物质均衡的社会关系和物质生产体系。这样的社会关系和物质生产体系，是一个贫困的恶性循环体系，越是依赖于这样的生产关系和物质生产方式，就越是贫困。2020年6月，我到河边村又见到了有哥。他2019年告诉我，他会挣到钱。他在外边包了几十亩的甘蔗地。我问他挣到钱了吗？他又开始跟我重复好几年的事，挣到了，但是钱又还账了，还账之后又剩不下什么钱了。有哥不明白，他的确想脱贫，他也很勤劳，他想的是一夜暴富，但是他想致富的方式还是乡村的价值观以及乡村的社会关系网络，乡村的生产方式。他没有资本，也不会经营，他实际上就是一个和其他村民一样，通过劳动种地的普通村民。他承包土地缺乏资金，基本上属于抵押产出而挣一个预期的方式。这种方式不可能像他想象的那样致富。我对有哥说，"您的致富论是一个幻觉"。对于普遍性贫困的乡村来讲，只要不去改变乡村社会关系的整体，贫困就会不断地生产和再生产。而要按照现代的标准消除贫困，实际上就意味着消除生产贫困的社会关系。这既是扶贫的难点，也涉及了扶贫本身的发展伦理问题。

扶贫为何不容易？

这几年的精准扶贫算是全社会参与的扶贫，几乎每个单位都会派人到贫困村里长期工作。我的很多同事、朋友和学生都是这些扶贫人中的一员，每次见面，他们第一句话就说："李老师，扶贫真难！"我的同事董强副教授和我在村里搞扶贫，他也经常对我说："李老师，这事太难弄了。"其实我也觉得好难，但是扶贫究竟难在哪里，要我说我也说不清。

前不久，我姨妈的女儿来看我母亲，我顺便问她，姨妈家住那个窑洞的山沟现在如何了？过去那条山沟里住着几十户人家，在我小的时候，那里的饮用水是窖水。现在那里只剩下一户人家了，就是姨妈的小儿子，政府扶贫给盖了房，还给了十多头羊，其他的人都陆陆续续住到了县城里。我曾经生活过的那个西北小县城，从照片上看已经面目全非，姨妈家的小山村算是没有贫困了。问题很简单，随着城镇化，人都到城镇里就业了，农村的贫困不就缓解或消除了吗？在发展中消除贫困大概就是这个意思吧。从这个方面来看，好像扶贫并不是很难，让穷人到城镇里就业居住，贫困问题不就解决了吗？但是贫困存在的顽固性又告诉我们，扶贫不是如此简单的问题。

那么扶贫究竟难在哪里呢？我们可以列出很多很多扶贫难的因素，但我觉得扶贫最难的是我们对贫困的基本认识。在很多时候，我们都把贫困看作个人的失败。一个人的成功，当然取决于个人的努力，但是一个人深陷困境，不能简单地归为这个人的能力问题。能力导致贫困误导了我们扶贫的努力，这一认识掩盖了社会结构和制度甚至政策安排不当导致的贫困的实质性问题。我们对个人的成功取决于个人的努力深信不疑，所以在扶贫工作中我们都毫无意外地强调自力更生而不是依靠他人。我们在很多时候都把这种因素看作是摆脱贫困的内生动力。穷人自己不努力不可能摆脱贫困，这一点毋庸置疑。但问题是，有那么多人都在辛苦努力，为什么还深陷贫困呢？既然只要个人努力，具有内生动力就能摆脱贫困，那为什么还要搞扶贫呢？很显然，个人的因素仅仅是导致贫困的一个方面，过分强调个人在贫困中的决定性因素会转移我们从政治、经济、社会结构中寻求答案的注意力。事实上，几乎所有贫困发生率和不平等程度低的国家，其政治、经济、社会的结构都存在着有利于穷人的机制。作为世界上最发达的国家美国，之所以也是发达国家中贫困和不平等程度最高的国家的主要原因是，这个国家的国民意识形态有着深深的个人主义烙印。美国人深信个人的成败完全取决于个人的努力。这种过分强调个人因素的情况导致了美国社会保障网的落后。

我经常在很多场合讲中国的扶贫经验，中国的扶贫经验里我觉得比较好的是能把消除结构的约束和动员穷人的能动性结合在一起。你可以想想，如果不从教育、卫生、社会保障、就业等方面为穷人提供保障，单纯去说服或培训那些贫困人口，他们就能脱贫吗？

精准扶贫难在哪里？

扶贫开发到了攻克最后堡垒的阶段，所面对的多数是贫中之贫，困中之困，需要以更大的决心，更明确的思路，更精确的举措抓工作。应该说，自从实施精准扶贫攻坚以来，长期困扰扶贫工作的扶贫对象不精准、扶贫资源短缺、各种扶贫资源配置碎片化的局面，在中央强有力的组织和协调下有所改善。那么，精准扶贫究竟还难在哪里？

第一，可持续脱贫依然是难点。经过扶贫部门的巨大努力，建档立卡措施有效地瞄准了贫困群体，但是如何支持贫困群体可持续脱贫依然十分困难。贫困群体能否可持续脱贫取决于其收入是否能增加到越过贫困陷阱的门槛和是否能让收入可持续下去两个方面。按照现在多数地方产业扶贫的做法，一是很难使贫困人口的收入提高到高的水平，二是即使有的地方贫困人口的收入有了很大提高，但是可持续性低，波动性大。主要问题是提高收入创新路径不足，政府主观意志主导，产业扶贫求大求快。除非有大规模市场需求的产业，否则大规模产业开发使贫困群体受损，需要创新一村一组或一户一品的特色产品，而不是产业，因为今天已经不是过去的农产品短缺时代，而是结构性的产品短缺时代，市场需求也趋于个体化和特色化。市场里和电商里堆积如山的低价产品就是很好的说明。

---

* 本文发表在人民网（2016-10-12），原文链接：http://rmfp.people.com.cn/n1/2016/1012/c406725-28773128.html?from=timeline&isappinstalled=0。

第二，扶贫兜底依然困难。近年来政府对贫困群体、留守老人、留守儿童等不同弱势群体的支持逐年提高。但是，在财政资源有限的情况下，扶持数量增加的速度远远高于单位个人强度增加的速度，虽然扶持的人数有了很大提高，但是个人支持的强度往往不足以抵御来自教育、健康等方面的风险，而且在物价持续上涨的情况下，有效兜底效益不高。由于低保是政府无偿资源的转移，往往会造成权力性的挤入，如很多地方存在村干部和相对富裕的群体挤入低保户和贫困户的现象。即使在那些不存在挤入现象的村庄，由于实际生活状况相差并不大的现实困惑，迫使很多地方将低保转变成了农户按年轮流受益的平均分配格局，这一现象在贫困村庄非常普遍。低保资源在乡村复杂的社会、政治条件下出现了异化，使低保失去了兜底扶贫的作用。从某种意义上说，以扩大农村低保覆盖率为指标的农村低保政策需要向兜底质量转变，农村低保覆盖率不宜继续增加，而应该注重发育合理的识别和退出机制，缩小兜底面，提高兜底强度和效果。

第三，科学扶贫依然困难。贫困的发生有其自身的规律，扶贫需要按照贫困发生的规律展开。尽管明确指出：扶贫不能搞层层加码，不能搞超前完成。这为精准扶贫提出了科学的原则，但在2020年脱贫目标约束下，很多地方还是做出提前脱贫的要求，很多扶贫项目设计要求年内完成。这些行政性指令严重扭曲扶贫工作的科学性和规律性。急功近利和简单的技术管理规则忽视了扶贫工作的复杂性和艰巨性，影响了精准扶贫的效果。应该认识到，即使要求在2020年脱贫，但对于大多数地方而言难度依然很大，因此精准扶贫的工作安排要杜绝任何不切实际的提前完成，加大工作力度，确保2020年实现扶贫目标。

第四，到达最后一公里仍然困难。中央决定实施精准扶贫以来，通过定点帮扶和派驻第一书记等措施，为解决贫困乡村组织和人力资源不足提供了有力的政策保障。但是，农村的各项扶贫政策最终都落到乡镇一级。一方面乡镇对接中央政策，对接不同的部门，人力资源极度缺乏。在很多地方，沉重的扶贫计划，如编制预算等工作仅落在 1~2 个人身上。人力资源配置不当容易造成落实不到位和落实偏差。全国目前有几十万民间组织，把扶贫当作购买政府公共服务，由社会组织实施，可以迅速弥补组织资源的不足，也可以减轻政府负担，但是案例还是很少。

第五，动员贫困群体的主体作用仍然艰难。精准扶贫工作一再重申贫困群体是精准扶贫的主体，但是我们工作中往往把贫困群体作为教育的对象。一方面教育他们不能"等靠要"，另一方面则长官意志为贫困群体做决策。很多地方搞产业开发，都是上级决定好了的产业，到村里让农民填表。贫困群体的主体性在精准扶贫中有很大的缺失。如何能把扶贫的决策权交给贫困群体是精准扶贫能否成功的关键。

精准扶贫的挑战在哪里？

参与扶贫实践二十多年，我慢慢发现，不同地区、民族的人对福利、幸福等概念的认知是不一样的。比如有的城里人会觉得偏远地区的房子都是用木头搭起来的，破破烂烂，没有窗户也没有区隔，看起来完全不能居住。但是当地人还是照旧过着自己的日子，没觉得哪里不好。

---

* 本文为李小云在南都观察和《文化纵横》杂志社联合主办的"如何应对'新贫困'时代？"沙龙上的分享，由南都观察整理，经李小云确认，发表在南都观察（2017-07-24），原文链接：http://www.naradafoundation.org/content/5397。

当"现代生活"和贫困地区相遇时，贫困地区的居民突然发现，他们的收入不能应付现代生活的支出。比如教育、医疗卫生的支出，会占不小的比例。有的地区还有酒文化、彩礼文化，看起来都是刚性支出，短时间内很难有什么变化。

我现在在云南边疆的河边村做扶贫。这个村子很偏远，大多数房子没有窗户。但是想在这里发展旅游业，就需要有一些现代化的设施，要有窗户、淋浴……于是我们想了一个办法：在村民的家中嵌入一间有现代化设施的客房。既让公共资源投入到村庄建设，也增加农民创收的途径。我们销售当地的生态鸡蛋，10元一个，价格很高，但也有市场。

基于多年来的扶贫经验，我想分享几个观点。

首先是贫困人群的问题。我认为现在扶贫遇到的最大挑战在于深度性贫困的地区和人群。请注意，问题不在于个体，而在于贫困的群体。当一个群体已经进入现代化，如果里面有个体被落下来，跌入贫困，这其实不属于贫困问题。个体的问题很容易解决，他可能是因为懒惰或疾病，但他所在的群体整体如果富裕起来了，帮扶他是一件相对容易的事情。

但是对区域性贫困的治理就很难。也许是因为地区差异、文化差异，在贫困的村庄里，劳动力走不出去，也没有资源被引进来，基本上维持一种前现代的状态。这些地区普遍达不到现代化的福利标准。

现在很多地方都在扶贫，但可能不需要那样大规模的投入。随着经济发展和转型，有的问题慢慢会被解决。比如有的村子里有几户人很穷，那个村子就可以把他们带动起来，不用调动那么多的资源去帮扶。我最近到四川等贫困地区调研，更坚定了这样的想法。

今后扶贫工作的重要目标应该在深度性贫困的地区和人群，造成这种贫困的原因不是懒惰，也不是观念、思想等的落后，而是他们的社会文化和现代伦理之间的差距比较大，他们还把握不了市场的基本准则，或是当地资源被其他有能力的人占用，被迫陷入贫困。

针对这个问题，需要优先解决的是阻断贫困的代际传递。代际传递涉及两个群体——儿童和父母。儿童是最容易被影响的群体，如果解决好了学前营养、学前教育，在他们后续的成长中逐渐培养起与现代伦理相适应的观念，就能帮他们赶上发展的快车。

其次还要给这些地区的基础设施输血。水、电、道路等一旦完善了，能帮贫困人口减少时间、精力的消耗。在河边村，我们改善了一条8公里的土路，现在当地的甘蔗能卖出去了，交通事故也变少了。基础设施带来的放大效应，要远大于修建基础设施本身的成本。

还有就是要依托当地的优势提高居民收入，而不仅仅靠财政转移支付（如补贴等）、等着社会福利的改善。在河边村，我们给村民的房子里嵌入了客房，再长期或短期租给游客，最多的村民一年可以增收9 000多元。所以每个人都很积极。我认为在绝对贫困的地区做产业扶贫，带来的收入必须足够高，才能带动当地人的积极性。

我还想专门说一下前面提到的"嵌入式"客房。早在40年前，贫富差距很小，基尼系数是0.2左右。但是随着经济发展，贫富差距逐渐拉开，虽然整个经济发展能产生非常好的减贫效应，但是有的群体不太能捕获经济发展的成果，整体上被甩在了后边。

对于这样的群体，一个办法是通过社会福利来养活他们，村里家家户户都盖好房子，让每个劳动力都拿到不低的补贴，实行完全的福利化。但这样可能会出现道德风险、社会病，例如有的地方有钱后，出现了一些病态性的消费。

另一种方法就是通过一种相对更"先进"的文化去影响他们。这也是我自己面临的文化伦理挑战。作为一个发展学的研究者，我常常会想，怎样才能让一个贫困的群体和现代化衔接上，捕获一种共性的基本要素。因为文化是有差异的，比如有人觉得喝酒、吸烟不好，有的文化则认为喝酒、吸烟才是一种品质生活。但超越这些文化的细节，应该有一种共通的东西，既能让一个群体保持自己的文化特点，又能跟上现代化。

刚去河边村，根本没有我们这些外来者的空间，我们慢慢往村子里渗入一些外来的思想，但是不完全覆盖，是嵌入式的。它最初就是一个客房，有卫生间、淋浴、热水。这可能也会有问题，也是一种"冲突"，但我们并非要把村庄完全变成这样——只是一个小的空间，水龙头和城市里的一样，水大一点、热一点……

实际上是农民的空间包围了外来的空间。我们用有限的后现代文化和存在感与村庄的前现代文化交流，这个难度很大，我还不能说它是成功的。就这样，我们非常小心地把贫困陷阱理论、现代性转型等概念放到实践中。我是一个社会学家，非常理解他们的文化和文化敏感性、社会情感。

20世纪90年代前后，凉山地区的发展基本已经和全国的发展脱节。剩余劳动力增加，面向这些地区的招工减少甚至绝迹，相应地便是各类社会问题丛生，毒品在这个时期最为猖獗。有研究者认为，没有工作、没有新型收入来源的剩余劳动力必然是社会问题滋生的温床。

我现在很珍惜这样的机会，可以到一线沉下心来做实践、研究。刚才有人提问，说："帮助他人能不能实现自我的意义？"我没有从这个角度想过，只是作为学者，有一个单纯的想法——沉下去会更好。做这些事情，既是因为热爱，更多的是基于职业的伦理。

河边村现在已经和市场接轨了，也产生了一些问题。比如谁家先接待来的客人，客源如何分布，以公司还是合作社的形式运营，村民自营还是外包。这些都不能回避现代化伦理、思想和技能。

虽然我常常站出来为河边村说话，但河边村的建设是以政府资源为主体的。中国的发展资源和发展权力掌握在政府手里，作为学者和非政府组织（NGO）从业者，我的定位很清楚——补充性资源。

作为补充性资源，我们长期驻守在村子里，做了很多细节上的工作。有的地区的精准扶贫很注重形式，把工作分成很多个流程，各个部分都要干部签字确认，都要考评。但是中国有60多万个社会组织，很多机构的使命就包括支持贫困地区、人口，守护社会公正。在扶贫工作中，他们有自己的专业性，可以做很多。河边村背后有很多公益机构的支持，他们把我推到一线做这个实验，现在只是跨出了一小步。但无论成败，都有它的意义。现在我五十多岁，十年后我们再来看它的价值。

河边村的实践展示了政府、高校、民间组织如何形成一种正向推动的模式，我们在其中起到了辅助作用。

真正生态有机的农产品产量一定是低的，一定要有足够的价格补偿激励。优质的农产品产量低，所以价格一定要很高，农民才有动力去生产。比如有机大米，不用杀虫剂的话，需要耗费特别大的人力，可能一亩才能产出200斤。所以生产一亩有机大米的收入，一定要高出普通大米亩均收入很多倍，农户才有动力去种植。

此外还可以定产定量，只收购固定产量的农产品，多了的不要。这样的话，农户就没有了作假的动力。同时，生态农产品都打好标记，可以直接追溯到生产农户，对他们进行监督。

还可以采取合作社的形式，相互之间有监督。比如10户组成一组，种植100亩大米，根据生态种植的效果预估总产量，多了不收购。农户之间对农产品的识别更容易，也能相互监督。

现在有一种概念，叫亲贫性旅游（Pro Poor Tourism，一种通过发展旅游业改善贫困地区经济的形式），其核心是以当地农户为主导，使农户成为这类旅游链条里的主体。我认为农民的收益在这种经济中应该占60%以上，而不是让旅行公司拿去收益的大头。关键在于定价权，比如一间客房，农户必须拿到多少钱。河边村之所以能发展下来，一个很重要的原因就是劳动力都还在，有人打扫卫生、洗被子。

那些没有劳动力的深度性贫困村庄就不适合用这种形式，只能做资产经营，把全部资产打包出去，改成现代性酒店，接受分红。如果被外来资本买断承包，农民就可能失去主体地位。

深度性贫困之重

时任国务院副总理汪洋在四川藏区调研脱贫攻坚工作时强调，藏区等深度贫困地区是脱贫攻坚的重点、难点和关键点。要认真贯彻落实习近平总书记新时期扶贫开发重要战略思想，坚持稳中求进工作总基调，加大攻坚力度，用"绣花"的功夫深化精准扶贫精准脱贫，真抓实干、求真务实，坚决打赢深度贫困地区脱贫攻坚战。

当前的农村贫困主要表现在深度性贫困和转型性贫困两个方面，虽然两者之间互为关联，同属发展不均衡在不同层面的体现，但深度性贫困属于多维度贫困的长期沉淀，其致贫原因远比转型性贫困更为复杂，脱贫难度很大。与分散性的个体贫困为主要特点的转型性贫困不同，深度性贫困主要表现在不同规模的群体性福利缺失。这种整体性表现在整个村庄甚至更大范围内大部分群体的贫困状态，并且往往与整个地区的经济社会发展落后相联系。因此，在脱贫攻坚的最后阶段，需要聚焦深度性贫困问题，确保2020年全面脱贫的目标顺利实现。

第一，"现代性伦理"的缺失。深度性贫困地区主要分布在边远的山区和少数民族地区，很多地区甚至是自然条件并非十分恶劣的地区。这些地区也长期得到了很多的支持，却呈现出外部文化视

---

* 本为发表在光明网（2017-04-24），原文链接：http://theory.gmw.cn/2017-04/24/content_24284434.htm?from=timeline&isappinstalled=0。

角的所谓"懒散慢""等靠要"等贫困文化特征。值得注意的是，针对这些地区的扶贫，忽视了这些地区的贫困群体在文化上与商业性的现代致富伦理的断裂，通过简单的基于现代性视角的说教并不能解决问题。这是因为他们长期以来与其自身的自然环境建立起了以相对低物质供给为特征的经济、社会、文化的生存性均衡，表现出很大程度上的"现代性伦理"缺失。由于主流扶贫理念缺乏对接这些贫困群体的文化要素，因此在实施以物质供给为特征的扶贫支持时会直接导致简单的给予—获取的扶贫悖论。如果希望将物质性的支持转变为可持续性的脱贫资源，则依赖于这些群体的生存伦理逐渐与现代的致富伦理接轨，但是这一工作的难度很大。长期看，需要从依靠教育阻断贫困文化的代际传递上开始；短期看，需要在扶贫中探索能与这些群体产生对接的文化要素。但是这往往又会导致这些群体社会秩序的紊乱和文化多样性的损失，这在很多发达国家都是难题。比如，东南亚地区马来人的贫困治理和北美及拉美土著人的贫困治理困境就是典型的例子。

第二，"经济性贫困陷阱"。深度性贫困的重要特点是贫困人口的收入长期处于只能支付基本生存的水平，无法支付改善居住条件、教育、卫生和文化生活的需要。由于其生存性文化的制约，他们无法像发达地区的群体那样将自己的资源有效地转化为增加收入的资产，他们的很多资源收益大多都被外部市场力量捕获。他们的收入有很多被各种新型消费消解。在一个深度贫困村，一个年轻人一年的可支配收入不过 5 000~6 000 元，但手机和香烟两项的人均消费竟然达到每年 3 000~4 000 元。长期以来的扶贫强度不足以为他们创造越过收入性贫困陷阱的条件，如在很多地区扶贫到户的措施是每户 10 只鸭，5 头猪等，这些鸭和猪即使都成活，一年下来的收入扣去成本并没有很多，所以很多农民索性卖掉变现。突破贫困人口收入瓶颈的关键是要探索、挖掘能为他们产生高强度收入增长的机会，并为实现这个机会创造条件，这就需要精细化的扶贫创新。目前针对这些地区的扶贫工作大多还是常规性的扶持，缺少真正意义上的在最后一公里的"绣花"，也就是说针对这些群体的扶贫创新供给严重不足。应该认识到这不是仅仅靠干部和帮扶单位做到位就可以解决的问题，国家需要尽快出台相应政策鼓励科研机构、大专院校和社会公益组织展开类似科技攻关的专业性研究创新，等等。

第三，"公共品"供给失衡。精准扶贫比以往任何一个扶贫计划的投入和细化程度都要大得多，中央的重视程度、政府的财政以及行政资源的投入更是前所未有。但是，针对深度性贫困地区的各类"公共品"的供给则呈现很多失衡。首先，低保资源在深度性贫困地区的运行问题很多。与一般地区相比，深度性贫困地区农村社会分化程度低，群体之间福利缺失的差异很小。按照比例下达到村庄的低保名额的分配很难达成一致，在很多地区只能变相为"轮流的福利分配"。另一方面，低保在这种情况下被进一步碎片化为A、B、C三类，虽然迎合了覆盖面，但却使低保效益外溢，降低了平均救助水平，影响了对于最需要群体的兜底作用。其次，深度性贫困地区的非竞争性公共品供给严重不足。这一方面直接构成了深度性贫困的多维度要素，同时，贫困群体获得这些物品的成本很高，极大地消解了他们有限的收入。深度性贫困的村庄远离中心乡镇，购物、小孩上学、就医等都要支付比一般地区更高的成本。比如，几百人甚至上千人的村庄没有幼儿园，没有诊所，没有学校，也没有基本的商业设施，甚至很多道路还是土路，雨雪天气无法出行。与很多转型性贫困不同的是，深度性贫困地区和村庄的人口流动很少，很多上过学的年轻人由于文化等方面的原因都会回到村庄。增大对深度性贫困地区非竞争性公共品的投入不会造成公共资源的浪费，相反会为这些地区的脱贫提供物质条件，这样的投入扶贫效益十分显著。更为重要的是，非竞争性公共品的建设和维护，一方面会有效地利用村庄原有社会秩序规则，另一方面也会松动原有与现代发展有距离的文化伦理，形成与现代发展伦理的对接点。因此，解决深度性贫困问题，应该优先提供非竞争性公共品，通过"输血"为"造血"创造条件。

第四，"现代市场机制"下的扶贫效益漏出。深度性贫困群体无论文化能力还是经济能力，以及获得市场信息方面都处于劣势。现行扶贫措施多采用以外部市场主体带动产业开发的路径。但主要的问题是，在不对等的权利博弈过程中，这些群体往往处于劣势。由于以农业为主的资源性开发本身利润就不高，以不同形式运行的市场产业模式虽然能提高农民的收入，但是农民在价值链中的分配份额很低。现代的市场运行模式，如公司＋农户，合作社等，往往会不同程度地演化为强势群体获益的组织形式。深度性贫困地区和村庄往往很难找到所谓的致富能人和带头人。利益代表的缺失使得市场机制下的扶贫效益产生很大的漏出。云南南部山区在过去十多年香蕉产业的开发中成就了大量的香蕉老板，但是当地农民几乎没有因为香蕉致富。相比之下，橡胶和甘蔗的种植则更加有利于农民直接获益，其原因主要在于农民—市场的直接对接，虽然价格每年都有波动，但是几乎没有中间的盘剥。很显然，亲贫性产业开发机制创新的不足已经严重阻碍深度性贫困地区依托自己的资源致富。对于深度性贫困地区而言，鼓励社会企业的介入是一个有效的路径，通过社会企业带动和培养穷人企业家帮助深度性贫困地区脱贫。

第五，深度性贫困需要综合治理。深度性贫困是长期沉淀的多维度福利缺失的状态。这样的福利缺失不可能在短期内通过常规的扶贫加以缓解。首先，贫困文化不可能在短期内消失，也很难通过一般的教育来消除。因此，在深度性贫困地区和村庄建立学前教育和儿童营养计划最为重要。同时也要认识到深度性贫困地区教育资源的质量远远落后于其他地区。即使有大量的投入，如不解决以教师为主体的教育质量问题，这些地区将会演化为"教育致病"区。

目前，志愿支教计划是可行的方案，动员社会组织支教应该成为精准扶贫的重要措施。其次，应该在深度贫困的村庄建立医疗服务中心。在每个边远山区、村都应配备乡村医务人员，鼓励志愿者不定期展开医疗服务。由于治理深度性贫困的难度很大，如果没有超常规的措施，极有可能拖 2020 年全面脱贫的后腿。最后，应该把深度性贫困的治理作为精准扶贫的重中之重。尽管目前针对深度性贫困地区的扶贫投入力度已经很大了，但是缺乏综合治理的框架。建议设立深度性贫困综合治理计划，整合各种资源，集中投入非竞争性的公共资源，弥补贫困地区在这些方面的福利缺失，同时通过发育亲贫性市场机制带动贫困群体提高收入。

扶贫不是让年轻人回来种地

2019 年中央一号文件指出，聚力精准施策，既要"坚持现行扶贫标准"，又要"防止盲目拔高标准、吊高胃口"。我的理解是要区分扶贫与致富的关系。致富需要通过个人的努力、国家政策的帮扶，是长期过程。扶贫则是按照现有标准，解决生存问题，具体来说就是人均收入 2 300 元，不愁吃、不愁穿的"两不愁"，及义务教育、基本医疗、住房安全有保障的"三保障"等。扶贫是致富的基础，但不是致富。

防止盲目拔高标准，就是要：防止扶贫变成泛贫困化。一听扶

---

* 本文发表在《新京报》（2019-02-20），原文链接：http://www.bjnews.com.cn/feature/2019/02/20/548777.html。在收入本书时做了修订。

贫，大家想到的都是找政府要钱，所以想方设法把自己所在的地区、村子定位为贫困地区、贫困村，这是应该注意的问题，也就是不能吊高胃口，当然，也不能降低标准。扶贫是政治工作，也是社会基本保障的一部分，是体现社会公平的，不是某些非贫困地区向政府要钱的借口。

既不降低标准，又不吊高胃口，扶贫攻坚的基点如何确定？这就是文件提出的集中深度贫困地区的意义所在，如果不能把扶贫的力量、资源集中到深度贫困的地区，别的地方拿了资源，去搞发展了，肯定不行。这一点，2019年的一号文件说得很清楚。

在扶贫对象、扶贫措施等方面的规定中，一号文件也强调建立长效机制，也就是产业扶贫，要有持续发展的基础。扶贫不是一次性的工作，而是要帮助当地建立起可持续发展的基础。但需要注意的是，产业一定是健康的产业，有些地方引进了投资，建起了企业，但产品卖不出去，产业扶贫的效果就无法体现，一号文件中也特别强调了这一点。

此外，一号文件还提出，要巩固扶贫成果。这有两个含义，第一，确保不返贫，假如某个村子第一年脱贫，第二年又返贫，脱贫的意义就不大。怎样防止返贫，除了建立长效机制外，一号文件还提出多方面保障，这是防止返贫的重要途径。第二，在脱贫工作中要注意，防止有新的贫困产生。

扶贫攻坚将于2020年完成，但2020年后，脱贫地区依然是乡村振兴工作的重点，文件强调扶贫工作和乡村振兴有机对接。我觉得，是因为脱贫之后，这些地区的发展依然是个问题。发达地区的乡村，人家自己就振兴了，恰恰是这些落后地区刚刚脱贫的乡村，才真正需要政府帮助振兴。

扶贫之后，还需要防贫，我认为，建立长效机制，就是考虑到2020年后的发展问题。只有扶贫、防止返贫还不行，还要有策略地防止新的贫困产生。

在河边村扶贫4年的经验告诉我，扶贫资源不是一次性的补贴，而是发展的基础，扶贫攻坚，就要按照政策，一次性把中央政府的扶贫资源落实、用足，唯有如此才能建立长效机制。

我觉得扶贫应该是产业扶贫，但并非发展当地原有的产业，我们不用重复当地的产业，而是一开始就着力打造新业态。

我们在河边村以扶贫资源为基础，首先着力于改造村民民居、改造村里的公共设施。他说："这些投资本身就会变成发展的资源，比如村里的条件好了，旅游业有了发展的基础，我们在民房改造时，就为每家设计了客房，等河边村旅游业发展起来，成了远近闻名的会议中心之后，这些客房就能够为村民增加很多收入。在刚刚过去的2018年，光客房一项，就为河边村增加了80多万元的收入，一下子就脱贫了。我觉得之所以能有这样的成果，就是因为把扶贫资源当作脱贫资源在用，让扶贫资源变成发展的基础，由此带来收入。"

在发展新业态的过程中我们发现不少年轻人并不喜欢从事传统的农业生产。很多人以为农村闭塞，其实，年轻人都有现代趋同性，尤其是网络时代，信息这么发达，怎么可能还闭塞。但年轻人普遍不喜欢从事传统的农业生产，不喜欢种地，所以要吸引他们加入，就要找到他们感兴趣的东西。

河边村没有引进任何企业，所有的产业，都是村里人在经营和管理。他说："我们要找到年轻人感兴趣的东西，比如旅游、文化、计算机等，以此为基础打造产业，同时培养这些年轻人经营和管理的知识、技能，然后让他们自己管理。"

扶贫不是模式竞赛

2015年11月23日召开的中央政治局会议，审议通过了《关于打赢脱贫攻坚战的决定》，向全社会发出了脱贫攻坚的动员令。2016年7月20日，习主席在东西部扶贫协作座谈会上发出了"扶贫开发到了攻克最后堡垒的阶段"的总攻令。中央决心解决农村贫困问题的承诺比以往任何时期都严肃认真，投入比以往任何时候都大，中央和地方各级领导花的时间和精力比以往任何时候都要多。如何将这样的承诺和决心转变成行之有效的行动，存在很多的挑战，而扶贫创新则是应对这些挑战的重要手段。创新的过程自然会出现各种各样的经验，但是值得注意的是，切勿将扶贫创新的经验演化成各种模式竞赛。

中央以如此之大的决心和投入进行扶贫攻坚，主要是认识到了扶贫攻坚的巨大挑战和困难。为了指导、敦促地方的工作，各级政府领导纷纷下基层了解情况，协调解决问题。但是，领导不可能把所有的贫困村都走到，只能看一部分。必须承认，个别地方在政绩观和面子观的驱动下，集中资源打造扶贫"亮点"，为领导展示扶贫成果。

扶贫创新是否具有生命力，是否能真扶贫、扶真贫，都需要时间和实践的检验，短期打造的"亮点"不可能反映普遍的问题。由

---

* 本文发表在《光明日报》（2016-08-08），原文链接：www.aapchina.org.cn/node/90（原光明网链接已删除）。

于集中打造"亮点"往往是"吃小灶",集中力量打造而成,因此容易掩盖普遍存在的问题,产生误导,也容易为假扶贫、扶假贫创造条件。所以,如何落实习主席关于"要坚持时间服从质量,科学确定脱贫时间,不搞层层加码。要真扶贫、扶真贫、真脱贫"的指示,应该成为当前扶贫攻坚工作的重要原则。

扶贫攻坚战以来,包括中央领导在内的各级领导干部纷纷走入贫困地区,指导落实中央的扶贫举措。扶贫工作出现了前所未有的局面。但是,有些地方出现了"扶贫扶到了墙上"的现象。墙上展示了整齐的贫困户名单、扶贫的举措、脱贫的目标等。领导到来,先到展示室,至少会留下好的印象。这样也没有错。但是,到某些地方一问农民,他们了解得很少,也不知道这些数据从何而来。"扶贫扶到了墙上"虽然只是个别现象,但与中央要求的"真扶贫、扶真贫、真脱贫"不一致,影响中央扶贫政策的严肃性,也会损害党和中央的形象。扶贫是否扶真贫,首先要问问贫困户,去看看贫困户的生活,而不是将扶贫扶在墙上。

扶贫攻坚战能否取胜在很大程度上取决于如何创新扶贫方式和机制。各地在扶贫攻坚中都形成了很多有地方特色的创新。地方之间的相互学习自然是扶贫创新很好的形式,也能有效地推动不同地方的扶贫攻坚。但是,扶贫不是工业生产线,任何地方的创新都很难在其他地方复制。学习应该着眼于创新的内在要素,而不是简单地照搬形式。

有些地方在自己扶贫创新的基础上提出"XX模式"。事实上,一项扶贫的特殊经验要成为"模式"需要长期的实践检验,也需要理论的研究。将扶贫实践中的一些创新举措简单称作"模式"既不符合科学扶贫的原则,也不符合中央的要求。更要注意的是,这种"模式"出现了潮流化的趋势。很多地方都出现各种各样的"模式",在业绩激励的刺激下,有些地方急于找到自己的"模式",将很多"亮点"着力打造成当地的模式,不同地方出现了扶贫"模式"的竞赛。虽不能说这样的竞赛有多大的问题，但是至少会引发不切实际的业绩竞赛，影响中央对扶贫攻坚考核的严肃性。如果每个贫困村都有自己的"模式"，每个贫困户都有自己的脱贫"故事"，这样的模式竞赛也许才是中央要求的真扶贫、扶真贫。

脱贫摘帽重在不返贫

中国特色社会主义进入新时代，我国精准扶贫精准脱贫取得重大进展。按照2011年确定的贫困标准，农村贫困人口从2012年底的9 899万人减少到2017年底的3 046万人，年均减少1 370万人。按照这样的减贫效率，到2020年我国将告别农村绝对贫困。与此同时，党中央提出的到2020年贫困县全部摘帽的目标也将实现。2016年，全国592个贫困县中已有28个摘帽；2017年，又有125个贫困县申请摘帽。

但也要清醒地看到，农村绝对贫困人口实现脱贫和贫困县摘帽，并不意味着农村贫困的消失，也不意味着扶贫工作的结束。贫困是一个相对概念。农村贫困在2020年后仍将以相对贫困和多维度贫困的形式存在，未来的扶贫工作还会继续。特别值得注意的是，如果目前的脱贫工作质量不高，一些贫困人口即使现在脱贫了，将来也有可能返贫。因此，衡量脱贫攻坚成效，关键要看能否做到不返贫；而要做到不返贫，就要实现脱贫攻坚成果可持续。

---

* 本文发表在《人民日报》(2018-08-27)，原文链接：http://theory.gmw.cn/2018-08/26/content_30782890.htm。

实际上，精准扶贫精准脱贫的难点就在于如何做到稳定脱贫不返贫。这是以习近平同志为核心的党中央在推动精准扶贫精准脱贫过程中反复强调的问题，也是扶贫攻坚成果能否经得起历史检验的关键。

一个地区脱贫不返贫，需要建立起可持续的脱贫机制。可持续的脱贫机制，主要是指在制度上形成保障贫困户脱贫后不会返贫的机制，在新的贫困出现或出现返贫现象时具有能够有效兜底的制度保障。例如，教育扶贫特别是在深度贫困地区发展学前教育、提高义务教育质量，不仅是防止新贫困产生的有效机制，还是防止返贫的重要制度保障。贫困地区可持续脱贫机制的建立，还表现在贫困地区经济发展和贫困人口有效就业以及基础设施建设等方面，它们都是可持续脱贫的重要基础和条件。这对于深度贫困地区可持续脱贫至关重要，因为那里基础设施和经济发展尤为落后。在当前脱贫摘帽的决胜阶段，建立起可持续的脱贫机制、确保可持续脱贫非常重要。

一个地区可持续脱贫，需要脱贫产业可持续发展。看一个地区是否实现了真正脱贫，不能只看发展了多少脱贫产业、农民收入短期增加多少，更要看脱贫产业能否实现可持续发展。比如，有的地区贫困人口收入提高较慢，主要原因是产业单一，贫困人口的收入来源主要是农业特别是种植业。这类地区贫困人口可持续脱贫的出路就在于，发展多种产业，实现收入多元化。又如，有的地区力求扶贫产业形成规模，结果却造成大规模的产业单一化，进而造成供给过剩、销售困难和价格下跌。而一些地区注重转变发展思路，在精准扶贫中重视发展有特色的一村一品产业，虽然产业规模较小，但有竞争优势、有市场需求，真正做到了可持续。要深入实施贫困地区特色产业提升工程，因地制宜加快发展对贫困户增收带动作用明显的种植养殖业、林草业、农产品加工业、特色手工业、休闲农业和乡村旅游，积极培育和推广有市场、有品牌、有效益的特色产品。与此同时，要对发展扶贫主导产业面临的技术和市场等风险进行评估，制定防范和处置风险的有效措施，防止因发展产业项目盲目跟风、一刀切而导致失败、造成损失。

一个地区可持续脱贫，还需要动员全社会力量参与脱贫攻坚。各地应积极探索政府主导、各种社会力量广泛参与的扶贫救助机制，探索符合贫困群众特点的综合性脱贫机制。要激励企业积极参与扶贫，落实国有企业精准扶贫责任，引导民营企业积极开展产业扶贫、就业扶贫、公益扶贫。支持各类社会组织参与扶贫，加快建立社会组织帮扶项目与贫困地区需求信息对接机制，确保贫困人口发展需求与社会帮扶有效对接。同时，积极组织动员各类志愿服务团队、社会各界爱心人士开展扶贫志愿服务。

2020 年如期脱贫

十八届五中全会对扶贫工作提出了三个具体目标：一是现行扶贫标准下的贫困人口脱贫，二是贫困县全部脱帽，三是解决区域整体性贫困问题。这应该是涉及农村贫困现状的几个核心问题。中央之所以提出这样的系统目标，主要原因在于以下几个方面。

首先，到 2020 年，按照现行收入扶贫标准，解决 7 000 多万贫困群体的脱贫，这个目标具体是指到 2020 年，7 000 多万贫困人口的年纯收入要高于现行扶贫标准的 2 300 元（2010 年不变价格）。

---

* 本文发表在新华网（2015/11/05），原文链接：http://sike.news.cn/statics/sike/posts/2015/11/219484404.html。

这个目标的实现应该没有太大问题。因为这部分群体中，不同人口的收入离 2 300 元的距离是不同的，大部分人口的距离并非很大。5 年时间收入超过贫困线是很现实的。问题是，这 7 017 万人口大都是处于多元贫困状态。他们的住房、医疗、教育、基础设施等方面均十分落后。如果按照多元贫困的标准来监测，不是说脱贫不可能，但是难度就比较大。所以，中央在建议中提出了贫困人口资产增值的扶持问题，贫困家庭高中免除学杂费和困难学生自主全覆盖等，基本医疗制度城乡全覆盖和全面实施城乡居民大病保险制度等。从某种意义上说，这部分贫困人口的真正脱贫，还取决于这些措施的落实和实施。而这些措施的落实和实施，则是一个比较大的系统工程，需要对国家的治理体系进行改革。

其次，贫困县的设置是特定条件下的产物，主要是基于改革开放初期，因地域自然条件不同而出现的地区间发展差异设定的，是一个有限度的扶贫瞄准单元。经历了二十多年的发展，贫困县的问题越来越多，在资源博弈、进入退出等方面出现了很大的制度性异化。随着包容性发展议程的实施，全国每个县均需要将本地区贫困人口的脱贫作为其发展工作的重要内容。通过 5 年的努力，将现有贫困县的制度设置从贫困机制中全面退出，将有利于国家和地方扶贫资源的公平分配，改善精准扶贫的瞄准程度。

最后，通过基础设施的投入、生态建设、环境补偿机制、绿色经济的创业创新等新的增长机制，特别是通过美丽乡村建设和农业现代化的推进，可以有效改善区域性的整体贫困状态。在我国贫困人口绝对数量很大的情况下，还不能过早地推进以工资转移为主要内容的扶贫战略，仍需要借助两个大的经济发展条件：一是国家宏观经济的发展；二是为贫困地区和贫困人口设定特殊的经济发展扶持条件。这意味着，如果能把农村基础设施建设、生态文明建设、美丽乡村建设等，与贫困地区的脱贫有机联系在一起，会加速区域性整体贫困的脱贫速度。目前这方面的工作在很多地方已经起步，但是如何克服部门利益、加强资源整合，仍然需要中央和地方加强协调机制的作用。

扶贫产业受损，乡干部应承担法律责任吗？

据《民主与法制时报》报道，因扶贫项目亏损被指扶贫不利，内蒙古多伦县西干沟乡原党委书记姚敏捷和乡长张利新，被法院以滥用职权罪分别判处有期徒刑三年，缓刑四年。检察机关指控，2016年被告人姚敏捷与被告人张利新在多伦县西干沟乡任职期间，未征得实施项目村建档立卡贫困户同意和未经县政府批准变更实施项目，使用2014年和2015年两年度共540万元扶贫资金擅自决定发展食葵种植和蔬菜大棚种植等产业项目，最后造成228.49万元亏损，后调整为221.73万元（其中由县审计局审计报告证明的经营亏损为157.41万元，后锡林浩特天泽正大会计师事务所《专项审计报告》将其调整为150.65万元），应以滥用职权罪追究刑事责任。我不是法律专家，也不是律师，不能就这个案件的法律问题做任何评论。从法律上讲，这一案件的核心是未经上级审批实施项目造成的损失，在法律上被认为是超越职务范围行使权力。抛开经济损失的问题，这个案件属于典型的产业扶贫出现问题的案例。

扶贫工作有两个主要的维度，一是社会道德底线维度，当一个人或一家人无法通过自己的任何努力来维系最基本的生活时，这个人或这个家庭需要得到扶贫的救助。有些救助是长期性的，如对五保户、残疾户等的扶持；也有些救助是短期性的，如有些农户受到短期性风险的影响,家庭收入不足以维持家庭的基本生活,所以需要给予补充性的扶贫支持,如农村低保。二是发展维度的扶贫。当一个人或一个家庭有劳动力也有文化,但由于缺乏资金、信息、技术等要素,陷在贫困之中,那么对于这样的贫困人口显然不能施以救助性的扶贫支持,而是需要为他们提供发展性的扶贫援助。产业扶贫在很大程度上是针对这样的群体。这类群体本身并无严重的生存性危机,从某种程度上说他们的脱贫问题更多是致富的问题。产业扶贫恰恰是帮助这类群体摆脱贫困、走向富裕的最佳扶贫支持形式。

照理说,如果贫困户有一定的能力,而且也愿意参与产业扶贫项目,那么应该由农户自己选择什么样的项目最有可能挣到钱。但是现实的情况是,很多农户对于什么样的开发项目可以挣到钱,什么样的开发项目有市场前景,都不了解。即便了解到市场信息,他们也没有具体的技术和技能。我在云南某地考察产业扶贫项目时,访问过一个"公司+农户"的芒果产业扶贫项目。我当时问农民,你们有土地资源,还有政府产业扶贫资金,为什么不自己组织起来开发,而要把资金交给公司,由公司组织你们开发呢?农民说,我们不知道芒果会挣钱,这些地过去都是种玉米,也没有水。种芒果要修滴灌,我们也不会修。而且种了芒果要卖给谁,我们也不知道。这是小农的普遍性问题,分散、组织化程度低,无法有效对接外部市场。因此必须依靠中间的媒介将农户的小生产与市场的需求连接在一起。在脱贫攻坚战中,很多情况下政府都充当了农户与公司的中间人。政府有脱贫的压力,这个压力层层传递,到了乡镇一级,压力是最大的。为了完成脱贫攻坚的任务,乡镇的领导承担了比任何其他层次领导都要重的责任。同时,所有的扶贫项目几乎都要通过乡镇一级来落实。中国的扶贫领导体制是,省负总责,县抓落实。要我说实际上是,省负总责,县负县责,乡抓落实。在一个乡的范围内,贫困农户想脱贫,但如果把扶贫资金放到农村让农民自己选择项目，估计风险是很大的。因此，通常的情况是，由乡镇或者县或者市或者省等不同层次，不同方面的机构，通过不同的机制和渠道对某一个地区的发展提出建议。如在脱贫攻坚战中，一般情况下对口帮扶单位都会派出人员驻在扶贫点上，有的是驻在县里，有的驻在乡里，也有的驻在村里。这些部门都会根据自己的专业和信息来源，提出很多建议，如建议种植澳洲坚果，建议种植芒果，等等。从实际情况看，究竟从事什么样的产业，其实在扶贫部门并没有严格的程序，也不可能有严格的程序。我经常讲，产业扶贫的信息在市场里，在社会里，指的就是这个意思。从这个意义上讲，乡干部或村干部，或者接受了帮扶单位的建议，或者自己通过市场和社会获得了具体的信息，但是，这些信息都不能说是经过严格筛选和论证的，一旦被采纳，就势必会出现风险。多伦县两位乡干部的产业扶贫项目，多半也都来自这样的途径。

在这种情况下，其实很难确保选择的项目一定符合当地的实际，也很难确保能够实现可持续的营收。这或许是多伦县两位乡干部当初面临的问题之一。与此同时，扶贫资金的管理也是影响产业扶贫成功的重要因素。从 20 世纪 80 年代开始，针对扶贫资金的管理一直实行项目制，项目制指项目在国家或省一级都基本确定了，一般情况是由县一级正式上报申请项目。县一级申请项目的时候，一般都是由乡镇一级具体提出项目规模，然后由县一级逐级向上申报，最终由省一级审批。通过项目制方式管理扶贫资金的主要原因是，通过严格的项目制监管避免扶贫资金的挪用。在过去很长一段时间，针对扶贫资金的管理一直沿循严格监管的逻辑。项目制管理带来的最大问题是，上一级所形成的项目，类型不会很多。因为从行政管理的角度讲，项目类型越多，行政管理成本越高。因此项目制比较倾向于简化和减少类别。一旦项目类别减少，就势必与不断放大的基层需求的多样性产生矛盾，也就是基层多样化的需求实际无法在项目制中得到满足。但同时基层又不愿意失去得到项目的机会，所以往往不顾自己的实际也要争取扶贫项目的支持。这样产生的问题是，很多项目由于不符合基层的实际需要最后都不了了之，造成很大的资金浪费。

脱贫攻坚战以来，为了解决资金管理和资金需求的矛盾，中央改革了扶贫资金的管理体制，将资金管理的权限下放到县一级，也就是说省一级只做大类别的管理，如产业扶贫类，而不做具体的项目规划，具体的项目则由县里制定。这一改革在很大程度上解决了资金管理和资金需求之间的矛盾。多伦县两位乡干部遇到的问题是2015—2016年的项目，很大可能是扶贫资金的管理权限刚刚放到县里，或者在当地还没有完全落实，两位乡干部有可能只是将项目按照上级要求列项，将资金争取到本乡，后来发现原来申请的项目并不符合实际，所以又改为发展食葵种植和蔬菜大棚种植等产业项目。即使扶贫资金的管理权限下放到县一级，如何有效使用扶贫资金的问题并没有彻底解决。最贴近乡村需求的是乡镇干部，在原有的行政项目管理的路径依赖下，扶贫资金放到县里管理，县里在很大程度上依然按照项目制的方式落实扶贫资金，也就是说，乡镇依然要向县里汇报已经决定了的项目。虽然这种方式已经远远比由省里事先决定项目的方式要好很多，但是管理和需求之间的矛盾并没有得到解决。在这种情况下，乡镇一级一直都承担着由于项目不符合实际而有可能造成资金使用不当或使用效率低下，甚至项目失败的风险。与此同时，由于项目制本身在管理上的制约，为了确保资金严格用于扶贫，无论实行省一级项目制还是县一级项目制，都需要严格的审批程序。在严格的审批程序中，为了避免资金挪用，对资金使用方向的变更都要求具有严格的可行性论证报告以及上一级行政主管机构的批准。由于产业扶贫项目本身的复杂性和变更项目可能带来的风险，一般情况下，上级主管机构很少愿意为下一级的项目变更申请承担责任，这就使得处在第一线的乡镇干部的工作十分为难。我分析多伦县两位乡干部在项目变更程序上采取了未批准就执行的做法，不幸的是，这一做法遇到了市场波动的影响，导致了项目产生了损失。但是如果没有市场的波动，这个项目成功了，那是不是也同样需要起诉这两位乡干部呢？我以为，多伦县两位乡干部的案例是产业扶贫工作中普遍性的问题。我们需要反思的是，通过自上而下的行政性产业推动，是否可持续？扶贫资金是否一直需要这样自上而下的管理？如何能在乡村一级建立起接受和管理外部资源的机制？这些问题的解决都比处理两位乡干部更为重要。

精准扶贫与政府治理

改革开放以来，中国由原来的中央和地方集中一体的格局逐渐转变成权力相对划分的分权化格局。地方政府凭借其获得的权力，动员各种资源，在中央政府的战略布局下驱动了中国三十多年的高速发展。尽管发展中存在的一些问题与地方政府有一定关系，但不能否认的是，中国的发展无法离开地方政府，这是中国快速发展转型的重要经验之一。

地方政府在改革开放的三十多年中扮演了重要角色，构成了学者称为"发展型国家"的重要组成部分。在中国特定的政治体制条件下，地方政府在对上对下两个维度上长期扮演"代理人"角色——

---

* 本文发表在光明网（2016-02-29），原文链接：http://theory.gmw.cn/2016-02/29/content_19093606.htm?utm_source=bshare&utm_campaign=bshare&utm_medium=weixin&bsh_bid=1003412062&from=timeline&isappinstalled=0。

既要完成上级任务，还要满足群众的需求。20世纪的很长一段时间，农村提留、计划生育等工作，使地方政府两头为难，干群关系处于紧张状态。优先发展经济因而成为地方政府突破"二元代理困境"的最佳方案。这是因为，经济增长优先以及大众普遍受益的结果，极大地优化了地方政府的政治行为，也使地方政府拥有了发展业绩的正面形象以及前所未有的权威及资源。在此阶段，地方政府的总体形象是正面的。

21世纪以来，农村税费改革、中央和地方政府的关系调整以及中央转移支付等政策，使约束地方政府行为的因素迅速减少。以经济增长为目标的地方政府随之赢得更大的权力和权威空间，其作用急剧膨胀。事实上，在过去十多年，虽然地方政府依托土地经济推动了中国的城市化，但其亲资本倾向也日益严重，权力与经济活动的交互影响，造成了经济权力化，滋生了大量的寻租空间。与此同时，民众的权利诉求开始公众化，而地方政府对权利诉求处理时有不当，断层开始出现，地方政治生态迅速恶化，发展型地方政府的形象也开始负面化。其实质是地方政府行为出现了可能脱离其维护社会公平基本职责的倾向。

在反腐战略的推进下，地方政治生态开始发生根本性转变。但是，在新的条件下培育地方政府新的政治生态，需要新的资源供给。在此之前，地方政府正向业绩的资源供给包括20世纪的发展农业、乡镇企业、招商引资，以及21世纪以来的城市化和创新发展。目前，在中央决定转变发展方式的过程中，地方政府需要新的资源重塑其形象。精准扶贫正好提供了这样的资源供给。

由于长期经济增长优先的经验路径依赖，如果仅仅按照一般性要求，地方政府很难转变其行为。因此，中央运用了超常规的制度性手段，要求扶贫工作按照目标实行五级书记挂帅，同时出台了十分苛刻的目标考核办法。目前，这种制度性压力开始层层传递，出现了明显的正向政治效益。

我在云南勐腊县做扶贫工作，对此深有体会。以我所在的贫困村为例，村民说，我们十几年来很少见到领导，现在是经常见；以前领导来了也只是看看就走了，现在他们来和我们一起工作解决问题。县委书记带头，县里的领导和各部门的领导几乎每天都往贫困村里跑。我提交的需要解决的问题，都是很快研究解决，农户反映的问题也是马上讨论解决。这并不意味着扶贫工作的问题就解决了，而是意味着地方政府的一个新生态正在形成。反腐工作开展以来，有很多舆论认为地方政府不作为了。实际上，地方政府的作为需要新的资源供给。中央强力推动精准扶贫工作，一方面是中国经济社会发展的客观需要，另一方面也为地方政府有新的作为提供了舞台。就像改革开放改变了中国政府的政治生态一样，作为政府政治任务的扶贫工作也正在改变着地方政府的行为。

首先，与以往地方政府熟悉的征地和招商引资等工作不同，扶贫工作是以人为本的综合性社会工程。虽说扶贫一直都是地方政府工作的重要内容之一，但是，将扶贫工作置于工作之首位，还是第一次。这样的实践必定会发育出地方政府从事以人为本工作的新制度性路径，进而为地方政府全面引领社会管理提供实践经验。这将会有力地促进地方政府由以经济增长为目标的发展型政府，向服务于经济社会全面发展的新型地方政府模式的转变。

其次，精准扶贫工作要求各级地方政府领导深入贫困农村展开工作。这一方面为地方领导提供了全面了解本地区经济社会发展差距的机会，另一方面，也在客观上拉近了地方政府领导干部与当地贫困群体的距离，增加了地方领导干部与贫困群体互动的机会。频繁的互动所形成的文化亲密感，以及许多贫困人口的生活状态所引发的情感共鸣，都会逐渐融会到行政制度的行为中。因为决策者的实践经历和个人感受都会直接影响政府的政治议程。这也会使"以人为本"的治国理念植根于地方政府的议程，有了比较强的社会基础。

最后，精准扶贫攻坚战要求地方政府具有更强的协调统筹能力。中央政府明确要求统筹各种资源进行扶贫攻坚，而如何统筹运用资源实际上就落在在县、镇两级政府的头上，这就需要他们有更大的智慧来克服条条框框的体制约束，创造性地落实中央的相关政策。这对于处于严格监管之下的地方政府来说，是很大的挑战。一方面，地方政府不能触及资源使用的红线，另一方面需要对资源进行创造性整合，这就势必会引发突破各种官僚限制的地方政府行为的创新。如同八九十年代改革开放中地方政府的创新一样，精准扶贫的工作难度恰恰也为地方政府创新、建设一个"以人为本"的政府提供了契机。各种规定约束之下的创新，比缺乏规定下的实践更具有制度上的合法性和可持续性。这意味着政府行为的创新将不会延续过去缺乏约束的路径，而会更加遵循制度的框架和规范。

精准扶贫工作一方面有高强度、大规模的动员和宣传，同时也有巨大的压力，这个压力也在层层传递，作为人格化的政府当然也会有各种各样的应对策略。其中不乏弄虚作假的个例，但是在强大的政府问责监督下落实精准扶贫战略，也会诱发落实机制的创新。精准扶贫工作本身的性质也要求政府与贫困群体之间进行频繁的、实质性的互动，这一过程也恰恰正在改变政府的行政文化氛围。就像一位基层领导说的那样，"现在我们是每个领导、每个部门都在说扶贫、都在抓扶贫"，而这样一种为贫困群体直接服务的文化氛围势必会改变过去那种政府只为商人服务的形象。政府远离一点资本，亲近一点贫困群体，改变的将是地方政府的政治生态。

第五章
脱贫为何攻坚?

前面我简单讲了绝对贫困和相对贫困问题。假设一个社会所有家庭在吃、穿、住等基本生存条件方面都没有太大差距，即便这样的社会的物质供给水平很低，但就社会整体而言可能并不存在所谓的贫困。一个贫困社会只有在与另外一个物质供给水平比较高的社会相比时，才会被认为是贫困的，我们经常说的全球贫困其实就是这个概念。20世纪末的《联合国千年发展目标》，21世纪的《联合国可持续发展目标》，其中包含的贫困指标，就是一个通过跨国比较设定的全球减贫目标。前面也谈到了为什么扶贫工作不容易，就一个国家而言，尤其是像中国这样的以国家主义为特色的国家，扶贫总体上来讲是国家的职责，这意味着扶贫工作能不能有效开展取决于国家扶贫战略和政策是如何制定的。贫困的发生和消长是伴随着经济社会变化的产物，因此消除和缓解贫困的战略和政策，需要把握贫困发生和消长的基本规律。

如何扶贫首先应该了解贫困如何发生和如何变化，哪些因素影响着贫困的发生和变化。我在一些地方讲扶贫应该是社会经济发展战略和政策的组成部分，不仅仅局限于解决少数贫困群体的狭隘扶贫政策，一旦不从国家系统的经济社会战略中考虑扶贫，就很容易出现一边扶贫一边产生穷人的现象。

为何扶贫成了战役？

记得 2012 年时，扶贫变成了精准扶贫。言下之意，过去的扶贫不算精准。这种说法虽不能说全对，但也确实基本符合实际。说过去的扶贫不算精准，不是否定以往的扶贫工作。20 世纪 80 年代初，几位老干部考察了西北一些地区，对这些地区的贫困感到十分震惊。其实那个时候即便是发达地区，也是普遍落后、贫困。但是，西北地区的贫困是极端的，几乎是饥饿性贫困，所以就开始了中国农村的扶贫工作。那个时候的扶贫工作，主要是帮助这些地区进行农业基础设施和农田的基本建设，从而改善农业生产的条件，提高农业发展的水平。在今天看来，这样的扶贫只能算是区域性发展。这样的战略一直持续到 20 世纪末。1994 年，中国实施了"八七扶贫攻坚计划"，目标是到 20 世纪末解决贫困地区贫困人口的温饱问题。这个目标虽然涉及贫困群体，但是在扶贫的具体做法上主要还是创造区域性经济发展的基本条件，从能力建设的角度提高贫困人口的脱贫能力，并没有直接涉及如何帮助每个贫困个体。

针对 20 世纪末之前的农村扶贫工作，很多学者做了很多研究。一个普遍的观点是，区域开发式扶贫战略虽然能为贫困群体的发展创造比较好的条件，很多穷人也都会利用这个条件增加收入。但是，这样的扶贫战略无法瞄准具体的贫困群体。因此，扶贫开发往往有利于相对富裕的群体，那个时候就提出了中国的农村扶贫存在瞄准穷人的问题。21 世纪初，中国政府开始关注扶贫不扶穷问题的严重性，希望能够从战略和政策的角度解决这个问题。所以在制定21世纪初第一个10年农村扶贫开发纲要时,就希望制定出可行的穷人瞄准机制。当时,我提出的主要建议是,如果把扶贫工作的基本单元确定在贫困村这个层次,这样的扶贫措施就会更加聚焦贫困人口和贫困人口的基本需求,因为一旦确定了贫困村,那就意味着贫困村里的贫困群体数量比较集中。当时我希望通过这样的途径来建立更加准确的穷人瞄准机制。这个建议得到了采纳,全国形成了14.8万个贫困村,并按照这个数量展开了整村推进的扶贫行动。

几年后,汪三贵教授带领他的团队对整村推进的工作做了评估。他发现,整村推进计划的确使得扶贫资金更多流向了村里,而且整村推进的村民平均收入高于非整村推进村民的平均收入,显示了扶贫资金到达贫困村这样的机制的确改善了扶贫资金的瞄准机制。但同时,汪三贵教授也发现在贫困村,富裕的农户比贫困的农户受益更多。言下之意是,通过贫困村的瞄准机制并不必然改善对穷人的瞄准,这是后来对整村推进项目的普遍看法。我本人实际上并不赞同这样的看法,主要原因是,首先,贫困村的村民总体上都是贫困的,只要获得项目的贫困村的收入在得到项目支持后明显高于没有获得项目的贫困村收入,那就应该认为是改善了瞄准机制。其次,一个贫困村多多少少会有贫富分化,在贫困村里再划分贫困和富裕本身并没有太大的意义。最后,如果在贫困村里划分贫困与富裕的话,那么最贫困的那部分人大多都属于老弱病残、没有劳动能力,所以并不是扶贫开发帮助的对象。当然这并不意味着贫困村的政策能够更准确地瞄准穷人,整村推进计划仅仅是间接瞄准穷人的计划。因此从严格意义上讲,在2012年之前,除了农村低保外,我们并没有很好的直接瞄准穷人的机制。

从2012年开始,中国农村扶贫进入21世纪初的第二个10年。和之前相比,这个阶段无论从经济社会的发展,还是贫困人口的特点方面,都已经发生了很大的变化。如果按照过去的贫困线来衡量，这个时候收入性贫困已经消除了。但是由于当时的贫困线太低，因此 2012 年又重新制定了新的农村绝对贫困线。这样贫困人口数量增加到了 1.4 亿人。即便是这样的数量，按比例已经不算很高了。中国政府计划到 2020 年全面建成小康社会，从这个角度说，到 2020 年就不应该再有如此数量的农村绝对贫困人口。所以，消除农村绝对贫困也就变成了扶贫工作的重要目标，而这个阶段消除农村绝对贫困就需要做到一个不落。要想做到一个都不落下，就必须实施瞄准到人的精准扶贫，这就是提出精准扶贫来的主要原因。

在推进精准扶贫的过程中，发现不仅仅需要知道谁是穷人，而且需要知道穷人为什么贫困，也就是说需要精准了解致贫的原因。随着对贫困人口致贫原因的分析，以及不断地研究各种类型的扶贫政策，扶贫研究者和决策者开始认识到 2012 年以后的农村扶贫工作面对着一个完全不同的贫困格局。首先，现有的贫困群体大部分都是在经济社会发展过程中不断沉淀到最下层的群体，这些群体所处贫困深度深，存在顽固性。用我的话讲，是陷入了贫困陷阱之中，脱贫难度很大。这和 20 世纪 80 年代普遍性的贫困完全不一样，那个时候仅通过联产承包责任制这一项政策就能让成千上万的贫困人口脱贫，而现在通过提高农业生产很难让剩余的贫困群体走出贫困。其次，现在的经济结构和 20 世纪 90 年代完全不同，很多原本有利于穷人的经济活动现在变得越来越少。社会对就业者的要求越来越高，很多贫困群体即使是年轻力壮的青年都很难参与到主流的经济活动中。前几日，我到中国最大的团餐集团去参观，集团的创始人给我介绍了他们独角兽创业的车间。那个车间里全坐着年轻人，都在用电脑进行独角兽创业。这些年轻人至少都是大学毕业，我们不能想象一个餐饮集团现在要雇用的年轻人都得是大学毕业，这就是中国经济结构改变的具体案例。最后，在过去 20 年中，社会不平等程度不断上升，穷人和富人的差距不断拉大。在这种情况下，帮助穷人脱贫的难度很大。

在这样的条件下,很难通过一般性的扶贫措施来帮助剩余的贫困人口脱贫。2012年刚开始时,很多地方的扶贫还是延续过去的帮扶型措施,给贫困户送几只鸡,送一两头小猪,这些措施很快被发现发挥不了太大的作用。要想让剩余的贫困群体彻底脱贫,必须要从制度上彻底打破影响贫困人口改善福利的结构性因素。这样做的难度是很大的,比如各个部门都有各种类型的开发性项目,如林业部门有退耕还林项目,农业部门有坡改梯项目,民政部门有低保计划,等等。但是不同部门的项目有客观性扶贫效应,并不必然针对贫困村和贫困户。只有扶贫办负责的项目是针对贫困村和贫困户的,官僚体制的碎片化和官僚利益的部门化,限制了有限的资源向贫困地区和贫困人口集中使用的可能性。在这种情况下,如果不采用超常规的政治性动员,很难克服官僚体制的部门利益。到2020年消除农村绝对贫困需要的资金量很大,单依靠政府的投入是不够的,还需要动员社会各个方面的资源。但常规性的机制很难动员大规模社会资源,因此也需要有超常规的动员机制。所有这些工作的实施难度都很大,贫困村里没有人才,更缺乏人力资源帮助他们落实好项目,因此需要有人住到村子里,和贫困人口一起制定和落实规划。这样的扶贫工作和之前在经济发展过程中逐渐帮助贫困群体摆脱贫困的扶贫工作完全不同。这在总体上需要超常规的扶贫方式。所以从2013年开始,中国领导层开始从政治的高度上统筹精准扶贫工作,从领导体制、资金筹措、社会动员以及将扶贫工作纳入干部考核等一系列方面进行超常规的部署。基于这些部署,形成了动员式、运动式的扶贫行动。这样的扶贫行动在具体的实施方面,展示出了某种"战役"的特点。所以,扶贫开发也就成了脱贫攻坚的战役。

产业能扶贫吗？

"产业能扶贫吗？"听起来很奇怪，估计要是说产业扶贫很难，可能很少有人同意。只要打开网络涉及扶贫的议题，各种各样的产业扶贫成功案例会不断涌到眼前。发展产业当然是能够产生扶贫效果的，很多地方的脱贫都是靠产业。拼多多的副总裁井然先生建议我去广西看一看那里电商带动的产业发展模式。20世纪90年代末期，我向云南省的领导建议尽快推动云南的花卉产业。我记得时任云南省副省长刘京同志请我在昆明给全省的领导干部讲过一次花卉产业的课，当时我主要讲的是荷兰的花卉产业。现在，我们在昆明建了一个都市驱动型乡村振兴实验区，昆明的很多乡村都发展花卉，花卉产业在过去二十多年里成为昆明农村脱贫致富的重要产业。在过去几十年中，各种产业的发展成为农村脱贫致富的最重要动力。

为了实现到2020年消除农村绝对贫困的目标，在过去几年中，产业扶贫成了实现这一目标最重要的政策之一。在这样的政策支持下，发展起来了很多扶贫项目。这些扶贫项目就如同过去很长一段时间不断发展起来的产业项目一样，都正在成为贫困地区脱贫致富的重要基础。同时我们也会发现，网上经常出现柑橘滞销、大蒜滞销、苹果滞销等。这些滞销的农产品大多都是这几年大力发展起来的产业，其中很多都是产业扶贫项目。最近，消费扶贫又成为脱贫攻坚战中的重要扶贫方式。消费扶贫就是通过政府直接的计划安排，来对接产业扶贫项目。许多地方政府领导，纷纷走向电商网络直播间直播销售当地的农产品。我们一方面惊叹于通过电商有效对接巨大市场需求的作用，特别是对一天就能销售上万元农产品的电商扶贫更是叹为观止，另一方面，我们不禁发问："这样的对接需求可持续吗？现在的产业扶贫真的能做到可持续扶贫吗？"

  与20世纪八九十年代，甚至与21世纪初相比，我们的经济结构和农业结构都发生了很大变化。从总体上讲，农产品的供给极大丰富，而且农产品供给本身又是在不断增加进口的条件下产生的。因此，各类农产品总体上是供大于求。在这样的格局下，盲目地发展产业并不一定能够真正产生扶贫效果。所以，我们说产业项目并不必然能够扶贫。几年前，我在某地一个乡里调研扶贫项目，乡里的书记说，他们这里养黄牛潜力大，上了黄牛产业项目。我当时觉得，黄牛养殖成本很高，而且其他地方都在搞，因此我对这个项目提出了疑义。几年以后再去看，发现农民把牛都卖了，牛棚都是空的。我在云南扶贫的村子几年前扶贫资金支持的养猪项目，很多小猪仔第一年就死了。网上呼吁的"快来消化猕猴桃、苹果"等现象，实际上背后恰恰是产业扶贫的尴尬。

  产业扶贫最终能否真正帮助穷人增加收入，取决于很多条件。首先，如果产业扶贫项目开发的产业有市场需求，那么这个产业一定是有发展前景的。尤其是新的农产品在市场上还没有开始销售，最早开发这一产业的地区和农户是可以受益的，这就好比20世纪90年代纷纷开始种植的富士苹果、猕猴桃等。80年代中国人吃国光苹果，我记得那时候我的同学在首都机场的海关做检疫工作，周末经常会偷偷拿一些被没收的富士苹果来和我们一起品尝。那时候觉得这苹果又大又甜真好吃，现在富士苹果到处都是，反倒觉得当初小的国光苹果很珍贵。经过20年的发展，苹果产业总体上是过剩的。如果现在再去发展富士苹果产业，估计市场竞争就会很大。其次，这个产业还需要具有可持续性。农业产业的投资相对较大，产生效益的周期较长，如果产业的可持续性差，即使开始产生收入,但收入不稳定,那么产业扶贫的效果也会很差。2015年我在云南南部的很多地方看到利用产业扶贫项目的支持,进行大规模坡改梯,种植澳洲坚果。澳洲坚果的挂果期是4~5年,这两年开始产生收益了。我问了一些种植农户,他们反映有收益了,但同时我也注意到,该地区种植澳洲坚果的面积非常大,这样大面积的种植会不会也步入卖不出去的猕猴桃和大枣的尴尬境地?我在与地方同志交流产业扶贫的时候,都会讲产业要有特色,不一定搞这么大规模,最好是发展不太容易被大规模复制的产业。因为一旦搞的产业有了特色,有了品牌,但是其他地方都很容易生产,这样的话地区创出的产业品牌很快就会被其他地区冒牌,数量多了,品牌乱了,最后这个产业就垮了。再次,产业扶贫的含义是,通过市场的开发来帮助贫困群体提高收入。但在很多情况下,产业扶贫基本都是在政府的推动下开展的。政府的支持越过了资金,越过了技术培训的范围,在大多数贫困地区的产业开发,甚至是几个领导听到了一些信息,看到其他地方的成功经验,就在本地盲目推广。我们在电视和网络上看到的产业扶贫案例都是成功的,到贫困地区实际了解一下,不能说产业扶贫都失败了,但是产业扶贫出现问题的案例很多,主要原因是很多产业扶贫的项目脱离了市场机制。

我在很多地方讲的一个观点,扶贫不是致富。今天我们讲的扶贫和20世纪80年代讲的扶贫的含义是不一样的。那个阶段的扶贫,主要还是区域性经济发展问题。讲到20世纪80年代的贫困,一般都会联想到"三西地区"。我出生在这个地区,虽然生活在一个县城里,但是我在11岁搬到另外一个省生活之前从来没洗过澡。我暑假到乡村的亲戚家去度假,的的确确看到了全家人只穿一条裤子的现象。但是,这并不是说这一家人就一条裤子,但肯定是一年就那么一件衣服。这种现象在当时非常普遍,即便在城里,也没有比乡村富裕多少。这样普遍性贫困不是我们现在说的贫困,而是欠发展的问题。除非发展起来,否则没办法去扶持这样数量庞大的穷人。

我母亲退休了，很多在陕北的亲戚会打电话问候她，也会专门到北京来看望她。我特别喜欢了解我出生的那个县城的变化，我问亲戚我去过的那个山村，那个时候大家都住在沟里的窑洞里，现在怎么样了。亲戚说，沟里早没人住了，村子里早就没人了。村里的人大多都住在县城里。从这方面看，他们都脱贫了。这不是我们专门帮助他们脱贫的，而是经济社会转型带来的。所以我讲到了中国减贫的几个重要动力，其中最重要的一个动力就是工业化和城镇化。从经典的经济学角度讲，工业和城市是高收入的部门和空间。一旦人口进入这个空间，福利状态就会发生变化。当然这并不意味着进入城市以后就会必然脱贫，很多发展中国家的农民进入城市后反而进入了贫民窟。我们现在说的扶贫，则主要是在富裕的对比下出现的贫困问题，这和20世纪80年代的普遍性贫困不一样。今天我们说的贫困很大程度是不平等的问题。靠经济发展和社会经济转型不可能解决这样基于不平等的贫困问题，所以我们要扶贫。这个意义上的扶贫本质上不是帮助穷人致富，当然我们不排除扶贫会让很多人致富。扶贫是维护社会正义的基本行动，而不是促进社会成员致富的社会行动。从这个意义上讲，我不是特别赞同和支持将大量的资金用于产业扶贫。我觉得产业扶贫最好叫产业开发，让这样的产业开发通过市场竞争的机制，尤其是通过竞争性的获得机制来支持有能力的群体致富。在这种情况下，获得支持的群体需要致富成本，同时需要承担市场风险，不能用政府的公共服务和公共资源来支持个别群体致富，因为这会加大贫富差距，产生悬崖效应。

  当经济发展水平很低、贫困人口数量很多时，我们不可能确定谁是穷人，因为大家都是穷人。这个穷人中间有的是有文化的，有的是有劳动力的，有的则是没有文化、没有劳动力的，这个时候，我们如果能够提供产业扶贫政策，那肯定是有能力、有文化的会优先受益，这也是扶贫。这就是我们讲的在发展中扶贫的含义。我在非洲工作的时候就体会到了这个问题。非洲国家如果能有这样的产业扶贫项目，那非洲农民的收入会有很大提升。但是当穷人数量变得很少的时候，尤其是贫困人口多数都是老弱病残、家庭没有劳动、没有文化的群体时，希望用产业开发来帮助他们摆脱贫困，不是说不行，比如，我们现在创新出了扶贫车间，鼓励残疾人就业，这些产业扶贫措施当然可以帮助贫困群体脱贫。但总体上讲，现在大多数的贫困群体都很难通过产业开发摆脱贫困。

脱贫与城镇化

2020年6月，我短暂地走访了昆明市官渡区的季官社区，这个社区原是官渡镇的三个自然村，过去是典型的农村。2019年，人均年收入不足2 000元，村里仅有7间砖瓦房，道路狭窄，卫生条件恶劣。我在参观季官社区时，完全不能想象，10年前这个村庄的景象。季官社区已经是一个高楼林立的城市社区，季官社区的每一户村民都有一套100平方米的现代化楼房，同时还有两套75平方米的小户型回迁安置房。农民都在社区提供的岗位就业，岗位包括保洁员、绿化员、安保员、社区管理员，农户两套安置房全部用于出租，仅房租收入每户每年基本上就在10万元以上。季官社区的村民家家都有汽车，户户都住楼房，与此同时，季官社区的集体用地全部建设成为写字楼和住宅用于出租，每年每人还有4万~5万元的分红。前一阵，大家针对山东的"合村并居"提了很多意见，大多持反对意见。季官社区就是合村并居的典型，站在季官社区花园式的小区内，我不相信农民都住在这里，所以就随机走访了住户。进入楼道，整洁干净，让我想到了在东京参观当地居住小楼的场景。除了装修显得有点"土"以外，其余与城市居民毫无差别。这又让我想到了20世纪90年代初期我居住的上地东里社区，那是北京海淀区最早的商业小区，由于要建设小区，原海淀区上地村就合村并居了。夏天，我住的小区里到处都可以看到"膀爷"扇着扇子坐着聊天，当时我让我的一个学生做了研究，大致与现在反对合村并居的观点一样。上地东里现在1平方米的价格大概是8万元，我估计合村并居以后的上地村不会再有贫困。我讲这个例子一定会招致很多人的反对，中国的乡村当然不可能都通过合村并居来改变命运，不分青红皂白盲目展开合村并居当然会有很大风险。但是现在民粹成了政治正确，一旦涉及合村并居，就很容易被贴上错误的标签。实话说，我站在季官社区看到这样的场景，告诉同事，拿着这样的案例可以理直气壮地支持合村并居。我在这里并不想拿一两个案例来反驳那些反对合村并居的观点。一些反对合村并居的观点，我也是赞同的。这里涉及一个很重要的问题是，如何能解决贫困问题。

我在很多地方都讲，贫困是相对的，贫困的定义和标准都是按照现代福利的内涵设定的。如果我们按照现代意义的贫困标准，那么就意味着乡村需要被彻底改造。我也在很多地方讲，其实很多贫困乡村并不认为自己贫困，所以这是一个发展的伦理问题。我是一个发展主义者，倾向于变化，难被保持原状的说法说服。2020年暴发的新冠疫情主要影响了城市，也主要集中在城市暴发，对乡村的影响不太大。很多人提出了疫情止于乡村的观点，我曾写了短文讲了这个问题。最近，我在河边村和学生一起调研疫情对河边村的影响。我还真发现了疫情止于乡村的证据，的的确确在城市的工作受到了干扰、收入受到了影响，但是村民说我们现在有房子，住得很好，我们种一点玉米、稻子，生活不受影响，这大概是很多人说乡村是安全阀和风险缓冲池的原因，我对此是同意的。

我在非洲讲农业是减贫的主要动力，著名经济学家、牛津大学教授保罗·科利尔（Paul Collier）表示反对，他认为依靠乡村的方式去扶贫是不可能的，消除贫困主要依靠工业化。他跟我讲，所有减贫做得好的国家都是城市化发达的国家，非洲之所以陷入贫困陷阱主要是城市化率太低。其实我同意他的观点，我主要是从提高农业生产率的角度看的，并非强调必须依靠农业和农村来扶贫。季官社区的居民按照现代福利标准来衡量，肯定摆脱贫困了。社区主任告诉我，过去他们真的是很贫困，就是靠种水稻和出去打工赚钱，现在完全不同了。城市化彻底改变了这个村庄的面貌，当然我们不可能把中国的贫困社区都变成城市社区，但是，如果大多数乡村还是传统农村社区的话，按照现代福利的标准来脱贫也一定是很难的。从这个意义上讲，我同意我们需要转变发展方式，而转变发展方式首先需要转变发展的价值。

低保能消除贫困吗？

政府依据贫困线得出低保户和贫困户的数量比例，再按照这个比例将低保户与贫困户的比例下放至村庄。而在广大的贫困地区，特别是在贫困发生率很高的贫困村，村民的生活状况相差不是很大。无论是低保还是贫困户都附带着政府的无偿资源转移，这就势必造成权力性的挤入，出现村干部和相对富裕群体挤入低保户和贫困户的现象。即使在那些不存在挤入现象的村庄，由于实际生活状况相差并不大的现实困惑，迫使很多地方将低保转变成了按年农户

---

* 本文发表在南都观察（2016-10-17），原文链接：https://www.aapchina.org.cn/node/84（南都观察原文已删除）。

轮流受益的平均分配格局，这一现象在贫困村庄非常普遍。低保资源在乡村复杂的社会政治条件下出现了异化，低保在某种程度上变成了"唐僧肉"，使低保失去了兜底扶贫的作用。

对贫困群体的识别需要相对严格的收入记账体系或者定期的专业性收入统计，而且村民还得普遍认可这样的记账和统计的真实性和正当性，否则任何形式的农户识别和退出都存在很大的争议。即便是通过村民公开讨论决定谁该进入谁该退出，乡村对低保户和贫困户识别仍然存在很大的模糊性。

在乡村，识别那些有特殊需求的特困户相对容易。但一般来说，国家给定的低保户和贫困户数量会多于急需救助的特困户数量，但又少于乡村中实际需要低保和扶贫帮扶的农户数量，客观上必然会出现部分贫困群体被排除在外的现象。虽然很多地方都采用村民公开评议低保户和贫困户的做法，但是由于僧多粥少，公开的民主测评结果也只是形式上的共识，并非实质上的认同。这就是为什么部分村民依然会对经过民主测评得出的低保户和贫困户名单有异议。

现实中，一些农民的确非常贫困，也非常需要低保的兜底，但是经过民主测评之后没有被纳入低保范围。然而未被纳入低保范围的村民往往也和被纳入者一样贫困。那些没被纳入者往往会因此产生愤怒和失落，发出"他们凭啥是低保，而我不是"的呼声，有的甚至可能做出极端的行为。一项旨在帮助贫困群体的行动，在执行中陷入了异化的困境，这显示了当前农村社会保障政策与农村现实的某种不适应性。

近年来的民粹主义思潮在唤起社会和政府关注弱势群体的同时，也使得政府通过不断增加其保护弱势群体的数量来平息民粹的呼声。但是，在财政资源有限的情况下，扶持数量增加的速度高于单位个人强度增加的速度。在物价持续上涨的背景下，有效的兜底效益下降，一些地方的低保甚至变成了平均福利。从某种意义上说，以扩大农村低保覆盖率为指标的农村低保政策需要向兜底质量转变,农村低保覆盖率不宜继续增加,而应该注重培育合理的识别和退出机制,提高兜底效果。

农村扶贫工作是一项复杂的社会专业性工作,政府缺乏足够的组织和专业资源有效地实施这一复杂的社会工程,一旦出现像甘肃杨改兰这样的事件,社会舆论立即剑指政府执行不力,造成社会和政府的非良性互动。农村的各项扶贫政策最终都落到乡镇一级,乡镇没有人力资源落实好这些政策,就容易造成落实不到位和落实偏差。因此,政府可以向社会力量购买扶贫服务,全国目前有几十万家民间组织,由这些社会组织实施扶贫,一则可以迅速弥补政府组织资源的不足,二则可以减轻政府的政治社会责任,极大地缓解政府和社会的潜在冲突风险。

政策性脱贫可持续吗?

我曾用过"政策性脱贫"这个说法,严格意义上讲并不十分严密。首先,在经济社会转型过程中,缓解和减少贫困尤其是消除绝对贫困不会自发产生,需要减贫政策的支持。这种情况下的减贫很显然是政策性减贫,因此,我们讲"政策性脱贫"本身无可非议。我们需要讨论的是,当把缓解和减少贫困以至于消除绝对贫困作为一个政治目标时,在这样的目标约束下形成的强力的政策性脱贫,究竟有哪些特点?这样的"政策性脱贫"是否可持续?

在20世纪80年代初改革开放刚开始时,中国政府就注意到中国部分地区严重的贫困状况。我出生在陕西北部的一个贫困县城,虽然我没有在乡村生活过,但多次去过乡村,对我们后来描述的一家人只有一条裤子的贫困状况，记忆犹新。为了改变这种贫困落后的状况，中国政府从那时候就开始了通过扶贫政策来缓解和减少贫困的工作。这一工作到20世纪90年代中期就开始出现了战役型扶贫政策，那个时候叫"八七扶贫攻坚计划"。到21世纪初，八七扶贫攻坚正式结束。八七扶贫攻坚的目标是，到20世纪末解决贫困人口的温饱问题，也就是说通过政策性扶贫消除中国农村广泛存在的贫困人口的温饱问题。但在21世纪初颁布的新世纪第一个10年农村扶贫开发纲要中，则出现了继续解决农村温饱问题的条款。这意味着虽然到20世纪末，中国农村的饥饿性贫困有了很大缓解，但是，完全消除温饱问题的目标并没有完全实现。这就意味着"政策性脱贫"存在着某种程度的不稳定性和可持续性问题。

最近几年，脱贫攻坚战把对中国农村贫困问题的关注提高到了前所未有的程度，而且将到2020年实现消除农村绝对贫困的目标确定为几乎是最高的政治性任务，完成这样一个目标就像悬在各级政府官员头上的一把利剑，责任和问责压力前所未有。这给"政策性脱贫"的概念赋予了全新的内涵。在中国脱贫攻坚战中形成的"政策性脱贫"主要包含以下几方面的内容：一是到2020年彻底消除农村绝对贫困是从中央总书记到村支部书记五级书记的头等要务，实行了第一书记挂帅的扶贫工作领导体制。二是集中各种人力、物力和资金资源，动员全社会力量，集中投入到最为贫困的地区和贫困群体。在这种扶贫攻坚格局下，贫困地区和贫困群体获得了前所未有的外部支持。三是为实现到2020年全面消除农村绝对贫困的目标设立了严格的考核评价体系，并且将考核评价的结果与干部的业绩考核挂钩。在这种脱贫攻坚的强力推动下，贫困群体从产业扶贫、教育扶贫、健康扶贫、社会保障扶贫等方面获得了从兜底式保障到开发式增收等一系列支持。在过去几年中，中国农村的绝对贫困人口急剧下降，按照2012年农村绝对贫困标准计算，当年中国农村绝对贫困人口为1.4亿，到2019年底只剩下551万。我将这部分脱贫人口称为政策性脱贫人口。

那么，这一批政策性脱贫人口和20世纪政策性脱贫人口究竟有什么区别呢？首先，我们需要了解的是，虽然我们从20世纪80年代初期就开始了农村扶贫工作，但是那个阶段的农村扶贫工作的覆盖面很小，也没有任何类似脱贫攻坚战中准确瞄准贫困群体的扶贫政策。当时的扶贫只是针对特别贫困地区的农业生产条件的改善等，所以改革开放初期以后脱贫的贫困人口从严格意义上讲，并非政策性脱贫群体，而是在改革开放的大战略下，利用已有的政策更多通过自身努力摆脱贫困的"内生性脱贫"群体。其次，这里说的内生性，主要是指推动脱贫的机制，因为即便是今天讲很多脱贫群体是"政策性脱贫"群体，那也要有内生性动力。所以，这个阶段的"政策性脱贫"群体并非是说他们没有内生性动力，而是说脱贫的机制更多来源于外部的推动。再次，由于不同阶段造成贫困的原因不同，因此形成了不同的脱贫机制。改革开放以后很长一段时间，贫困面很大，整个国家都处于经济相对落后的局面。这个时候的贫困更多是经济欠发达状态，因此当有利于经济发展的战略和政策实施后，有能力但却处于贫困状态的农民开始优先受益于经济发展政策，如浙江、江苏等地的农民纷纷外出做生意，逐渐摆脱贫困并致富。所以，这些摆脱贫困的群体一方面也算是大战略下的"政策性脱贫"群体，但更明显的是"自主性脱贫"群体。到21世纪，剩余的农村贫困群体越来越难以像当初那些农民通过外出打工、创业摆脱贫困而致富。从理论上讲，当经济发展到一定水平，并同时出现比较高的收入不平等时，单靠个人的努力很难摆脱贫困，这就是所谓的贫困陷阱理论。在这种情况下，就必须依靠强有力的外部政策干预帮助贫困人口摆脱贫困。

在这样的条件下，"政策性脱贫"就会自然而然地出现稳定性和可持续性问题。首先，在强有力的政策干预推动下，很多贫困群体走出贫困存在着很大的"人为性"，如通过帮扶对口支援，订购贫困农户的农产品，一旦这种对口支援消费模式撤出，贫困户的收入就会受到影响。脱贫攻坚战中除了基础设施、易地搬迁、危房改造、教育和健康扶贫等政策措施的稳定性相对较高外，其他很多扶贫政策特别是产业性扶贫政策的稳定性均存在很多问题。其次，"政策性脱贫"本身由于稳定性原因对风险更加敏感，新冠疫情的流行对于贫困地区农户的影响就是典型的案例。

对于陷入贫困陷阱的人而言，摆脱贫困的主要路径在于政策性支持。这一点可以从欧洲和美国有关应对贫困方面的政策中得到很多启发。欧洲的不平等程度和贫困发生率远远低于美国，其主要原因在于欧洲普遍存在针对贫困的政策干预，而美国对贫困的支持和干预则非常薄弱。政策性支持产生的"政策性脱贫"的稳定性问题，需要从可持续性的角度加以解决，而可持续性地解决"政策性脱贫"的稳定性问题的主要途径是发育体制性长效机制，短期的、战役型的扶贫政策往往产生短期性效应，但可持续性都比较差。因此，在脱贫攻坚战结束后，需要把更多的精力放在研究和制定能够防止产生贫困的长效机制的建设上，否则，通过运动型和战役型政策扶贫消耗大量的资源，还会因各种各样的原因产生返贫。

扶贫需要"扶"加"防"

三十多年前，虽然我国的整体福利水平与今天无法相比，西方

---

* 本文发表在《国家治理周刊》（2015-10-16），原文链接：http://www.rmlt.com.cn/2015/1016/405324.shtml。

世界也将中国列为贫困国家，但贫困并不是当时的大众话语。当然，这除了与当时的社会分化程度很小、人们的相对贫困感不强有关之外，与当时我们信息相对闭塞，不了解外部世界的发达程度也不无关系。

而当一个国家内制约经济发展的制度性因素被逐渐消除之后，借助于相对公平的政治、经济、社会条件和已有的基础设施及教育水平，在助推经济迅速起飞的同时，使增长的效应平等地惠及包括农村贫困人口在内的整个社会大众，不断减少贫困人口数量，就成为经济发展过程中要解决的重要问题之一。

在经济高速增长和城市化快速推进的同时，地区差异和个人条件、发展机会等的差别逐渐造成了收入分配的不平等，在进入新世纪以后，这一问题愈加严重，农村贫困格局在新的历史时期有了新变化：一是在城乡二元结构的限制下，快速的城市化和工业化进程催生大量的贫困人口，从贫困特性上，可将这种贫困称为转型性贫困、短期性贫困或过渡性贫困。这个群体中的一部分人会在经济发展中获得机会从而走出贫困，一部分人会随着城乡一体化社会保障制度的改善而保持在贫困线以上，还有一部分人则会落入贫困陷阱，这部分人即构成了所谓的贫困的增量；二是原来一直没有摆脱贫困的，且处于贫困代际传递状态，在工业化和城市化过程中逐渐深陷贫困陷阱的人口，就处于我们说的绝对贫困，这个群体因陷入长期性的贫困而构成贫困的存量。

由于经济增长的主要领域越来越远离贫困人口所能从事的产业，经济增长的直接减贫效应越来越小。长期以来一直具有很强减贫效应的农业，在国民经济中所占的比重不断下降，因此，除拥有相当大的资源规模之外，依靠传统意义上的（小规模的）基于农业开发的扶贫措施，很难解决尚存的农村贫困问题。近几年贫困问题之所以引起高度关注，主要就在于贫困存量减少的速度在下降，也就是在现有的经济社会条件下，贫困人口似乎很难走出贫困。事实上，大部分贫困人口已经落入结构性贫困陷阱，这是新时期扶贫工作面临的新挑战。

面对前述的贫困格局，在目标上，一方面要防止处于转型状态的脆弱群体落入贫困陷阱。这些群体主要生活在中西部地区，由留守人口、流动人口和主要以小规模农业经营获取收入的农民组成。这些群体，除少数陷入绝对贫困以外，多数属于脆弱群体。只要这些地区的经济发展保持一定的增速，加上改善社会保障制度以及采取阻断贫困代际转移的积极措施，并注重提升人力资本水平，就能够使很多农民远离贫困陷阱。另一方面，要帮助落入贫困陷阱的群体跨出陷阱。这部分群体主要生活在边远山区和自然条件较差的地区，呈现出明显的多维度贫困的特点，自身脱贫难度较大。针对以上两个目标，新时期的农村扶贫开发工作，应着眼于如何减少贫困增量和存量两个方面。

减少贫困增量的目的，是防止脆弱群体落入贫困。在这个方面，农村扶贫开发工作可大有作为。农村扶贫开发政策制定的初衷，主要是针对那些由于各种条件所限，特别是因区域经济条件欠缺而不能在经济增长中受益的群体，实施补偿性的政策。一方面，其面对的是有能力但没有条件摆脱贫困的人群；另一方面，其主要是围绕经济开发，特别是以农业为主的开发性活动进行的设计。因此，在转型问题突出的地方，只要经济社会发展规划中对扶贫有足够的优先性考量，开展农村扶贫开发工作，就能够在防止脆弱群体落入贫困陷阱方面发挥重要作用。

但是应注意的是，除了移民搬迁和建房补贴等少量项目具有一定的保障功能外，农村扶贫开发政策本身并无直接的社会保障功能，也无法直接对接农村流动人口和留守人口的需求，更无法直接阻断贫困的代际转移。除非一些有独特资源的地区，通过产业开发可以产生明显的减贫作用以外，多数农村贫困地区，单纯通过一般性、小规模的农业生产来防止脆弱群体落入贫困陷阱非常困难。因此，今后的扶贫工作要考虑大扶贫的战略，其中亦包括建立完善的社会保障制度，采取有效措施阻断贫困代际转移等。

逐渐减少贫困存量是农村贫困治理的第二个着眼点。与转型性贫困不同，处于贫困存量中的贫困人口，大都处于长期性贫困的状态。这部分群体具有多维度贫困、脱贫非常困难、存在一定的分层等特征。特别是处在最低端的群体，基本是完全需要被保护的人群，很难在一般性的开发式扶贫中受益，需要社会保障等制度的扶持。但是若有如互助性开发等特殊的开发措施，这个群体依然可以维持生计并在社会保障制度的助推下越过贫困陷阱。

瞄得准才能脱贫

消除贫困是全面建成小康社会的重要内容。习近平同志指出，未来 5 年，我们将使中国现有标准下 7 000 多万贫困人口全部脱贫。为了实现全部脱贫的目标，我国从 2014 年开始建立精准扶贫工作机制。实践证明，精准扶贫是适合我国当前发展阶段新特征的扶贫方式，是实现 7 000 多万贫困人口全部脱贫的重要举措。

改革开放以来，我国扶贫工作取得巨大成就，大规模减贫成效显著，得到国际社会普遍赞誉。我国贫困发生率从 20 世纪 80 年代的 80% 以上下降到 2014 年的 7.2%。取得如此巨大成就的原因主要有三方面：第一，农村改革为改革开放初期的农村减贫提供了重

---

* 本文发表在《人民日报》（2015-11-06），原文链接：http://rmrbimg2.people.cn/html/items/wap-share-rmrb/#/index/category/8//paper/detail/1629893_paper_1629893/normal。

要基础。当时,农民生计来源以种养业为主。农村改革解放了农村生产力,第一产业增加值从 1978 年到 1985 年以年均 7% 的速度增长,农民收入迅速提高。第二,非农产业发展为农村减贫提供了强劲动力。在农业快速发展的同时,乡镇企业异军突起,农村劳动力大量向非农产业转移,实现了农民收入的大幅提高。第三,工业化和城镇化成为农村减贫的重要推动力量。随着 20 世纪 90 年代以来工业化和城镇化加速推进,农村劳动力源源不断地向工业和城镇转移,非农产业收入成为农村居民主要收入来源。此外,我国农村改革发展带有明显的普惠性,经济发展的收益能迅速为广大农村人口共享。

随着经济不断发展,我国贫困人口数量逐渐减少,但减少的速度逐渐趋缓,贫困问题呈现新的特征。主要原因有两点:第一,在初始阶段作为农民收入主要来源的种养业占国民经济的比重逐年下降。第一产业增加值在 GDP 中的比重已经降至 2014 年的 9.2%,农业对农民收入的贡献也在逐年下降。这意味着依靠种养业的农户很难大幅提高收入,容易陷入低收入或贫困状态。第二,随着经济结构转型升级,交通条件好、经济较发达地区的群体以及受教育水平高、市场竞争力强的群体更容易获得经济发展的红利。由于当地经济社会发展水平较低、市场竞争能力较差,农村困难群众继续分享经济发展带来的红利就会面临较多困难。目前,农村绝对贫困人群主要有三类:一是没有劳动能力的极端贫困户;二是虽有劳动能力,但家庭负担很重,教育和医疗等支出很大的群体;三是虽有劳动能力,但所处客观条件非常不利于改善生计的群体。

我国从 20 世纪 80 年代开始进行大规模扶贫开发。初期的政策设计建立在资金匮乏、难以进行工资转移支付的基础上,因此主要是通过以贫困县为扶贫单元的区域瞄准,为大量贫困人口参与经济发展创造条件。这个机制取得了很大成效,为我国扶贫开发取得巨大成就做出了突出贡献,但在现阶段已难以做到针对贫困农户的精准扶持。这是后来我国贫困人口数量减少速度趋缓的主要原因。可见，随着经济社会发展和贫困人口分布碎片化，如果不直接针对贫困农户进行精准扶贫，消除贫困的目标就很难实现。

中央提出要在 2020 年实现 7 000 多万贫困人口脱贫、所有贫困县全部摘帽，就是希望通过实施精准扶贫方略帮助贫困群众走出贫困陷阱。精准扶贫意味着将扶贫工作单元从区域瞄准转向农户瞄准，在区域发展格局下更加注重扶持贫困农户发展。同时，精准扶贫方略将社会保障的兜底作用与扶贫开发的增收作用相结合，形成到 2020 年解决绝对贫困问题的基本框架。通过精准扶贫，做到扶持对象精准、项目安排精准、资金使用精准、措施到户精准、因村派人精准、脱贫成效精准，就能最大限度地提高扶贫资金使用效率，满足贫困人口的基本生存和发展需求，在全面建成小康社会进程中不让一个人掉队。

精准才能扶贫

国务院扶贫办下发的《精准扶贫工作机制实施方案》，要求对贫困户和贫困村做到精准识别、精准帮扶、精准管理和精准考核，引导各类扶贫资源优化配置，实现扶贫到村到户。

先是对象识别很难。做一次全国性的贫困对象普查虽然有效，但成本太大。目前全国采取的方式是按 2011 年人均每年 2300 元的

---

* 本文发表在《光明日报》(2014–07–08)，原文链接：http://epaper.gmw.cn/gmrb/html/2014–07/08/nw.D110000gmrb_20140708_1–11.htm。

贫困线，即按照 13.4% 的贫困人口比例，下达指标到村里，再由村里上报具体扶贫对象。这样虽然整体上大致知道有多少贫困人口，但具体是谁、贫困原因、自身条件、脱贫意愿等信息都无从得知，于是很难制定相应脱贫策略，精准扶贫。

另一个难点是扶贫资源如何下到最基层的问题。以往众多专家批评政府不放权。然而，研究发现，分权的最大障碍并不在政府而在农村，在由基层精英组成的利益结构。他们一方面以政府代言人的身份与农民讨价还价，建立权力和利益空间；另一方面，代表农民与政府协商，获得更多的扶贫资源。

对于这些扶贫资源，如果简单地认为是贪污或者腐败了，那也是不负责的。在基层管理中，对于这些外部资源，基层精英们一般会优先分配给"自己人"，这些人包括亲戚朋友，也包括支持他的选民。但是，出于长期管理和不要"授人以口舌"的考虑，也同样会分给其他村民。对于一些意见较大的贫困户，他们一般采取"轮流来"的安抚措施。"今年给你，明年给他"，显得不偏不倚。于是，扶贫资源成了一些人在农村寻求其政治合理性和"双向代言人"身份的有力工具。从而使得原本仅能扶持少数贫困人口脱贫的扶贫资金，成了"一碗水，平均洒"，穷人依旧穷，富人也不过占点小便宜而已。

解决这一核心矛盾的关键，还是建立分权式的使用、监管和考核制度，让扶贫资金的使用、监督与经营主体分离。在农村，村委会对于贫困户的识别、致贫原因的分析还是非常有效的。但是由于权力和利益过于集中，使这样的资源产生了异化。可以采取由第三方机构负责扶贫资金管理，在村委会的指导和监督下，精准扶贫。

当然，单纯依靠国家补贴，并不能解决精准扶贫问题。如果扶贫资源是外力的话，那在外力的基础上，还要激发贫困户脱贫的内生动力，建立起收入稳定增长的机制。鼓励农民就业创业，哪怕是承包一个高效设施大棚，一年的收入也能过万元，实现脱贫。现在，很多地方在创新扶贫资金使用方面做出了积极探索，包括政府购买社会服务、扶贫资金入股整合社会资本参与扶贫等，巧用、活用扶贫资源，取得了很好的效果。

脱贫攻坚的"三聚焦"

中央提出到 2020 年解决现有标准下的农村绝对贫困问题。如何按照中央确定的目标按时完成这一任务，是目前党和政府工作的重要工作内容。最近一段时间，各地方都在纷纷出台各种政策和措施，希望通过强化领导和加大对扶贫工作的投入，确保目标实现。

然而必须看到，完成到 2020 年脱贫的目标，难点并不在于按现行标准的衡量指标能否完成，这主要是因为 2011 年确定的农民人均 2 300 元的现有标准是统计抽样数据，而且只是一个收入贫困的参考指标，并不能完全代表农村贫困的真实状态。另一方面，从中央提出的"两不愁三保障"以及社会公共服务指标达到全国平均水平的目标看，则更容易感知广大群众感观到的贫困。所以，能否有效实现"两不愁三保障"和社会公共服务指标达到全国平均水平的具体目标非常重要。换言之，到 2020 年能否按照中央提出的要求，彻底消除农村贫困，将在很大程度上取决于广大人民群众是否看到了中央提出的"两不愁三保障"等具体目标真正得到落实。人民群众的满意度将是衡量扶贫攻坚工作是否真正取得最后胜利的重要指标。

---

* 本文发表在光明网（2018-06-01），原文链接：http://baijiahao.baidu.com/s?id=1602057979995730223&wfr=spider&for=pc。

因此，在决胜扶贫攻坚战的最后阶段，应该清醒地认识到决胜扶贫攻坚战仍然具有相当大的困难，最终决胜扶贫攻坚战除了需要继续强化以五级书记挂帅为主轴的领导机制，以及政府主导、全社会参与的扶贫组织机制以外，需要尽快完善扶贫攻坚战的决胜机制。建议在已经形成的强有力的党领导、政府主导和全社会参与的基础上，实施决胜脱贫攻坚再聚焦战略，按照中央提出的既不降低标准、也不随意提高标准为原则，坚持扶贫攻坚"雪中送炭"的指导思想，将财力资源、物质资源和组织资源聚焦到最牵动广大群众的、问题最为凸显的深度贫困问题上。

我们需要将财力资源、物质资源和组织资源从全面铺开向极端贫困的深度贫困地区聚焦。在过去几年中，由于中央对扶贫工作的重视以及不断加大投入，诱发了部分地方政府通过扩大贫困面获取中央财力物力和其他方面支持的行为，这在很大程度上扩大了实际的贫困工作面，也客观上加大了脱贫的难度，导致了资源的分散使用。尤其需要指出的是，一些地区把扶贫攻坚与地区发展挂钩，希望通过扶贫攻坚的投入促进地区发展。毫无疑问，地区发展与扶贫攻坚有着密切的关系，但是，地区发展的差异是历史发展过程中逐渐形成的，这个差异在短期内很难消除。因此，从扶贫攻坚的角度讲，一方面需要考虑扶贫攻坚与区域发展的结合，另一方面需要严格区分区域性发展机制与扶贫工作的区别。按照中央提出的扶贫工作就是雪中送炭的指导思想，在决胜扶贫攻坚战的最后阶段，各地需要将其扶贫工作面再度聚焦，也就是说应从已经确定的相对大面积、大规模的工作面缩小到本地区最为贫困的地区，特别是那些在将来很长一段时间也很难通过区域发展的措施得以缓解的地区，将扶贫攻坚的各种资源聚焦到本地区最抓眼的、贫困程度最深的地区。这一方面可以有效地解决这一地区的贫困问题，同时也可以通过集中资源为这些地区的发展创造条件。深度贫困地区的再聚焦需要从最困难的地区开始，扶贫攻坚攻最难的地方。

扶贫得让资产增值

目前,处于极端落后地区和收入结构底层的贫困人口,越来越难以享受到经济增长的好处。一方面是因为改革开放以来,在所谓公平竞争的市场中,人们日益分化为经济、政治和社会地位位势不同的群体;另一方面,经济增长的主体产业已经不再是穷人可以受益的产业,导致情况进一步加剧。

例如,具有很强减贫效应的农业,在国民经济中的比重已经很低,依靠传统意义上的低强度、小规模、基于农业开发的扶贫措施,显然已经很难解决农村贫困问题,特别是深度的贫困问题。因此,对于深度性的贫困而言,需要对贫困进行综合治理,包括社会保障兜底、资产补助性转移与增值、自然资产价值化、收入多元化,以及扶贫方式改善等。其中,如何让属于贫困人口的资产成为脱贫的重要手段,是新条件下扶贫开发面临的新课题。

虽然贫困人口的收入一直在增加,但他们之所以不能脱贫,一方面是收入的边际增长率很低,不足以支持贫困人口走出贫困陷阱的临界点。这与日益增加的刚性支出,如教育、健康、环境、道路等诸多方面造成的压力有关。另一方面,用于支付教育和医疗等方面的转移支付的强度,也不足以达到兜底的作用。很显然,贫困人口走出贫困陷阱的实际门槛越来越高,而且能够起到兜底作用的社

---

* 本文发表在光明网(2015-12-31),原文链接:http://theory.gmw.cn/2015-12/31/content_18320598.htm?utm_source=bshare&utm_campaign=bshare&utm_medium=weixin&bsh_bid=956759458&from=timeline&isappinstalled=0。

会保障的起点也越来越高，仅仅依靠有限的财政扶贫资金的支持和常规的农业生产，贫困人口已经很难摆脱贫困。在扶贫资源有限的情况下，贫困农户的资产增值对于贫困特别是深度性贫困的缓解，也就有了十分重要的意义。

首先，国家对贫困地区的专项转移，特别是扶贫资源，属于贫困人口的资产，因此要确保这些资产的收益规限在贫困人口的范围内。如很多地方的项目采用"公司+农户"的方式，农民一般只会以土地入股，在土地上的投资，以及项目配套投资，并没有算作农户的资产。他们在土地上投入的公共资源，实际上以看不见的形式流入到外来的投资者手里。但是如果将这个投入折股成贫困人口的资产，将这部分资源的投入转化成贫困人口的资产，就能在很大程度上抬高贫困人口的综合资产存量。这就相当于贫困人口用于投资的资金财富的增量有所增加。除了直接性的资产补助（如住房和在贫困村内建设各种基础设施）外，将计划到户的扶贫资金折股转化成贫困人口的资产，也可以在很大程度上增加贫困人口的财富获得能力和市场竞争力，进而避免公共资源以项目开发的形式被其他群体捕获。

其次，在新的社会经济条件下，往往强调用直接的项目支持贫困户的发展，忽视了开发贫困户生活工作空间的经济价值。事实上，很多处于深度贫困的地方恰恰是生态环境好的山区和林区。土地和林地以及农户宅基地的价值远远没有得到利用。相反，很多地方一些有实力的群体，通过各种方式进行旅游开发，过度获取贫困人口自然资产的增值收益。因此，加快出台贫困人口资产增值的制度安排，将有助于这些群体走上可持续的脱贫之路。

再次，现有生态补偿机制主要是政府购买服务，补偿水平低不足以弥补生计损失。西双版纳雨林保护区的很多少数民族贫困人口种植甘蔗，但野生大象迁移每年给农户造成的损失少则 70%，多则绝收。补偿也只是损失的一小部分。因此发育生态服务市场购买机制势在必行。目前很多地方急于上项目，缺乏对贫困村的长期性扶贫发展规划，缺乏探索生态服务市场购买的内容，很多建设实际上堵死了发育市场购买生态服务的路径。

由于贫困地区人口的不断流出，对于建设贫困村有很多争议，实际上，贫困乡村作为贫困人口的生产和生活空间不会消失，而且很多贫困山村是具有生态和文化价值的地方。因而，把贫困村作为扶贫开发的综合治理单元进行建设，以及对贫困人口进行个体帮扶，是在深度贫困地区实施精准扶贫工作的重要内容。就此而言，对贫困村制定科学的、长远的扶贫综合治理规划，并按计划分年度实施，对于新时期如何落实精准扶贫具有重要的意义。

最后，扶贫往往被认为是扶持穷人，这没有错，但扶贫在很大程度上更是治理扶贫思想"贫困"的过程。一方面，贫困人口中，不乏有个别人的进取心不足，存在"等靠要"以及福利依赖等方面的思想，但是更多情况下，贫困是经济社会发展和制度设置不当的产物。贫困人口在资产增值中收益甚微的例子说明扶贫治理需要很多创新。扶贫治理的创新包括如何发挥贫困人口的主体作用，如何让他们有充分的信息和决策权等一系列问题。目前，中央和各地的精准扶贫政策和措施力度前所未有，但是如何落实需要有创新的思路。

精准扶贫的三个关键

如何建立精准扶贫机制实际上一直是我国扶贫政策与实践的

---

* 本文发表在《成都日报》（2015-08-14），原文链接：http://news.chengdu.cn/2015/0812/1715659.shtml。

核心问题。我国农村扶贫工作虽然经历了从20世纪80年代以贫困县为扶贫单元的瞄准，2001年开始的以贫困村为扶贫单元的瞄准，到现在强调的精准扶贫战略，但是不论扶贫瞄准单元如何变化，如何实现针对扶贫对象的瞄准和扶贫资源的有效分配问题一直没有得到很好的解决。从"八七扶贫攻坚计划"实施以来，无论是针对农户还是针对贫困地区经济发展的扶贫措施都普遍存在低瞄准率，高漏出率，甚至出现扶贫资源流失和挪用等一系列的问题。

改革开放三十多年来，经济迅速发展极大地减少了贫困人口的数量，但是与此同时出现了三个大的差距：城乡之间日益扩大的差距、贫富差距、发达地区与落后地区的差距。这些差距导致了农村贫困人口与非贫困人口的财富水平悬殊，这是当前扶贫工作难以取得根本性突破的主要原因。

目前贫困人口很难从一般性开发扶贫活动中受益。

首先，开发式扶贫本身不属于工资转移型保护性扶贫，是有条件性的开发，其对穷人的瞄准只是概念性的，一旦付诸实施，一定是相对富裕的群体首先获得扶贫资源。例如，几乎所有针对农户的开发性项目，如养殖业或加工业，都一定需要配套资金和大量的劳动力投入，以及大量的市场信息。这些针对农户的扶贫都是在扶贫地区实施的扶贫项目，但实际的调查发现，受益的还是富裕的农户。

其次，大部分贫困群体基本上都处于结构性贫困陷阱之中。越过贫困陷阱所需积累的资产水平相对较高，一般性针对农户的扶贫很难达到这样的门槛。而且大多数农村开发式的扶贫都集中在传统的农业产业，即便是相对富裕的农户仅仅依靠农业都无法大幅增加收入，况且是针对贫困农户的养殖或种植项目。最近几年，贫困地区在乡村旅游方面的明显减贫效益说明了这一点。

再次，农村贫困群体多处于多元贫困状态，教育、健康等支出严重消耗通过经济开发所获得收入，从而使贫困群体无法产生资本积累，更无法参与新的开发活动。最后，由于扶贫资源带有强烈的优惠色彩，这势必造成了不同类型的利益集团和个人对扶贫资源和扶贫效益的捕获。由此可见，扶贫工作的确进入了啃硬骨头的攻坚阶段。

当前，农村扶贫人口的贫困状况引起了社会的高度关注，但是农村贫困人口处于很难逾越的结构性贫困陷阱已经成为不争的事实。如果不采取更有力更有效的过硬举措，2020年解决贫困问题是非常困难的。我国农村贫困人口的脱贫仍然取决于两个相互关联的大的前提。

第一，经济发展依然是农村扶贫工作的重要条件。一方面，农村贫困人口的收入在宏观上与经济结构调整的有效性和持续性直接相关。随着新的就业空间的开拓，以及国际国内两个市场的开拓，都会对农村贫困人口提供新的就业机会。随着我国人口结构和劳动力就业结构的改变，农村贫困人口长远的发展空间是乐观的。另一方面，持续的经济发展将会给国家提供强有力的财富再分配的资源，更多的农村贫困群体有可能获得不断改善的社会福利。这两个方面从长远看，都是解决贫困问题的根本性途径。

第二，农村贫困人口大多处于极度脆弱状态，任何自然灾害或者健康问题等都会使他们陷入更深的贫困陷阱，而且对于刚刚摆脱贫困的群体也极易返回贫困。因此，农村社会保障的"兜底"作用已经成为扶贫开发工作的重要基础。在过去十多年中，针对贫困地区各种社会保障的投入急剧增加，但是这些投入分摊到贫困群体中的个体上强度不足以抵御各种风险，如大病风险等；另一方面由于福利资源的治理缺陷导致了用于贫困群体的社会保障资源大量流失，减贫效益溢出严重。

由此可见，我国的扶贫开发工作实际上是国家经济社会发展战略的有机组成部分，扶贫开发工作无法脱离国家经济社会发展的大条件。这主要是因为我国农村贫困人口数量庞大，再加上容易返贫的脆弱性群体，数量更为庞大，从而无法像很多发达国家那样进行纯粹的福利性转移。解决我国贫困问题只能通过开发与保护相结合的两条腿道路。然而，如何有效地将两项制度相结合，有效地解决中国的贫困问题正是当前精准扶贫工作所着力的。

各级政府及扶贫管理部门已充分认识到农村扶贫工作进入到一个新的阶段，也认识到新的扶贫攻坚的艰巨性，并"瞄准"了扶贫攻坚中的核心问题即精准扶贫。落实精准扶贫工作，还需要解决三个方面的关键问题。

第一，精准识别动态变化的贫困对象。如前所述，从贫困县瞄准到贫困村瞄准，针对贫困瞄准的机制始终没有得到解决。2005年，国家开始对贫困户进行建档立卡。2014年，中央提出精准扶贫工作机制，希望依托贫困农户建档立卡来解决谁是精准的对象。由于建档立卡的数量根据统计监测的贫困发生率来确定，然后再按照统计分解到各省各县。很多贫困县则根据自己的需要将"贫困户的指标"下达到各个乡镇。乡镇则根据自己的需要下达各个村。自上而下的建档立卡工作严重偏离农村实际贫困状况，大量贫困人口没有被包括在建档立卡范围之内，相反很多非贫困人口却被包含在内。由于精准扶贫工作是要基于建档立卡的"贫困户"进行帮扶，这就意味着未来会有相当比例的农村贫困群体被排除在扶贫帮扶工作之外。事实上，21世纪头10年的扶贫开发战略已经在全国推行了参与式扶贫工作，通过自下而上的农户贫富排序、张榜公示等行之有效的措施可以非常简便地识别贫困人口。例如，在一个贫困村，谁是贫困户是很容易识别的。但是，一旦介入收入指标以及其他附加条件，识别贫困的过程就变成了一个复杂的政治社会资源博弈过程。由此可见，如果不改革现行贫困群体的识别机制，精准工作很难取得成效。

第二，精准判断脱贫的多样性需求。除了对贫困群体的识别外，精准扶贫工作还需要解决贫困群体需要什么的问题。不能说现行扶贫开发的措施都远离了扶贫的需要，总体上说，产业开发、移民搬迁、信贷扶贫等都是解决贫困问题的有效措施，但核心是不同地区的贫困人口需求完全不同，能解决他们贫困问题的措施也是不同的。现行扶贫计划在国家严格财政管理之下实行项目准入制，其计划、审计均围绕项目进行。这势必造成自下而上按照项目类别进行申报。通过的项目必须自上而下进行安排与落实。扶贫项目管理机制极大地减少了挪用与贪腐，增强了透明性，但是却不能够回应贫困问题多样性以及所需措施灵活性的问题。如果扶贫资源的决策权不真正落实到贫困群体手中，解决贫困人口需要什么的问题是很困难的。

第三，精准填补帮扶的最后一公里断层。精准扶贫工作不仅需要知道谁是贫困群体，需要了解这些群体的需要，以及什么样的措施能解决他们的问题，更为重要的是，要有一个能够有效落实扶贫工作的机制。一方面，扶贫工作是政府的职责，政府的主导仍然是扶贫开发的主要机制，但是扶贫工作内容最后一公里存在断层。扶贫措施如何在扶贫村有效地组织实施是精准扶贫工作面临的严重挑战。县级及县以下的组织资源极为有限，为解决这一问题，从县级以上部门派遣各种形式的扶贫工作队也没能很好地弥补扶贫资源的组织不足问题。十年前，国务院扶贫办与亚洲开发银行在江西对公益组织直接参与村级扶贫工作进行了试点。公益组织参与扶贫能够极大地补充政府组织资源的不足，发挥其深入基层的长处。未来精准扶贫工作需要有效地挖掘公益组织资源，从而推动精准扶贫工作更有效地落实。

精准扶贫应警惕的五大问题

2020年农村人口按照现行贫困标准全部脱贫，所有贫困县全部摘帽，是中央全面建设小康社会的重要举措，任务十分艰巨，因此中央下了大的决心，22个省份也立下军令状，若不能限期完成任务，省委书记和省长将被问责（《南方周末》2016年2月25日刊出《扶贫攻坚战》专题）。这个压力层层传递到乡镇，形成了前所未有的动员政府和社会的组织及资金资源攻坚贫困难题的局面。

同时，我们也应该看到，在中国现有体制下，强化从中央到地方政府对扶贫工作的重视可以提高扶贫工作在政府工作中的地位，可以有效地动员各种资源投入扶贫。但我们也应该认识到贫困的发生和缓解也有自身的规律，消除贫困是一项长期工作。过度的运动式容易产生形式主义，反倒会消解政府主导带来的积极作用。各地精准扶贫的实践一方面反映了各地响应中央战略的积极性，出现了很多的创新，但是也的确出现了一些问题，值得高度注意。

中央设置的2020年解决农村贫困人口的脱贫任务是建设小康社会的主要组成部分。提出这样的要求一方面考虑了达到这个目标的现实性，同时也认识到达到这个目标的艰巨性，因此做出系列举措强化中央政府和地方政府对扶贫工作的战略意义和脱贫艰巨性的认识，强化各种投入确保实现目标。应该说按照目前的收入标准在2020年基本解决收入性贫困问题是现实的，但是要达到"两不愁

---

* 本文发表在《南方周末》（2016-06-16），原文链接：http://www.infzm.com/content/117750。

三保障"的目标任务仍然十分艰巨。

应该说，按照2011年2 300元的标准提前解决收入性贫困问题是可能的，但是也要认识到这个标准相当于1.6美元的国际标准，仍然低于国际上中等收入国家2美元的贫困标准。基于对收入性贫困标准的考虑和估算，一些地区提出了提前脱贫的要求，并作为指标层层下达。这在客观上虽然也是希望通过超前目标强化责任，但是即使按照收入标准，很多贫困地区真正提前脱贫也有难度，要是按照中央提出的"两不愁三保障"的目标则挑战更大。因此，将中央基于脱贫的艰巨性提出的强力要求轻率做出提前脱贫一方面不现实，另一方面也引发基层形成"扶贫大跃进"，一旦无法实现"两不愁三保障"的目标，会影响党和政府扶贫政策的严肃性，影响党和政府的声誉。

为了强化扶贫政策的落实，中央和各地充分利用已有的行政资源，通过挂钩帮扶和派驻第一书记的做法落实各种扶贫措施。这些举措极大地补充了乡村行政资源。许多帮扶单位和第一书记都发挥了很好的作用，全国也出现了很多创新。这也是中国扶贫的特色。

但是，帮扶单位不同，效果不一样。贫困村希望帮扶单位带来资金，有资金影响力的单位可能会挤出一些资金，但是很多单位则没有资金。一方面，有钱的单位动用资金扶贫本质上并无问题，但是却存在资金管理问题，影响国家财政资金管理的严肃性（企业除外）。另一方面，不同的村得到不同的支持也引发公平问题。即使资金到位，如何把资金用在恰当的地方也并没有得到很好的解决。虽然大多数帮扶单位的帮扶都产生了很好的效果，但是也有很多单位以完成政治任务为导向，从投入的资金看，对扶贫效果并无很好的规划。第一书记的到位提供了解决"最后一公里"问题的制度资源，很多地方第一书记的扶贫创新说明了这个问题。

然而，扶贫工作是一项十分复杂的专业性工作，特别是深入农村从事扶贫开发需要长期专业化的组织和人员。实践证明，单靠政府的行政资源很难解决"最后一公里"短板问题。通过过去几十年的发展，中国的民间组织有了很大的发展，这些组织长期工作在贫困地区，有着丰富的工作经验，通过政府购买服务的形式鼓励它们参与精准扶贫可以很好地解决这个问题。

总体上看，当前的农村贫困主要表现在集中的深度性贫困和广泛存在的转型性贫困两个方面。对于集中的深度性贫困而言，需要将基础设施、产业、社会保障和基层组织等统筹为一个整体，在这些地区投资非竞争性公共基础设施的减贫回报很高。但是对于转型性贫困而言，由于劳动力大量流出，除非经济发展和城市化出现大的衰落，否则这些流动人口中的大部分都会在城市化的推动下逐渐转移。

20世纪90年代和21世纪头10年在西部地区建设的很多扶贫设施，如养殖设施、沼气、种植大棚等大都已经废弃。目前许多地区在扶贫目标的约束下，又开始了大规模的建设。在很多以妇女儿童和老人等留守人口为主的"空心"贫困村，除非发展那些能比在外面打工带来更高收入、市场需求好且可以吸收大规模劳动力的产业，否则，村里都是留守老人、儿童和病残家庭，由于没有承载开发的主体，针对贫困户的小规模扶贫设施能发挥作用，但是减贫影响有限。对于这些贫困群体的扶贫，相关部门应尽快让他们通过社会救助、低保、教育和医疗等扶贫手段，实现"两不愁三保障"。

开发式扶贫的核心是产业的发展。但是，农村的产业还主要是农业，现在农产品的供给已经和20世纪八九十年代不同，大规模的生产往往造成过剩，卖不出去。因此，产业扶贫的关键是发展特色产业和同类产业不同结构的产品。这几年旅游产业扶贫的成功案例也说明了这点。"公司（合作社）+农户"的确为农民解决了与市场的对接问题，但是实践上，很多以普通农产品为内容的"公司（合作社）+农户"模式主要还是依靠政府的补贴，没有解决产品卖不出去的难题。所以产业扶贫首要的是发展"一村一品"这样的产业，能补充市场不足，创造新的市场需求，特别是有科技含量的产业。很多贫困地区都是山清水秀的地区，在这些地区发展天然和有机产品，通过"公司（合作社）＋农户"的模式做特色经营都是很好的选择，但这样的产业不是不能做大规模，而是要有科技的支持，而精准扶贫措施中科技创新性扶贫的措施严重不足，影响了发展特色产业。

精准扶贫以来，各种有关贫困的数据统计越来越多。基层扶贫部门和乡镇政府每天都在统计各种数据，但是，由于数据收集是一件非常专业化而且成本高的工作，乡镇人力有限，不可能做系统科学的数据调查工作，上级要的数据也只能到村里问村干部，或者发放表格让村干部统计，每次统计的数据都不一样，基于这样的数据做出的脱贫规划往往脱离实际，流于形式。而且很多数据对扶贫并没有太大意义，但是基层几乎完全被这些数据困扰，工作负担很大，只能像有些干部说的那样，每天"辛辛苦苦地工作，老老实实地作假"。

扶贫的钱该花在哪？

我们的脱贫攻坚工作，很多地方投入特别大。学术界也有很多看法，觉得脱贫攻坚战投入了这么大的力量，到底解决了多少问题。从我们的扶贫成果来看，从 2012 年到 2018 年底还有 8 000 多

---

* 本文发表在新浪财经（2019-03-23），原文链接：http://finance.sina.com.cn/hy/hyjz/2019-03-23/doc-ihtxyzsk9894680.shtml。

万贫困人口。这只是一个数字,其实我自己觉得脱贫攻坚战真正的意义还不完全是数字的问题。它是在我们不平等程度越来越加剧的情况下,通过这样一个超常规的手段,充分发挥中国政治制度的优势,破除了在很多情况下不可能解决的结构性问题。从资金的分配、全社会的投入各个方面看,这是一个制度性建设,一个制度性创新。

我们用的词是脱贫攻坚战,攻坚战就不能一年365天天天打,那就意味着它是一个阶段性的任务。这就有一个问题,我们达到阶段性目标以后,后续的工作怎么做。因为贫困的问题不可能就因此消除了,所以还有后续工作的问题。乡村振兴从某种意义上讲,更多地应该指的是贫困地区如何进一步巩固扶贫成果的问题。脱贫攻坚和乡村振兴的有机衔接,需要注意两个"防止"。

第一,防止返贫。脱贫攻坚结束以后要是返贫了,等于我们脱贫攻坚战的任务就没有完成。第二,防止新的贫困发生。脱贫之后又有新的贫困发生,脱贫攻坚战的效果就不可持续。所以,从我们的工作来看,脱贫攻坚和乡村振兴的对接点,应该在这两个具体目标上考虑,这就意味着我们需要把脱贫攻坚期间的各种资源和机制,包括财政资源、金融资源,以及已经形成的机制,我们的领导机制、组织机制、市场机制等,转化成服务于两个防止目标的一套乡村振兴体系。

地方财政1 000多亿元的贫困补贴资金,是不是可以拿出一部分,投入到容易发生贫困的短板上来。比如贫困地区的学前教育就是一个短板。其次,贫困地区义务教育的质量、中学教育的质量、师资质量,这些领域实际上是未来发生新贫困的重要领域。如果现在不去阻断,就会一边扶贫一边产生贫困。所以我提出2020年之后,减贫战略应该由原来长期以来的扶贫战略转向防止贫困发生战略。这种逻辑才更有效。

还有我们在脱贫攻坚中已经形成的非常有效的组织资源。比如第一书记制度、对口帮扶机制。对口帮扶、定点帮扶，这些组织资源、这些机制怎么转化成长期性机制。不是临时派个人去，临时派人不专业也浪费资源。脱贫攻坚和乡村振兴需要专业的人士。怎么能够把脱贫攻坚战的资源变成长期有效地促进乡村振兴的资源，我们已经有经验了，也有这个能力，怎么转化，我觉得是非常重要的。

扶贫和防贫不一样

在脱贫攻坚战的推动下，我国农村现有标准下的贫困人口从2012年末的9 899万人减少到了2018年末的1 660万人，2018年的贫困人口数量比2017年减少了1 386万人。按照自2012年以来每年平均减少1 000多万的速度，到2020年末，我国现有标准下的农村绝对贫困人口将会从统计上消失。到2020年解决农村绝对贫困问题，并不仅仅表现在从2021年开始在统计意义上将不会存在年纯收入低于2 300元，即低于现行贫困线标准的群体，脱贫标准还同时具体为"两不愁三保障"的目标，因此，到2020年农村绝对贫困的消除将是多维度的，长期困扰我国农村的绝对贫困将会真正成为历史。

然而，现有标准下农村绝对贫困的消失，并不意味着贫困的消失，农村的减贫工作依然十分重要。首先，人类存在基本生存的物

---

* 本文发表在光明网（2019-02-20），原文链接：https://baijiahao.baidu.com/s?id=1626064367494135504&wfr=spider&for=pc。

质底线，所以贫困具有的客观性和绝对性。解决基本生存性的贫困固然是巨大的成就，但是在很多情况下贫困主要还是一个相对的概念。随着经济社会的发展，贫困标准会不断上移，农村绝对贫困的消失并不意味农村贫困的消失，减贫工作不可能终止。其次，随着生存性绝对贫困的终结，未来农村贫困将会更多以相对贫困的形式存在，将主要体现为地区、城乡和不同群体之间在收入、社会公共服务、教育及医疗服务等方面的差距。贫困特征的变化势必需要考虑农村减贫政策的相应调整。

我国农村减贫工作从 20 世纪 80 年代中期正式展开。由于当时经济发展水平还不高，农村贫困面大，贫困人口多，不可能通过工资转移的形式实现减贫，因此，通过支持贫困人口积极参与经济创收实现收入增长，也就是开发式扶贫成为当时主要的减贫战略。21 世纪以来，转移支付和改善社会公共服务在农村减贫中的作用越来越大，但从某种意义上讲，开发式扶贫一直是我国农村减贫工作的主要战略。也就是说，我国农村贫困的治理机制一直都主要围绕着"扶贫"展开。这一治理路径突出地表现在围绕着从区域瞄准到村级瞄准再到精准扶贫"建档立卡"制度的贫困农户瞄准制度的变化上。从很大程度上讲，我国农村减贫工作从中央和地方制定的减贫目标到相应减贫措施的配置，都主要集中在解决已经是贫困的目标群体上。进入 21 世纪以来，我国农村贫困发生的机制已经发生了变化，中央农村减贫政策开始重视解决贫困的致贫问题，贫困村基础设施、教育扶贫、健康扶贫、农村社会最低保障制度等一系列具有防止贫困发生的政策不断推出，特别是脱贫攻坚战实施以来，农村减贫工作事实上已经进入到扶贫和防贫相结合的阶段。但是，无论从农村减贫的总体战略还是减贫资源的配置而言，农村减贫的总体框架依然还是"扶贫"。

未来，随着农村绝对贫困成为历史，生存性贫困也将不再是我国农村贫困的主体特征，除了少部分特殊困难的群体不可能依靠开发式扶贫来脱贫，需要更多保障性的政策支持以外，农村多数群体的致富则越来越多地需要依靠经济发展的拉动。也就是说，农村减贫工作除了仍然有少数所谓的特殊困难群体这样的扶贫目标以外，将不应该再有类似"建档立卡户"扶贫目标。因此，未来农村减贫的总体战略需要调整。

现有标准下农村绝对贫困人口的消失意味着农村减贫战略需要由"扶贫"向"防止贫困发生"转化。脱贫攻坚的成果是否可持续将在很大程度上取决于两个重要因素，一是脱贫人口不返贫，二是不出现大量的"新贫困人口"。无论是减少返贫，还是防止新的贫困人口出现，都将在很大程度上取决于是否有一个有效的"防贫"机制。正如习近平总书记强调："扶贫工作既要解决好眼下问题，更要形成可持续的长效机制。"为此，需要在战略和政策层面调整我国长期以来的农村减贫战略，克服一边生产穷人、一边扶持穷人的局面。这一调整建议主要包括以下几个方面。

第一，随着农村绝对贫困人口的消除，相应的农村贫困治理体制需要调整，需要从以扶贫为主的治理机制向以防贫为主的治理机制转变。

第二，2020年后农村减贫战略的重点应聚焦贫困的产生机制上。从目前看，缩小地区发展差距，缩小城乡社会公共服务的差距以及开拓农民新的就业空间，特别是考虑培育全方位有利于穷人的市场机制，都是长远防止贫困发生的重要方面，也是未来农村减贫工作的关键所在。

第三，贫困地区学前教育的缺失和义务教育质量，尤其是师资质量问题是中国农村贫困再生产的重要缘由，应该成为未来农村"防贫"机制的重要内容之一，应加快推进贫困地区"山村幼儿园"的建设和乡村学校的教师队伍建设。

第四，贫困人口的医疗可及性差是因病致贫的重要原因。贫困地区乡村卫生室的比例不到30%，几乎大部分贫困地区都没有合格的乡村医务人员。贫困地区乡村基本卫生设施和卫生人员不足严重影响了已有的农村医疗卫生政策效果的发挥。应将乡村卫生的建设和乡村医生的培养作为未来农村减贫工作的重要内容之一。

第五,农村低保是防止贫困发生的重要机制,但是目前低保存在瞄准偏离等问题,根本原因是"低保泛化"。2020年后应严格界定目标群体的标准,缩小覆盖面,提高支持的强度,聚焦容易识别和争议很少的特殊困难群体,使其真正发挥兜底保障作用。

精准扶贫与社会救助如何衔接?

瞄准还是普惠一直是社会政策两种不同的理念。瞄准型政策设计体现的是社会政策救助的只能是一部分应该获得福利的人群,是基于特定条件的所得;普惠型政策设计则认为获得社会福利是每个公民的权利,是基于公民身份的一项基本权利。两种政策取向各有利弊,普惠型社会政策能够覆盖更多的人群,管理成本相对较低,但需要更多的财政资源支持,普惠型社会政策适用于收入不平等程度相对较低的国家,发达国家的社会福利体制通常采取的是普惠型;对于存在收入高度不平等以及经济发展水平有限的发展中国家而言,瞄准型政策能够有效地通过瞄准机制将有限的资源用于最贫困的穷人。瞄准型社会政策的提出是为了让穷人更能直接受益于发展,让发展更加有利于穷人。但是,发展中国家的大量相关研究

---

* 本文作者唐丽霞是中国农业大学人文与发展学院教授。本文发表在《中国民政》2016年第5期,原文链接:https://mp.weixin.qq.com/s/B332hwbnQfTS4pdMxZrcXQ。

表明，瞄准型社会政策都没能实现这一目标。世界银行对 48 个国家的 122 个瞄准型扶贫干预政策的研究发现，25% 的项目效果非常差，不能有效瞄准穷人；在撒哈拉以南地区，瞄准型项目让穷人获益要比普惠型项目低 8%。导致这些政策出现偏差的主要原因在于受益对象识别机制的不完善。瞄准型社会政策需要一整套受益人群识别机制，但准确识别的成本非常高，同时还要求管理体系有很高的管理能力，并且还非常容易出现瞄准的两类错误，即瞄准了不该受益的人群和排斥了应该受益的人群。精准识别是瞄准型社会政策能够发挥作用的前提。瞄准识别是指确定社会政策受益人资格的规则、标准和方法，目前比较常用的识别方法有三种。

第一种方法是让社会政策自动排斥非目标人群受益，这种方法主要是指社会政策设计让富裕的人对受益内容不感兴趣，通过设置极低的受益程度来自动排斥富人争取资源，如支付较低工资的以工代赈项目、需要支付高于银行贷款利息的小额信贷以及住宿条件极为简陋的廉租房等政策。中国很多社会政策不能有效地排斥富人受益，一个很重要的原因是受益内容设计不仅没有排挤富人受益，反而只有富人能够受益或者是对富人也有很强的吸引力，如一些补贴式政策需要受益人先垫付资金，尤其是一些产业补贴政策、建房补贴政策，一些地方的产业补贴政策需要农户先自筹资金建好蔬菜大棚、牲畜暖棚或者沼气池等，相关部门验收合格后方能发放一定补贴，这样就势必排除了无法筹集到资金的农户；一些地方的建房补贴政策，要求农户在特定期限内要自行完成规定的建筑量或者要求农户必须建造规定面积和结构的住房方可获得补贴，这些要求超出了贫困农户可承受的范围，贫困农户要么只能放弃获得这样的补贴，要么为了获得补贴举债来建设符合标准的房屋。一些扶持性政策，虽然给予的直接扶持比较有限，但是由于附着一些优惠政策而非常有吸引力，从而导致"精英捕获"现象。如最低生活保障制度，虽然按照补差标准，每个月给予贫困户的现金补贴十分有限，但是一些地方的"低保户"可以享受全额建房补贴,子女上大学可以享受困难救助,全额新型合作医疗费用补贴以及大病救助等其他"优惠待遇",一些地方出现了"只要低保称号不要钱"的情况。这种做法还出现在当前的一些到户扶贫政策的实施中。过去,扶贫到户扶持的力度比较有限,加上扶贫资源有限,农户对是否被识别为"贫困户"并不在意,但现在不少地方加大了到户扶贫的支持力度,以某省为例,贫困户易地搬迁可以获得4万元补贴,非贫困户只能获得2万元补贴,出现了"户户争当贫困户"的情况,当资源变得有"吸引力",富裕农户和贫困农户都会去争抢时,就很容易出现"扶富不扶穷"的情况。

  第二种方法是社会特征选择法。这种方式主要是指确定一些社会扶持政策的受益条件,这里的受益条件主要是指性别、年龄、劳动能力、家庭结构或者收入水平等社会特征,这也是最常见的瞄准型社会救助政策中识别受益人群的方法,尤其是针对特殊人群的扶持政策,如残疾人、老人、妇女、儿童以及少数民族人口等的扶持政策,采取的就是这种社会特征识别机制。从方法上说,这种根据人口的社会特征来识别受益人口的方法,识别成本相对较低,前提是要有比较完整和充分的人口信息,如我国实行的针对农村高龄老人的补贴政策、针对孤儿的救助政策和农村计划生育家庭的补助计划等,这些政策虽然具有瞄准性,但同时也具有普惠的意义,只要符合一定社会条件,均可以直接受益。在这种方法中,最难进行精准识别的是根据家庭收入来确定受益人口,目前我国农村最低生活保障制度和贫困户扶持政策采取的都是根据收入标准来识别受益人口。根据收入识别受益人群面临的困难,主要来自收入统计成本高并且收入处于不断变化之中,尤其是在农村地区,进行收入统计基本上是难以操作的,即便能够进行调查统计,其成本也非常高。因此,在现实生活中,收入方法只是理论上和政策上的,收入是用于估算和推断某个区域大约有多少符合条件的目标人群,然后采取指标分配方法，将一个村庄、一个乡镇的受益人口数量确定，将受益人口识别的权力下放给基层，在实践中运用的识别方法则更加多元化和指标非收入化，一些地方贫困户识别的基本标准主要为：第一，家庭没有壮劳动力；第二，有残疾或患重病的家庭成员；第三，家庭成员文化程度低，没有外出打工的人；第四，有两个或两个以上的孩子在上学。还有一些地方也会采用一些非贫困指标因素，主要包括：第一，需要获得农户支持的政策性鼓励，如一些乡村为了搞好计划生育工作，鼓励农户进行节育，通常会给"少生快富"农户一个贫困户指标。第二，需要农户支持村集体的活动，如有些地区因为村集体修建公路、水库等公共基础设施，需要占用一些农户的土地，为了获得更多的配合，乡村干部也会给这些农户贫困户指标；还有一些地方，会优先考虑支持村委会工作的农户，如通知开会积极参加、积极主动地缴纳新型合作医疗和农村养老保险等费用的农户。第三，一些扶贫政策对扶持对象有特殊要求，如产业扶贫项目规定只能支持发展养牛或养羊户；有些扶贫政策需要农户起到带头示范作用，将选择发展能力比较强的农户作为贫困户扶持（唐丽霞、罗江月和李小云，2015）。虽然如果严格用收入来评估这些贫困人口的识别方法时会发现存在一些精度的问题，但是这样的方法能够降低识别成本，并且在乡村社会容易达成共识，还是非常有实践意义的。

第三种方法是通过设立受益条件来选择目标人群，目标人群必须采取一定的行动方能获益于社会政策，即有条件的现金转移支付。精准识别受益对象是社会救助政策发挥作用的前提，但仍然不能确保社会救助政策能够发挥作用，还需要一定的机制让受益人口将救助资源运用到社会政策期待的目标上。在农村调研时，经常听到一些老人将自己获得的养老补贴拿出来给孙子女交学费，这在农村被认为是非常合理的事情，但是却降低了这项政策的实施效果，因为即便瞄准了老人，但并没有改善老人的生活。因此，在拉美和南亚地区比较盛行的是有条件的转移支付政策，通过设立一定的受益条件，即受益人口需要采取一定的行为。有条件的现金转移支付的最终目标并不仅仅为了给予贫困人群现金补助，而是为了促进其人力资本的提高，所以其受益条件是围绕能够促进人力资本提高的教育、健康和营养三个方面来设置的，比如，受益家庭要保证其儿童的上学出勤率达到一定程度，受益人口必须要定期参加体检或者关于健康知识的讲座等。这种条件的设置使得补贴资金的使用有了针对性和目标性，严格使用指向性的补贴资金能够保证家庭将资金优先用于项目要求的行为，而不会被其他家庭必要支出替代，促使政策目标更好地实现。中国实行的农村学校营养餐计划、贫困学生助学金计划以及农村家庭"两后生"职业教育扶持政策，采取的就是这种识别方法。除此之外，一些国家还采用"代金券"来替代现金，以保证资金的"专款专用"。当前，我国提出了精准扶贫。识别贫困农户，对其进行建档立卡，提供有针对性的资源扶持，成为未来我国扶贫工作的重点。需要注意的是，大部分理论上精准程度高的机制都会伴随着极高的管理成本和能力要求。无论用哪一种方法来识别贫困人口，都有自己的适用范围，并且不仅取决于政策的目标，还取决于各种信息的可获得性和可用性，以及治理能力和人口分布等，切忌用一种方法识别出来的贫困人口作为所有扶持政策的目标人群。

第六章

一个村庄的脱贫故事

从 2015 年 1 月到 2020 年初，我在云南勐腊县勐伴镇河边村扶贫已经整整 5 年了。本来我是打算春节期间去村里的，但是由于新冠疫情，我只好待在北京家中。河边村发展的新业态是小型会议、休闲以及孩子的冬令营和夏令营。往年，从 12 月份到 4 月份是河边村收入的主要时期。实话说，在疫情刚开始时，我并没有意识到问题会这么严重。到了 5 月份，河边村 2020 年的收入遭遇了大的低谷，已经是事实了。所有事先预定的会议和冬令营都取消了，而且我看 2020 年也不会有复苏的可能性。河边村的扶贫首先想到的就是应对风险和产业的多元化，即使如此，河边村的村民还是逃脱不了不可预见风险的巨大影响。他们在微信里告诉我，现在正准备出去打工。好在河边村真的发生了巨大的变化，他们的生活条件有了巨大的改善。昔日贫穷破烂的村庄已经成为居住舒适的美丽乡村。即便他们的收入会减少，但他们的实际福利还是有了很大提升。这就是我在本书中反复讲到的贫困和扶贫的问题。在这一章，我把一些媒体对我的采访以及几篇关于河边村的小短文汇总在一起，为大家提供河边村变化的片段。

河边村的扶贫实验

三月的河边村已入夏,日落后,山里凉起来。在这个深藏于滇南雨林的瑶族村寨里,几十栋木楼灯火渐消。

黑黢黢的山路,忽而被大灯照亮。小勇和李明骑着摩托上山了,他们要去专家楼给李老师抓蛐蛐。虫鸣整夜聒噪,山里人是听惯了,李老师却总是难眠。

白天,村里刚接待了一个不小的考察团。李小云给来宾们做报告,讲述河边村如何大变身,村民们布置会场、准备团餐,一直忙到天黑。四年前,自从中国农业大学教授李小云带着师生们住进来后,整个寨子像上了发条一样突突猛冲,全村 200 多口人忙得不可开交。

李小云住在坡顶,村民们都叫他李老师,只有小勇玩笑似的叫他"李老头"。他觉得这几年李小云老了不少,头发都白了。

全村人都知道李小云睡眠不好。他一躺下就忍不住琢磨寨子里的事,他想重建一个"系统"。

村里的女人很少跟李小云主动说话,在她们看来,李老师是个"大人物"——自从李小云来了,村里来的领导越来越多,这是过去十几年从未发生过的。以前,村外 8 公里的山路是土路,遇到雨季,人畜难行。

---

* 本文发表在澎湃新闻(2019-05-29),作者为澎湃新闻记者王乐,原文链接:https://www.thepaper.cn/newsDetail_forward_3548852。

李小云最初来到云南省西双版纳州勐腊县勐伴镇河边村，是在2015年初。那时，勐腊县还是国家级贫困县，背靠雨林的河边村还没有一条好路，一下雨，村民就被水堵在家中。

"博士生怎么待得住哦，一住就是几个月。"河边村超市老板黄成文说，"我隔几天都得出去转转，到别的寨子找朋友喝喝酒、吹吹牛。"

2015年3月，李小云在勐腊县注册了公益组织"小云助贫中心"（以下简称"小云助贫"），并招募了三个专职人员和不少志愿者，他在农大的同事和博士生也陆续进村。

吴一凡是最早一批进村的博士生，到现在她在村里已经待了快两年。刚来的时候，他们师生几人住在一间废弃的木屋里，师兄睡在外间，她和一位师姐靠墙挤在一张床上。

这栋房子本来已经歪掉了，村民小勇带了几个人来，才把房子拉正。

小勇还帮师生们搭了一间简易的厕所，在屋旁的空地上。"那时候一凡去厕所，还要喊我去看看有没有虫子、蜘蛛。"在这之前，村里根本没有厕所，最多，就是在河边围几块木板。

这个住所也是李小云的第一间办公室。曾经，这种木屋是村里最常见的房子——木板围一圈，石棉瓦搭个顶，矮小、无窗，开门才能采光。那时，人畜混居的情况也很普遍，村民们习惯散养猪和鸡，晚上就圈在屋里。

如今，这间老办公室成了个稀罕物，李小云把它留作"博物馆"。"现在进来看不到过去了，变化只有村民自己知道。"现在村里的57户人家，绝大部分已经盖起了新木楼，两层、三层的都有，单层面积普遍超过100平方米。

当地的异地搬迁政策落实到河边村，是在2015年下半年。村落中的住房规划更为集中，村民们开始盖新房。

村干部卢学明介绍，按当时的补贴政策，每户村民最多能申请

6万元的无息贷款，20年后偿还。那时，几个村干部光给各户做贷款的申请材料，就从白天到黑夜忙了一个多星期。

"每户的资料一扎厚，打印机都烧坏了几台。"卢学明回忆。

河边村是1982年由别处迁移而来，三十多年过去了，传统的木房普遍破败，但迫于经济压力，还没有一户人家建起新房。

就在那时，李小云的团队拿出了自己的规划方案——新建瑶族木楼。

"整个村，就没有一栋像样的住房。"这是李小云对河边村的第一印象。2015年8月，就在那间破旧的办公室里，李小云拿出来一张图，跟村民讨论他们未来的房子。

建新房前，李小云和村民开会讨论规划方案。"我跟志愿者讲，一定要做成有颜色的、好看的房子。"李小云还记得那天开会的场景，在破旧、昏暗的办公室里，他把设计图投影给村民看，村民们光着脚，坐在地上，彩色的图片放得很大。

"这么高，看着害怕。"有村民反映。那时，很多人都不相信，他们能住进这样的房子里。

邓雪梅家是第一个吃螃蟹的人。那时，她家正准备建房，木料已经储备得差不多了，李小云几番沟通下来，她家就成了瑶族新居的"示范户"。

新规划的房屋设计仍沿袭了瑶族传统的干栏式木楼，方便就地取材。木楼从房梁到围墙均为木质，上下两层，一层架空，二层住人。但这种木楼十分高大，村民们从未见过这样的房子，担心建不起来。

等真正施工起来，村民的房子越起越大，第一个试水的"示范户"，如今成了村里最小的房子。

"我们家的厕所在前面，别人家的都在后面。"邓雪梅介绍，当时是边建边摸索，房子的一些安排不如后来盖的人家合理，楼也比别人家的低。

在"示范户"的建设过程中，帮工的、围观的村民众多。很快，又一批新房动工，村民开始"放胆"。从2015年底到2017年中，整个寨子变成了一个大工地，油锯嗡嗡作响。回想起那时，有人直呼腰疼。

建一栋木楼，准备木料就要三五个月，从集体林中砍树、就地改成一截一截的原木、众人抬到路边、雇车拉回村里……房梁、木板、窗格、围栏，家家户户的房子都是村民们亲手建的。

小勇家是"示范户"后第一批建房子的人家。最初，家里计划单层建90平方米，实际盖下来，单层建到了130平方米以上，最终盖了3层。

至今，村里的57户人家中，46户已经全部完工，还有几户正在建设中。早先盖了房子的村民，回头看又嫌小了。也有人当时执意建砖房，认为寿命更长，等后期再建木房时，用地、用料都受限制。

瑶族木楼的设计，李小云琢磨了半年。他发现，当地瑶族的老房子都没窗、没阳光，因为山里只有木头，没有玻璃和砖头，老房子靠着木板的缝隙透进阳光，村民只有到外面去晒太阳。于是，他想建造充满阳光又有瑶族特色的房子，还能当作客房来赚钱。

"瑶族妈妈客房"是小云助贫团队的一个公益项目，通过社会力量的资助，他们帮助农户在自己家的住房中嵌套了一个"客房"，既能做住宿生意，也不影响自家的正常生活。

这种设计是很"小心"的，"刚去河边村时，根本没有我们这些外来者的空间，我们就慢慢往村子里渗入一些东西"。李小云希望，是瑶族当地文化包围外来文化，而不是反过来。

在建成的新居里，村民们依然在木楼下的架空层里烤火盆、抽旱烟，只是家里从此有了独立的卫生间和厨房。

除客房之外，村里还配套建设了会议中心、餐饮、酒吧等，主要接待高端会议和自然教育夏令营等团客。

"不是低端旅游，不搞烧烤，不搞餐饮，通过供给侧创新新业态搞高端。"李小云把客房的价格定在每晚300~1 000元，"只挣一点钱，解决不了问题"。当初进村后，李小云组织学生挨家挨户走访调研，他们发现，村里几乎家家负债。2015年，河边村人均可支配收入为4 303元，而人均债务为3 049元，支出主要集中于日常消费、教育、医疗，都是刚需，很难缩减。调研报告的诊断是，河边村陷入了"贫困陷阱"，没有收入的大幅提高，脱不了贫。

"为什么叫'贫困陷阱'？就是说，即便按较高的增长速度9%来算，河边村的村民也要到2021年才能还清债务，要是有生病、教育这些额外支出，生活情况还会进一步恶化。"李小云说。

由此，一场河边实验开始了。师生们希望探索出一种路径，把村民拉出这个陷阱。

"瑶族妈妈客房"建成投用后，从2017年到2018年，全村来自客房和厨房的新增收入达到了80万元，户均增收达1.3万元，很多农户新增收入高达3万。

到了2018年春，李小云感觉到，河边村的发展才开始遇到真正的困难。

那时，他召集村民开了一次大会，这种情况并不多见。三年来，他只召集村民开过两次会。会上，李小云问村民："如果我和其他老师都撤走了，你们还能有这样的收入吗？"他话音刚落，很多农民就齐声说："李老师，你们可不能走啊！"

在过去一年多，李小云和同事、学生围着"瑶族妈妈客房"忙得团团转，联系各种客源，签订各种合同，想尽一切办法开具发票。团客来了，老师和学生们几乎都是接待员。

而在这个过程中，村民们几乎没有参与。"不是说我们不希望他们参与，而是所有这些工作，农民都做不了，这是扶贫真正的深水区。"李小云说。

2019年春节前，在小云助贫的主导下，村里注册成立了"雨林瑶家专业合作社"，目前的主营业务就是"瑶族妈妈客房"。

成立大会上，村民尹文刚发言："我的大脑里面是空的，感觉好像就是一个小孩子，开始'断奶'了有些不习惯。"

最近几个月，他们正在学习用Excel制表。过去，他们从来都没有接触过电脑。

26岁的周志学是合作社的首席执行官（CEO）。回村盖房前，他在外打工近10年，他打过水井，当过搬运工，最后开始学厨，川菜、粤菜、徽菜他都拿得出手，可让他用电脑打字，键盘总是显得"不听话"。

周志学初中毕业后就出去打工了，之前在深圳待了4年。2016年12月，听说村里有了新政策，都在动土，他便赶回家盖房子，本想盖好房子就走，没想到，最后在村里当起了总经理。

刚回村时，周志学主动加入了"青年创业小组"，这是小云助贫在村里开展产业扶贫的第一个尝试，那时客房还没有建成。

青年创业小组由村里的8位年轻人组成，他们的第一个创业项目是"河边雨林蛋"。

"10块钱的蛋，赶上金蛋了。"当时的项目负责人小勇说。"雨林蛋"的卖点在于下蛋的散养鸡常年在林中觅食，善飞，羽毛像野鸡一样长。他们把各家的鸡蛋统一收购后，以每枚10元的价格在网上销售。

"不好收，要我挨家去收，让他们送来又不愿意。"那时，小勇负责从农户家收鸡蛋，5元一个。网上下单的大多是农大师生的熟人，快递通常发往北京，"我们用稻草包装，路上容易破"。

最终，这个项目未能持续。后来，青年创业小组也慢慢解散了，只有小勇和周志学仍然留在合作社的管理团队中。

现在，村里再有公共建设，周志学都不太好意思去叫创业小组的兄弟——有人已经结婚，有了自己的家庭。

"老了，同学都俩孩子了。"周志学笑道。他现在仍然单身，对于自己的婚姻，他暂时没有打算，"没有能力，娶回来会离的"。以前，周志学觉得，在村里只能干农活，如果结婚了，就再也出不去了。

小勇比周志学大 4 岁，今年已是而立之年，他也是单身。小勇的三哥大他 12 岁，也一直单身。全村，像他们这样的单身汉共有 44 人，年龄从 18 岁到 45 岁不等，而河边村的总人口只有 206 人。

自小云助贫成立以来，小勇一直很积极。可最近的电脑课上，小勇偶尔会缺席，李小云觉得，小勇可能是有些"干累了"。

小勇觉得，长久以来，村里有什么事，干活的总是固定的几个人，别的人很难叫。而他的想法一直没变："我就想把自己的寨子弄好，要不回来都找不到饭吃。"

从村里建设第一户示范房开始，小勇就主动过去帮工，一点点学习建造技术，不久，他家也紧跟着盖了新房。他还用木料自制了花盆、屏风……

小勇家在架空层开了一家"青年餐吧"。小勇的不少本领是从手机上学的，做菜，他喜欢用软件"下厨房"；拉电线的技术，是从快手上学的。

可使用电脑对他来说，仍有不小的难度。他念到小学五年级上学期就辍学了。那时哥哥也在读书，一学期的学费要几百元，而家里连几毛钱都拿不出来。学校的住宿条件也很差——"宿舍的木板缝隙比指头还粗，实在受不了"。

周志学在初中后，也主动放弃了念书的机会，家里的弟弟、妹妹都在读书，而母亲又要月月吃药。出了校门，他就出去打工了，干的活一般都包吃包住，他把工资几乎都寄给家里。

周志学的妹妹是全家人的骄傲。2015 年，妹妹考上了上海的大学。那年，村里一下子考上了 4 个大学生，都是女孩子，这样的喜讯前所未有。后来村里再也没有出过大学生了。

"20 岁左右的，都在打游戏，他们还有爸妈撑着。"小勇说，他不太喜欢跟村里的"年轻人"玩，觉得他们总是沉迷手机。李小云也观察到了这种现象：在新房的架空层里，年轻人长时间蹲在地上，手里捧着手机，一直连接着电源。

过去，河边村村民的收入主要靠农业，如种植甘蔗、砂仁，家里也养猪养鸡。现在，会主动帮着做农活的年轻人并不多。

村民也会到镇上、县里打打短工，多是挑香蕉、当建筑工等短期的体力活。小勇以前也去挑过香蕉，山上山下跑了一天，赚了150 元，回来腿肿得三天不能走路，从此，就很少去了。这样的体力活，如今也不再是年轻人的选择。

"现在的小孩就是沉迷在游戏里，反正有钱没有钱不管，没有话费，就跟爸爸妈妈要。爸爸妈妈饭（烧）熟了，（他们）就吃一点。"46 岁的合作社管理员尹文刚说。他的两个儿子都 20 岁左右，大儿子小学文化，最近还待业在家。

对于村里年轻人的"闲散"，李小云也有些头疼，但更多的是庆幸。和很多贫困地区的"空心村"不同，在河边村，很少有人长期在外打工——他们讲瑶话长大，普通话不熟，走远了，语言不通，气候不适。"幸好这个村庄的年轻人都没出去打工。"李小云庆幸的是，如果河边村是个"空心村"，发展不到现在的样子，没有人建房子，没有人洗床单。"我们要培养当地人，让他们不想走，这是河边村唯一的出路。"

2019 年 4 月初，合作社加入了第五个管理员——李进。他是村支书李福林的儿子，高中毕业后，李进考上了三本，家里付不起学费，他就一直四处打工，之前在景洪市的日料店帮厨。有了合作社，父亲便喊他回来工作。

"让年轻人回村不是'种地'搞农业，地也要种，但是这么多年轻人不能都种地，乡村要有新产业，三产融合乡村才能振兴。"李小云说，"我们要让乡村产生现代的价值，连城里人都想来，村里的年轻人才能不想走,青年人是趋现代性的群体,吸引年轻人的不是城市空间,是收入和现代的就业和文化,让村里合作社的办公室和城市的创投空间一样,他们就不想走了。"

所以,李小云和同事把村里合作社的办公室装修得和城里的一样,让"洋"入"土",让村里也有自己的 CEO。

村里,小云助贫的办公室建在半山腰上,这里也是合作社的办公地点。屋内电脑、打印机、会议室一应俱全。在李小云看来,只有在村里产生了现代化的就业,才更有可能留住更多的年轻人。

李小云坦言,河边村实验是不是可持续,目前仍是一个问题。将来,农民有没有能力把合作社运营下去,仍是一个未知数。在他看来,唯一的希望就是把合作社里年轻人的能力培养起来。

平时,农大的老师出去办事,尽量会把周志学他们带上,让他们学着跟政府部门、各个机构打交道,每一个细节,都要从头教起。

最近的会上,董强老师对周志学提了一点建议——不抽烟。他希望周志学能跟别的村民有一点不一样,就从不抽烟做起。

在河边村,男人们几乎个个抽烟,家家喝酒。在村里的家庭日常支出中,烟酒的比例最大,占到了总量的 25%。村里的青壮年男性几乎每天一包烟,价格 8~11 元不等,一年差不多要在买烟上花 3 000 多元。

有些村外来的人会说:"他们就知道抽烟喝酒,活该穷!"李小云问过村民,能不能少抽点、省点。可村民说,柴火和香烟把他们一天的疲劳和烦恼都烧掉了,晚上,当李小云和村民一起烤火聊天时,自己的烟也会越抽越多。

李小云渐渐理解,让村民牺牲喝酒抽烟,换成存钱,这种努力注定是徒劳。

在这个封闭的山地村落里,整个村子就是一个大的亲属团体,福利分享和平均主义才是村庄的生存伦理:无论盖房子还是收甘蔗，村民都要相互帮工，主家每天管饭、管酒、备烟。

四年共同生活的经历让李小云明白，这种类型的村庄，未来可持续脱贫仍面临着诸多挑战。

早在两年前，因河边村项目的扶贫创新，李小云获得了"2017年全国脱贫攻坚奖"。及今，项目日趋完善，成了众多相关机构、团体参观考察的样板。

20世纪80年代，李小云在原中央书记处农村政策研究室开始从事农村政策研究，之后他在中国农业大学农村发展学院、人文发展学院等先后担任机构负责人。

研究扶贫理论二十多年，最后选择蹲在一个村庄里，在李小云看来，这是他自己补的一课，河边村就是他希望将传统与现代对接的一个实验。

一个村庄就是一个小社会，里面一样有斗争、有政治，李小云在村里始终能"摆得平"，这一方面由于他超常规的投入，另一方面，他刻意保持距离——他不希望和个别村民陷入特殊的关系，而是始终保持研究的独立视角。

多年下来，李小云时常能感受到村民发自内心的善意——他的睡眠不好，夏夜，年轻人们就到房子周边帮他抓蛐蛐。

哪怕躺下，李小云的大脑也闲不下来，他总是忍不住琢磨村里的工作。

有时，李小云会跟李叔诉诉苦，说自己太累了。李福林是看着李小云变老的。这几年，李福林也觉得恍惚，村里总是忙忙碌碌，好像每年一下子就到了春节。

4年里，很多人的命运在悄然改变。务工青年周志学成了农业合作社的总经理，5户村民成了餐厅老板，40多户村民成了民宿主人，还有十几名学龄前儿童成了幼儿园的学生。

在小云助贫办公室的二楼，他们开设了一间免费的儿童活动中心，作为村里的幼儿园，18岁的本村姑娘邓颖当起了幼儿园老师——这是她初中毕业后的第一份工作。

每天清晨,邓颖带着孩子们早读古诗:"远上寒山石径斜,白云生处有人家。"

幼儿园里,自小说瑶话长大的孩子们逐渐学会了普通话,甚至比一些村外的小学生讲得还好。碰上夏令营的团客,孩子们就当起雨林小导游,他们从不认生,见人会主动打招呼,还习惯问一句,"你们是从北京来的吗?"

这几年,众多北京来的师生进驻河边村,镇里把这儿叫作"小北京"。

如今,李小云待在北京的时间越来越少。他和几位专家出资在山顶盖了一所教授工作站,自此常住,这个工作站的客房也成了村集体收入的来源。河边会议厅和专家工作站客房给村集体带来将近10万元的收入。

在李小云看来,现在还无法真正评价河边村实验是否成功,"等过几十年,我们回头再看"。

谁是精准扶贫的主体?

精准扶贫的攻坚战役在云南勐腊县拉开了序幕。领导干部以前所未有的热情投入到精准扶贫的攻坚战中。县委书记和县里各部门

---

* 本文发表在小云助贫(2016-02-21),作者张萍(原勐腊小云助贫中心执行干事长、中央民族大学社会学硕士)、高明(中国农业大学人文与发展学院农村发展与管理专业 2015 级博士生)、肖瑾(中国农业大学人文与发展学院农村发展与管理专业 2015 级博士生),原文链接: https://mp.weixin.qq.com/s/lIadj4Ar5Gv-0OMIRthN8A。

领导、干部频繁工作在贫困村，各种资源也陆续到位。在这样大的支持下很容易给村民一种误解，那就是政府和社会将会为他们带来富裕的生活。这样的预期并没有错误，政府和社会的确在尽最大努力帮助贫困人口摆脱贫困，但是，贫困群体在精准扶贫中的主体作用不能丧失，动员贫困群体在政府和社会力量支持下走出贫困是取得精准扶贫攻坚战胜利的根本所在。

河边村的综合贫困治理行动在县委、县政府、镇政府的领导下也拉开了序幕。在政府和社会力量的大力支持下，河边村的确也存在着"等靠要"的思想，如何将外部的巨大支持转变成村民建设自己家园的动力，是河边村扶贫综合治理是否可持续的关键所在。正如小云教授在全村动员会上所讲的那样："河边村未来是否能够建设成我们规划的那样，这个前景掌握在你们手里，县政府、镇政府的挂靠单位以及小云助贫正在做最大的努力支持你们，但是我们不能代替你们。大家觉得建房、修路、修基础设施都是政府的事，这个思想不对，我们永远不能取代你们，你们是这个家园的主人。"

河边村是处于深度贫困的瑶族山寨，彻底脱贫需要对贫困进行综合治理。小云助贫与政府一道制定了全面根除发展约束条件、提高农户收入水平、改善农户福利状况的综合治理方案，寄希望通过强化社区组织建设和谐式发展社区，提高产业增收强度，开拓资产收益途径等五个方面的治理来达到河边村可持续脱贫的目标。这一过程仅仅通过政府和社会资源的投入是不够的。因此，河边村村民的主导性作用正在成为河边村能否实现脱贫的关键所在。小云助贫将河边村的青年组织起来，成立了河边村"青年创业小组"，同时在村小组的领导下成立了河边村"发展工作队"，创业小组和工作队已经开始行动了。

小云助贫认为，农村社区组织长期以来重治理功能，轻发展功能，社区建设注重形式上的组织形态而忽视了在发展功能中自发成长基层组织发展功能的机制。因此，小云助贫在河边村进行的组织创新并非直接建立正式的组织形态，而是依托已有的村一级的政治行政资源，将自主型的发展功能嵌入到已有的组织系统中。小云助贫将志愿者提供的专家建设蓝图交给发展工作队和创业小组，支持他们按照自己的设计，根据自己具有的各种资源进行创造性的乡村建设。我们看到了这个过程一开始启动就显示了村民的智慧和积极性的价值。就像坝子里一个富裕的村——纳卡村的村书记说的那样："我告诉河边村的村民，把自己的村庄建设好不是给别人看的，是我们自己的生活。"如果河边村的村民能够继续按照他们现在开始的那样坚持下去，那么河边村的未来一定是一个属于他们自己的美丽家园。小云教授说："我们守望乡愁，但是无法忍受落后；我们渴望发展，但是无法接受那令人窒息的现代。"作为对中国参与式发展有过巨大贡献的学者，小云教授一方面反对形式上和原教旨主义的、民粹式的参与，同时作为他自诩的温和发展主义者，他也在谨慎地审视现代发展主义的问题。河边村实验也是他正在进行的一项谨慎实验。他在河边村贫困治理的行动中毫不隐瞒自己在政府领导下展开工作的理念，也不隐瞒他对大资本进入的慎重，他希望贫困人口能够成为有效利用外部支持并能把握市场力量的发展主动者。也许他的想法是幼稚的，但是河边村实践已经显示出贫困人口自主性改变命运的意义。

示范与村民互助

刚刚过去的（2017年）2月是河边村最忙碌、最辛苦的一个月，自从2013年村民开始大规模种植甘蔗以来，每年的1—3月都是村民砍甘蔗的农忙之时。然而，甘蔗不仅给村民带来了收入，也吸引了几十头雨林野象的光顾。于是砍甘蔗变成了与野象争夺时间的竞赛，为此村民们自发组织起来，几十户种植甘蔗的农户通力合作，每次都集中砍伐一片甘蔗地，这样大大提高了甘蔗的砍伐效率，使更多的甘蔗免遭野象之口。同时，出工勤快的人在最后结账时能获得更多的劳务补贴，即便没有种植甘蔗的农户也能由此获得部分收入。这是河边村给我的第一印象，团结与互助使村民在贫困中稍显从容。

很快，盖新房成了大家生活的主题，我们发现，砍甘蔗中的村民合作在建房中得到延续。现如今走到哪里都可以看到身穿迷彩工作服，不停穿梭于木板架构之间的人。他们乍一看没有区别，除了外请的一两个木匠师傅，大部分就是河边村村民。实际上，不仅仅是房子的搭建，干栏式木楼的整个筹备和建设过程都凝聚着村民的大量心血，每一栋房子的成功搭建都离不开村民自助以及村民之间的互助协作。

从决定盖木制楼房的那一刻起，材料的筹备就成为村民的日常必作劳务之一。找木料、改木料的筹备时间至少在半年以上，这期

---

* 本文发表在小云助贫（2017-03-28），作者高明是中国农业大学人文与发展学院农村发展与管理专业2015级博士生，原文链接：https://mp.weixin.qq.com/s/LPA110ECgRwhEXtSHnyLmg。

间村民自己寻找木料，根据家庭建房计划的需要原地砍伐、锯改木材。木料初步锯改完成后需要多人合作从陡峭的深山抬到能够装车的地方。自筹的木料主要包括支撑柱和穿方，如果按照市场价购买，好一点的柱子每根需要1 000多元，而由农户自筹则能节省采购、请工等过半的费用。

运回村里的木料和在市场上购买的木板等，还需进行细加工、打磨、切割后才能使用。这部分的工作几乎全部由村民自己完成。为了改木料，村民单独或合买了电锯和油锯，满足盖房需求的同时，也增加了家庭生产性资产的积累。改木料是一个技术活，但是难不倒一辈子与木头打交道的村民。由于地处热带雨林，伐木、改木料曾是部分村民的主要收入来源。他们是村里改木料的主力，并很快带动其他村民学会了如何使木料锯改得更为齐整。现如今，客房装修的隔板，甚至是家用衣柜、桌椅都是村民自己动手打造的。

房屋石脚奠基完成之后就需要开始架立整体框架了，当地称为"立房子"。立房子是一件大事，它标志着村民完成了盖房最重要的一步，同时也是最能体现村民之间互助协作的集体行动。立房子的前一天，农户会通知其他村民做好准备。第二天一大早，村民们陆续集中，若人手不足，则通过电话、广播再次号召，一般来说，帮忙立房子的人有40人左右就够了。男性帮忙架立房屋框架，女性则帮助主人家烧火做饭。请同村人帮助立房子不需要支付工钱，但是主人家需要提供烟酒和两餐丰盛的"杀猪饭"。房子框架立起来之后，才正式进入盖房阶段，这时候村民的花销开始增大，其中请工费高达3万~4万元，这对贫困的村民而言无疑是一个天文数字。刚开始的时候，村民大多不知如何盖房，我们请了专业的木匠师傅建造了首批包括示范房在内的十几户木楼。在这个过程中，部分没有盖房的村民一边帮忙一边学习盖房技术。事实证明，村民们的学习能力超乎想象，随着房屋建设的推进，后期所立的房子中，除了瓦片的搭设需要请工以外，木板的铺设和围拢已经可以由村民自己完成。

另外，我们采用砖混厨房、卫生间的设计解决木楼的缺陷和隐患，并继续采用示范户＋村民自主学习的模式。近一年多来，易地搬迁项目相继在勐腊县及周边地区实施，建房材料及人工费上涨得厉害，砌墙人工费高达 80 元/平方米。平均一层卫生间需人工费 700 多元，两层则需约 1 500 元。实际上，我们为村民免费提供了砖块，通过示范房的建筑学习，村内已经有村民能够自主完成卫生间的砌墙和水泥浇灌。

改变远不仅于此，学习盖房让村民节省了大量费用，也让他们学习到了干栏式木楼的建造技术，潜在地创造了一项新的收入来源。河边村青年创业小组成员李明就是一个例子。李明非常勤快并且充满活力，他计划跟着张师傅学习盖房，等学到了技术一方面可以帮助村内其他人盖房，另一方面可以凭此技术到周边村寨做工，为家庭增加收入。

截至目前，河边村已有将近 50 户村民立了房子，虽然进度不一，但整个村庄规划的框架已经有了大致的雏形。近一段时间，每个前来河边村参观的人都会说一句"河边村的变化真大"，但最令人感到欣慰的是，过去两年河边村人的精神面貌也在悄然改变并得到别人的认可。纵观村民盖房的整个过程，尽管从外观上看，村民自建的房子没有那么整齐、自己制作的桌椅没那么美观，尽管规划的进展还存在各种问题，但是农民自主参与到房屋的建设之中，能动性得到极大发挥，这在很大程度上已经实现了我们参与式发展的初始目标。

有人认为，贫困地区缺乏的是一种自我发展的文化，村民已经高度原子化，并陷入利己主义的小圈子。我们的实践表明，在河边村，自助与团结协作在村庄的发展过程中至关重要，从集体砍甘蔗到互助盖房，在生活生计的各个方面，农民本身以及整个村庄都表现出巨大的能动性潜力。在我们看来，贫穷并不是因为穷人自身的不作为，他们缺乏的可能只是组织和引导，缺少的是来自外界的技术性支持。

为什么要建瑶族妈妈的客房?

芬姐说:"要是谁家需要收拾客房的床铺,我可以帮助她们,我以前在酒店打过工。"黄哥看着弟弟家的客居说:"从来没有见过这样的房间和这样的被子。"崭新的客房给这个封闭贫困的河边瑶寨注入了兴奋剂,一切都显得生机勃勃。在县、镇政府的大力支持下,由小云助贫和村民共同打造的复合型产业体系中的核心产业——"嵌入式特色客居",在经历了示范房建设之后开始进入规模化建设阶段。

坐落在西双版纳热带雨林深处的河边村,2014—2015年人均支出7 000多元,而人均收入仅为3 000多元,人均负债达4 000余元。这意味着假定2015—2016年人均支出和收入维持不变,人均负债将会攀升到8 000多元;假定人均支出不变,人均收入达到7 000元,只能确保不发生债务累积增长,而原有债务并未得到清还。因此,如果在支出维持不变的情况下还要偿还债务,则人均年收入必须达到11 000元。但即便收入达到11 000元,也只是偿还了债务,整体福利水平并无改善。这就是所谓的贫困陷阱。以河边村为例,要想跨越贫困陷阱,则人均收入需大幅提高至少3倍,这是一个非常艰巨的任务。

所以小云助贫提出:通过输血为造血创造条件,打造能大幅度

---

* 本文发表在小云助贫(2017-04-23),原文链接:https://mp.weixin.qq.com/s/XRFE8qrEWlOV795Wz0XVzQ。

提高村民收入的核心产业，探索帮助河边村村民走出贫困陷阱的助贫路径。对于河边村而言，仅靠传统的农业产业不太可能大幅提高收入。因此，小云助贫把传统的农业产业作为基础性和辅助性产业，同时在对河边村的资源进行系统诊断之后，提出了能够充分利用河边村气候、自然景观和文化资源，特色与高端并行、会议及休闲齐驱的旅游经济方案。

河边村作为云南省异地搬迁的重点村，获得了国家异地搬迁扶贫政策的大力支持：河边村每户可获得6万元的20年期无息贷款；同时，建档贫困户还可获得4万元的建房补贴，普通农户可获得1万元的建房补贴；此外，河边村村民每户还能获得住建部门的危房改造补贴7 000元。政府的投入基本上满足了河边村村民住房改善的需求，为河边村进一步跨越贫困陷阱打下了基础。

小云助贫认为，异地搬迁虽然解决了改善居住的需要，但是并没有考虑可持续脱贫的方案，如果能够利用政府的这笔投入，也就是说"输血"，进行产业创新的话，那么这笔公共资源的投入除改善河边村村民福利之外，还可以成为村民提高收入的资产。因此，小云助贫与村民共同商议，对全村进行了统一的规划，在河边村打造具有瑶族特色的木质楼居，并在每户打造具有特色且嵌入到家庭的瑶族客居。

为了不增加农户的债务，小云助贫先后于2015年和2016年，通过腾讯捐助平台的"99公益日"为河边瑶寨的村落建设和瑶族妈妈的客房建设进行了公众筹资。小云助贫将公众筹资的善款以及从其他资助机构获得的善款，主要用于村落景观建设，示范楼居、示范客房的建设，以及瑶族妈妈客房装修的材料补助等方面。

截至本文发表，河边村第一批11间客房已经完成了所有硬装，进入软装阶段。第二批16间客房正在紧张装修中。随着进村道路的铺设，河边村这座隐藏在热带雨林中的瑶族小村落，像一位久藏深闺的美丽少女，正在小云助贫的帮助下，梳洗换装，等待着时机与一路关注着她成长的大众见面。相信这一天不会太远了！

再说河边村的"房事"

我与勐腊县的渊源可能要追溯到 1993 年，那时我刚从国外回来，想做一个乡土知识的调查，结识了邓启耀教授，我们一起乘车在穿越热带雨林的公路上颠簸了数日，到达了勐腊县。我印象最深的是这座充满了滇南少数民族风情的小城、街上的干栏式木楼以及背着竹篮的少数民族妇女（我那个时候也分不清楚是哪个民族）。此后，我一直心存着对勐腊那种淳朴、原始风情的留恋，时隔二十多年，我决定到这里看看，顺便做一点关于扶贫的调研。当到这里的时候，我才发现，就如同中国其他地方一样，这儿已经发生了翻天覆地的变化。

县扶贫办的邓主任把我带到了勐伴镇做贫困调研，我们来到了一个处在热带雨林中的瑶族村庄——河边村。从县城到乡镇再到乡村，不断看到破落的干栏式房屋以及越来越多砖混结构的现代住宅。在河边村的调研中，我突发了一个念头，为什么不能够沉下来，和这些村民一起实践如何扶贫。于是，我大胆地在勐腊县注册了一个小的公益组织，开始了我在河边村的扶贫探索。这就是小云助贫

---

* 本文发表在小云助贫（2017-03-03），原文链接：https://mp.weixin.qq.com/s/9nXJn5RMTPU75VlgT20ptQ。

中心的由来。

我在与政府的同志和村民的讨论中发现，房子是他们最为关切的需求。河边村有57户瑶族农户，村内除了办公室是砖瓦房以外，其余全都是居住了几十年的干栏式小木楼。这些木楼没有窗户，年久失修，通风漏雨。我和村民讨论他们希望如何改善自己的住房，他们几乎全都希望盖成砖混的现代化楼房。我试图说服他们把房子做一些修理，保留下来。村民说："李老师，我们祖祖辈辈都住在这样的房子里，我们都住烦了。我们的孩子们都不想在这里住。女孩都嫁出去，找不着媳妇的男人只能从老挝领回来媳妇。"在所谓现代化思潮影响下的村民，自然没有办法被我那种简单的猎奇语气说服。政府已经把这个村庄列为重点扶贫村，也列为异地搬迁的对象。就像我在周边其他村子看到的那样，随着村民生活水平的提高和政府支持力度的加大，这样一个充满着瑶族风情的山庄，也会慢慢成为砖和水泥的落脚之地。到时候无论在房顶上加盖什么样的民族特色装饰，都可能无法呈现文化多样性的价值。我决定，在这样的村庄住一住，体会一下这样的房子究竟有什么问题。很快我就发现，这里居住起来的确非常不便：没有厕所，无法洗澡，半夜出来到野地里上厕所会突然出现一条狗、一只猫或一头猪；冬天的时候，房屋透风，躺在被窝里，头上吹着的是冷风，我理解了村民希望改善住房的需求是合理的。但是我也发现冬天住在砖混的现代化楼房里更不舒服，夜间同样冰凉，好像还不如住在小木楼。我和村民开玩笑，我说这样的房子住起来比木楼好在哪里啊？好像比木楼还冷啊！村民告诉我，那是因为不通气啊！我的体验是一种无知的矛盾，村民的需求可能是一种虚幻的矛盾。村会计邓哥对我讲："老师，砖混房是现代、是城市。你们都住那样的房，我们也要住那样的房！"村里的老队长跟我讲："李老师，砖混的房，不好。冬天冷，夏天热，不如我们的木楼。"我在想，河边村村民的确没有住过砖混房子，但是在这样一个多雨的热带村庄里，长期住在不通风、不透气、潮湿的砖混房里，难道不会影响健康吗？山地民族没有使用砖、水泥的条件，毫无疑问他们所选择的木制住宅应该是最适合这样的气候条件的。关键的问题是，河边村村民那么希望改善住房条件，而我又如何能与村民沟通找到一个最佳的方案呢？

村里的李书记、邓会计他们带着我走访每一个农户，我观察每一个农户的住房，与他们讨论如何能够找到一个既能满足村民改善住房的需求，同时又能把瑶族村寨的文化保存下来的方案。我是一个很少到基层调查又喜欢频频舞文弄墨的学者，完全没有任何关于房子的经验。我以为扶贫就是来帮他们养点猪、养点鸡、种点农作物，提高他们的收入，到了河边村我才发现，我还得学习关于房子的知识。经过反复的讨论和实地的观察，我觉得改善村民住房需求的核心，是要让现有住宅的人居功能得到根本的改变。也就是说，如果河边村这样木制的干栏式建筑，能够有敞亮的窗户，能有卫生间，能够把居住、饮食等功能做出合理的布局，并结合整个人居环境的改善，那么农民是不是一定要盖砖混的房呢？我和当时的镇长探讨这个问题。他是傣族人，具有丰富的地方工作经验和生活居住知识，他给我讲述干栏式建筑的优点，并带我到其他村庄参观勐伴镇新农村建设的试点。在那个阶段，我的脑子里全是河边村的房子这件事。我和当时的镇长商量，我们能不能不在河边村建砖混住房，我们在河边村做一个规划，在原地建设和改善人居条件，保留人居和自然的原有结构。镇长非常支持这样的想法，他为河边村贫困综合治理规划提供了积极的支持。

从2015年开始，政府按照这样的规划开始对河边村的基础建设进行投入，村内的道路、挡土墙即将完工。勐伴镇的书记和镇长，以及政法委的同志坐镇河边村解决实际问题，配合我们，围绕着房子展开了一系列的工作。

虽然新的规划是在原地重建，但也涉及一些调整，这些调整事关宅基地的移动和变化。房子是村民生活的头等大事，村民选择在一个地方建房是充分考虑了各种因素，就像我们说的风水，一旦涉及位置的移动等变化，就势必会产生冲突和摩擦。规划希望将进村入口处的两户的位置移动一下，以便能有一个小的中心广场。这样的规划最终因为一户不愿意挪动而不得不放弃。我们没有强迫农户移动他的位置，因为房子对他们来说太重要了。河边村的邓会计是一个性情爽快、助人为乐的好干部，但是他迟迟不启动自己的房屋建设，他总是强调木房不好。我和他聊天，他老老实实地说："李老师，我不想建木房，我要是想建我早就建了，我家里妻小都不同意，他们住在这样的房子里都要烦死了。"我和他讲，住在这样的房子里谁都会烦。你也看了我们的设计，现在设计的住房，你住了一定会很高兴。后来他找了镇委书记，坚持要盖砖混房。他的宅基地在村主干道一侧，如果他建砖混房，势必会影响整个村庄的景观。所以，镇委书记没有同意，告诉他他是村干部，要带头按照规划做。

农民一年辛辛苦苦，他们的理想就是能够盖起一栋他们满意的房。我也越来越认识到如果这个房子的问题解决不了，做其他的事情，农民的兴趣也不是很大。2016年4月，为了更好地推进河边村住宅的建设，我们聘用了专门的技术人员进驻河边村，选择一户农户并为村民购置各种工具，进行示范户的建设。由于承包建房费用过高，所以我们决定组建住房建设工作队，在技术人员的指导下，边干边学。因为村民都有自建住房的基本技能，我们将对木材的加工质量和建房的安全等作为重点内容，通过建设示范房进行现场的施工和示范。经过一个多月的施工和建设，一栋崭新的、具有河边建筑风格的住房建了起来。村民看到敞亮的窗户，崭新的屋顶以及平整无缝的地板都非常高兴。到目前为止，4/5的村民都已经立起了新房，当我最近再次驱车进村的时候，汽车行驶至村口，映入我眼帘的是崭新的房屋和正在建设的新房。

河边村的房子是怎么建起来的？

我第一次去河边村时，吉普车在柏油路上开了40分钟之后，拐进一个小岔路口，看着前面的土路，本以为差不多快到了，而事实上进村的路才刚开始。盘山路本就不好走，道路又坑坑洼洼，我坐在后座，随着车子前后左右无规则摆动，感觉自己的五脏六腑快搅在了一起，四周风景美丽也挨不过晃得头晕，看着冷冬数九的日子里绿意盎然的山脉，我心里毫无波澜，只是不停默默念着：下一个转弯就到了吧……而在某个猝不及防的转弯后，河边村跳进了我视野里——山的青翠与天的湛蓝各分去画面一半，绿树之间突现二三十幢"小别墅"，俨然不规律地散落在山坳坳里，棕木青瓦一瞬间消解了对绿色的视觉疲劳。在西南边境的深山里遇见这样奇特的景色，不用任何人介绍我也知道，河边村到了。

全村57户都要求建成瑶族干栏式木楼，我到的时候已经盖起了二十多户，一个月之后，在我走的那天，又立起了十多户。要五十几幢木楼在小山村拔地而起，这种事乍一听好像天方夜谭，而见证着房子建起，听着村民们畅想未来，我又觉得房屋建设势在必行，也反过来对这些房屋的建设过程深感好奇。在进村的日子里，我终于和村民一起将这个大工程从头到尾仔细整理了一遍。

找木料。瑶族干栏式木楼对材料和技术的要求都很高，木楼从

---

* 本文发表在小云助贫（2017-03-17），作者杨程雪是中国农业大学人文与发展学院农村区域发展国际方向2013级本科生，原文链接：https://mp.weixin.qq.com/s/RErO1t8baDOW-pGW3-AwHQ。

二层开始住人，村中各家各户可以根据需求建造适合自己家的木楼。建房的基础材料需要粗壮的树木，基本上是就地取材。

最初，村民是从村集体林中砍伐木材，距离近，木材质量好，而且不需要花钱购买木材。但集体林中合适的树木并不够全村人使用，以至于接近一半的村民是从其他地方购置木材。这些木材主要有两种功能，一种是当作房屋的柱子，需要20~30根，依房屋大小高低有所不同，村民会根据自己的需要进行挑选；另一种用来当作穿方，这是横切面为方形的木条，穿插在柱子与柱子之间用以衔接并固定。

集体林中木材不够，村民家中主要劳动力就要到各个寨子"找木料"，这个时间有长有短，平均在两三个月。能力较强的农户不出两个月就能将木材找全并运回村里，但是受能力、健康情况的限制，有些村民用了一年多的时间才勉强找到合适的材料。一般情况下，1 000~2 000元不等的价格可以买下一片树林，里面的树木都可以运走；有时，质量很好的大树则需要以数百元一棵的价格购入。粗壮的大树可以打磨成结实的方柱子，贯穿房屋，但若是找不到足够粗的大树，就只能依照树的形状打磨成圆柱子，实际上也别有特色。

抬木料。之后最难熬、最累的就是运输木材这个过程了，村民称其为"抬木料"。因为整个过程都是由村民自己负责，从砍树到运木材下山，村中劳动力相互帮助完成，这需要大量的劳动力，村民们时常整日整夜地待在山上搬运木材，一般要一两个月才能将所有木材搬下山并运回村里。其间，村民们自愿上山帮助某一户村民，而该户要负责所有人的饮食和烟酒，其中包括烧火用的机油、大米、猪肉、青菜等，加上这片地区嗜烟嗜酒现象严重，烟酒的供应更是不能断。主人家平均每四五天下山购置烟酒食物，平均每次花费700元以上，若耗时两个月，那么运木材中产生的生活开销就达到1万元，这类支出被村民称作生活费（并不包括他们平常的生活开支），几乎没有被精确计算过。山里的生活极其辛苦，村民们负担繁重劳动的同时，生活之单调乏味比在村中更甚。乏味之外，村民在山上有时还会出现缺少食物的情况，需要自己摘野菜，一旦失手（比如吃到野生毒蘑菇），就是一场大病。在建房这样的关键阶段，生病意味着劳动力和经济的双重损失。

等木材运下山后，需要租车运回村里，最近的市场价是1 500元/次，一般都需要运两三次。如遇雨，进村道路泥泞不堪，货车进不来，就又要多等上几天。

改木料。木材运到自己的宅基地上还需要再次加工，包括打磨和穿孔，这一过程叫"改木料"。改木料有一定的技巧，而村里学会改木料的村民人数不多，所以部分村民选择请人改木料。缺少技术但木材充足的村民需要花费8元/米请人将木材改成能够使用的穿方；缺少木材的村民则要以35~40元/米的价格从村外购买穿方，一共需约20个左右8米的穿方，共五六千元；而既有充足木材又懂技术的村民便自己改木料，虽然要花费很多工时而且要承担打孔出错等风险，但可以省下这部分钱。要将房屋的框架立起来，除了柱子和穿方还需要水泥底座做支撑。截至这里，立房子的材料大体上准备全了，花费在1万~2万元，根据家中的不同情况而有所不同。之后选定日子，就可以叫上村里人一起帮忙立房子了。

立房子。粗略估计，两三个小时能立好一个房子，会有二三十人到场帮忙，在这一天，主人家要承担起午饭或晚饭的准备工作，这也是生活费支出之一。招待的饭菜中必有猪肉（除非家里已经没有猪了）。瑶族人对猪肉有很深的感情，每年都会留一头猪过年，称为年猪，但为了建房子有很多家已经提前杀了年猪。一个村民跟我说，这一年为了盖房，这个小寨子已经杀了上百头猪、上千只鸡了。更有村民家里已经不剩什么家禽牲畜了。招待费里更是免不了烟钱，当地人通常抽的云烟价格7~15元不等，朋友多了，一天两三包都能分发完，即使没有人一起，只是自己抽，平均下来一个人一天也能抽完半包到一包，烟瘾重的人两天能抽完三包烟。"抽的是寂寞",他们这么说。

建房子。房屋的框架建好之后,待材料准备齐全就可以继续房子的建设工作了。这里所需要的材料比较复杂:

其中木板共分四种,长短薄厚均有差别,主要用作地板和墙板。

挂瓦条以捆售卖,每捆9根。一般情况下,这里的风并不是很强,瓦片并不是钉在瓦条上,而是层层叠叠地挂在上面。

房屋一层浇灌水泥地面,村民称作"打地板",需要水泥、沙子和碎石等材料。

这一部分需要花费3万元以上。

除此之外,为了建造更适宜居住的环境,每家的木楼都设计了砖混结构的卫生间,巧妙地嵌入了木式建筑里。

材料的准备不像运木材那样辛苦,但是村民也遇到一些困难。由于附近村庄都大兴土木,建材价格一年之间涨了很多,买得越晚开销就越大,但订单下得早也并不意味着可以省钱省心。河边村村民大多向同一个老板订木板、挂瓦条和瓦等材料,订的时间早,老板抱怨售价低,总是拖着不发货。有的时候村民加了一些钱,老板依然不接电话也不送木材进村,村民大多时候只能被动干等着。有一个村民早早下了订单,但老板长期不发货,他直接去纳卡的仓库,结果发现他的木板已经烂掉,根本不能用,而完好的挂瓦条只剩下16捆,其余的木板和三十多捆挂瓦条依旧迟迟不送货。截至1月4日我离开村子,依然有十几户的材料没有到位。

在筹备材料以及立房子的过程中,大部分农户已经将6万元无息贷款花完,有的村民自己又出1万~2万元,有的是积蓄,有的是向信用社贷款,还有的是向亲戚借款,等到"异地搬迁"的补贴发下来再还。

有基本的材料,就可以开始施工了。一些村民由于人力不足、时间不足、技术不足等原因,这个过程会选择外包,即请师傅。在建房之初,来自四川的张师傅就一直带队在村中建房,他不仅亲自盖起了河边村近十幢木楼,还教会了村民建房的技巧。村中懂得建房技术的人都是向他学的。而在这一年多的时间里,师傅揽活越来越多,外包的价格越来越贵。一方面因为供不应求,懂技术的人太少而建房需求量太大;另一方面也是由于这种干栏式木房的结构复杂,工程量大。最初仅需110元/平方米,后来一路涨到125元/平方米,有时甚至要达到130元/平方米。每家每户大小在150~250平方米,施工费就要用去3万~4万元。

能够自己施工的农户基本需要符合几个条件:一是亲戚间劳动力较多,能够相互帮忙;二是懂得技术;三是有较多空余时间。此外,还需要花费工具费和维修费数千至上万元。

根据访谈内容,我对建房过程做了总结,并对金额简单进行了估算。

我将建房过程总结为四个部分,分别为购置木材、运输木材、改木料和房屋建设。必需支出(必需且非全部支出),共计49 000元。依照村民遇到的不同情形,其余支出情况也有所不同。除了列出的比较重要的支出项目,无法将建房可能遇到的全部情况穷尽,因而列出其他支出5 000元。

房子建好并安装了小云助贫补贴的窗户之后,就具备了挡风遮雨的功能了,尽管几乎没有内饰,但村民可以将家搬进新房子里,随意铺张床、打个地铺,就可以住人了。我看到许多农户家里干净整洁,有的每天都会打扫房间,没有装修过的屋子显得格外宽敞。房子里用剩余的木板或布料围起了一个个独立的空间,有的家里还摆上了沙发。我在村里的那几天,每天都是打地铺,虽然简单,但躺在亲手搭建的房子里,闻着木头的香味,只觉得舒适又美好。

可以肯定的是,建房进展到这一步,事实上相当于掏空了村民兜里的每一分钱,几乎每一个村民都会和我抱怨没有钱搞精装修,更有人不希望装修,只求房子能住人。但村民对于未来还都是抱有希望且小有规划的,他们来来回回地盘算着房屋的设计,在哪个位置开几间客房。他们有的人打算开早点铺子,有的人想开餐厅,有的甚至在家附近设计了花园和停车场。他们忙碌着,眼前的每一个困难,即使只是坑坑洼洼,对于他们来说却像是翻山越岭那样艰难。他们心中隐隐感觉到未来可能会更好,而畅想未来时,喜悦总伴着苦涩,继而面露羞涩,草草收尾。

河边村未来的发展对于村民来说完全是陌生的领域,他们没见到过更没听说过,心中的坚持是基于对政府和小云助贫的信任,而相对的,他们的担心却是实实在在的——什么时候能开始赚钱呢?能赚多少钱呢?什么时候能把债还完呢?

不过在我看来,村民的担心是阶段性问题,将会在房子建成、游客入住的过程里,为时间所消化。

我离开前,已经预约了五六家客房,深深感觉钱包要吃不消了。

话说河边村示范房停工那件事

雨季即将来临,河边村村民既要忙着备耕,又要盖自己的房子,大家都想赶在雨季来临前立房盖瓦,要不然辛苦一年时间备好的木料将遭到雨水的淋湿而变形,有的甚至将被白蚁肆无忌惮地啃食而报废。在这种情况下,原先组建的13名河边建筑团队纷纷退出,而平时自愿加入盖房队伍的村民,也出于各种原因,不愿出力。眼看

---

* 本文发表在小云助贫(2016-05-15),作者张萍是原勐腊小云助贫中心执行干事长、中央民族大学社会学硕士。原文链接:https://mp.weixin.qq.com/s/Oo9-jz6Pxr2M3eSO8-8Xww。

着从基柱部分全村参与，到房屋建设部分每天参与盖房的人越来越少，这基本失去了我们原先就设计好的盖示范房的建设意义，偏离了李老师的理念，见势不佳，2016年5月12日我只好下令停工。

为此，当晚我让党员干部召集全村村民讨论解决方案，在讨论过程中，我发现部分家庭劳力不足，确实无力抽身出工，但有些村民完全是为自己的懒惰找借口；有些是出于私心，觉得示范户是盖给别人住的，与自己无关，不愿出工；有些是不理解盖示范房的意义；有些是想参与盖房但出于经济压力无法购买建筑工具；有些纯粹是推卸责任，觉得盖示范房是党员干部的事……各有各的想法，无法形成统一意见，讨论很激烈，有的村民几乎吵起来。会议讨论到最后，大家一致觉得建筑团队是开大会自愿组建的，理应由建筑团队来做，善始善终，并将13名建筑团队分为两组，当时建筑团队也只好按大部分人的意见表示同意。但到了第二天仍然没有人出工，原因五花八门。

河边村村民深知建设家乡的重要性，也知道得到各方力量的扶持是他们二十多年来难得的发展机遇，但当建设家乡和日常生产、生活产生冲突时，需要投工投劳实现公共建设部分就存在一定的难度。为此，为寻找到建设家乡与日常生产生活两不误的平衡点，第二天一早我就召集党员干部讨论建房人员分工调整方案，并明确了以下几点：

1. 任何情况下都不能放弃盖示范房；

2. 盖示范房是全村的责任，不只是党员干部、建筑团队的责任，必须全村村民公平参与；

3. 不能因为盖示范房而影响农活或其他村民盖自己的房，一周内一户至多出工一天；

4. 开工第一天党员干部带头建设，之后按57户（除五保户）门牌号分8组，每组7人，以组为单位，轮流上岗；

5. 不可无故旷工，找各种理由、借口不出工的每天罚款60元；

6. 由两位老党员负责监督、协调，遇到问题及时召集大家研究解决方案，不可逃避问题；

7. 小云助贫中心提供适当的建筑工具：2台切割机、1把电锯、4台推刨、4台打磨机，共计3 000元左右。

建房分工方案明确后，党员干部内部先初步达成共识，当晚村内再召开全村大会决议，最终才达成共识，2016年5月13号正常开工。

河边村贫困综合治理建设是系统工程，再好的规划，如果没有系统的管理办法是极难开展的。就示范房停工这件事来讲，如果村民参与方式不能很好地体现公平和合理是无法正常开展工作的。这里的公平体现在人人参与，合理体现在做好时间切割，既要不影响村民日常生产生活，又要投工投劳建设家乡。现在住房改造面临这样的问题，我想之后的景观绿化、社区能力建设、基础设施建设需要投工投劳的地方都会遇到类似的问题。所以，河边村建设启动至今，合理、可行的行动方案、行动方法越显重要。

从河边村卫生间的故事说说参与式

从2016年4月开始，河边村启动了旧房改造和客房装修的示范工程。在房屋建设的讨论过程中，中心工作人员在与村民的互动中发生了很多故事，示范户之一邓某某家的卫生间修建就是一个有代表性的例子。

---

* 本文发表在小云助贫（2016-12-21），原文链接：https://mp.weixin.qq.com/s/GCtNW-l708xAOTinZ-rctg。

多年以来，除了一户旱厕之外，河边村基本没有使用卫生间的习惯。小云助贫中心在驻村办公室旁边修建的简易木制厕所，是村里最"豪华"的卫生间，除了我们的工作人员，村民们也会经常跑来使用。在我们的规划中，要将河边村打造成一个兼具民族特色和现代舒适性的休闲旅游与会议经济基地，村民各家卫生间的建设不仅要满足自家的需求，更要适应来自城市的外部消费者的生活习惯。因为这个原因，卫生间应该怎么建从一开始就成为我们关注的重点。从房屋规划开始，有关卫生间的位置和装修细节，李小云老师和中心工作人员就与建房的各户村民进行了长时间的讨论和商量。

我们在村里选择了备料最齐、动工较快的一栋木房做卫生间和客房装修的示范。在这家，主人决定将卫生间的位置放在房子的阳面。由于房屋主人的个人意志比较强烈，本着推进工作，尊重客房拥有者自身意愿的想法，最终我们按照房屋主人的规划在他挑选的位置修建了卫生间。

等到卫生间最终修建起来后，我们随着李老师到现场确定示范户客房进一步的装修方案时，才发现已经修建好的卫生间存在诸多问题。一方面红砖砌成的卫生间在房屋的正阳面，正对着村中主要道路，这直接影响了房屋的整体美观；同时，卫生间的位置完全遮挡了客房的采光和视野，导致在设计客房装修方案时非常困难。

我们在河边村的整个工作过程中，受到李小云老师参与式工作方法的影响，非常注意听取村民的意见，不以我们的意志强迫村民。很多时候当我们的想法和村民冲突时，最终的决定也是尽量尊重村民自己的选择。我们以为这样才是完美履行和贯彻了"参与式工作方法"。但在示范户卫生间修建这件事上，李老师把我们称为"机械式原教旨主义的参与者"。他说，真正有益的参与式工作方法应该是对村民进行负责任地引导，将外部积极的因素整合进来，而不是以村民意见为主导的"民粹主义参与式"。例如，在村民建房的规划设计阶段，他就坚持要保留具有民族特点的干栏式木楼建筑形式，而坚决反对当地旧房新建过程中常见的千篇一律的砖瓦房。但当地村民更加中意砖瓦房，因为在他们的意识里，砖瓦房才是现代化的象征，而传统的干栏式则代表着贫穷和落后。在这种时候就不能片面遵循他们的意见，因为他们的意愿所体现的其实并不是他真正想要的，而是他们错误认识的反映。李老师说，干栏式木楼才是环境友好和有文化底蕴的，所以我们必须要坚持保留这样的建筑，而同时可以将房屋的内部设计得更加现代化，满足他们对城市生活的憧憬和向往。回想河边村新房规划和设计阶段，李老师确实是积极灵活地使用了参与式工作方法，并达到了良好的效果。截至目前，村中已经修建好的近 30 户新瑶式木楼从立房伊始，就屡屡让第一次见到它们的访客产生"惊艳"之感，进而印象深刻、赞不绝口。村民也渐渐从外界的反应中体会到这一决定的正确性。

从河边村客房整体规划的成功经验和卫生间示范的不太成功案例，我们真切体会到参与式工作应该是一种积极互动的方法，而绝不是机械式地遵循村民的意见。在今后的工作中，中心的工作人员会本着这一原则，继续协助村民落实好每户客房和卫生间的设计装修工作。

"雨林鸡蛋"的长途旅行

小云助贫不仅进行房屋改造项目，也帮助河边村的人们组织一

---

* 本文发表在小云助贫（2016-03-22），作者为中国农业大学人文与发展学院博士生吴一凡、高明，原文链接：https://mp.weixin.qq.com/s/YwvL_s16OVwl9R0QLHaegg。

些生产性活动，微电商就是目前主要的方向之一。青年创业小组在微信上开了一个名叫"版纳河边雨林天然出品"的店铺，目前主要在售河边村的土鸡蛋。在村内待了一段时间，亲身经历这些过程，亲眼看到一颗"雨林鸡蛋"是如何被选中、包装、运输到每一位顾客手中的。整个环节大家都非常用心，我们想把这些过程写下来，希望与大家分享每一颗鸡蛋背后的故事。

青年创业小组在村内收购鸡蛋，每颗鸡蛋收购价为5元，然后经过青年创业小组仔细的包装，将这些鸡蛋从村内运到县里，再从县里将这些鸡蛋快递出去。无论是挑选鸡蛋还是包装鸡蛋，这些过程青年们都十分用心。勇哥（青年创业小组组长）带上本子和笔，另外两个青年手里拎着塑料袋，三个人就开始挨家挨户收鸡蛋了。河边村几乎家家户户都养鸡，数量或多或少，听说创业小组会收购这些鸡蛋，大家都很乐意将这些鸡蛋卖给创业小组。

收购鸡蛋是一个非常耗时的工作，因为需要保证每一颗送到顾客手中的鸡蛋都是品质优良的鸡蛋，所以收购时必须要对每一颗鸡蛋进行仔细的检查。首先，要将鸡蛋拿在手里掂量，感受鸡蛋的重量。然后拿起鸡蛋摇一摇，如果没有什么声音，那就是比较新鲜的鸡蛋，如果有晃动的声音，则表明鸡蛋较为陈旧或者变质了。除了这些步骤外，为了确保鸡蛋的品质，还需要一些更为严苛的检查。将鸡蛋拿在手上，细细地观察鸡蛋壳，如果没有光泽，但是有明显的气孔，并且手感摸上去是粗糙的，那就是新鲜的鸡蛋。上述一系列步骤操作完毕后，如果还有不能确定质量的鸡蛋，创业小组的成员则会拿着手电筒对鸡蛋照射，在强光的照射下，穿过蛋壳观察鸡蛋内部，如果蛋黄、蛋白界限比较分明而不是混在一起，那就是新鲜的。

创业小组的成员对每颗鸡蛋都会进行仔细的检查，蛋壳有破损的、不新鲜的鸡蛋都是被淘汰的对象。从每家收购的鸡蛋的数量,青年们都会记在本子上,等鸡蛋售出,钱款收回后,再补给村民。收购完鸡蛋之后,青年创业小组的成员们开始将这些鸡蛋包装。他们想了很多种包装办法,用编织的篮子装鸡蛋,里面再填上稻草是最保险的方法,这样鸡蛋在运输过程中不会破损。可是编篮子实在太耗费人力,一个人一天也只能编一个篮子,鸡蛋的成本就会上涨很多。后来,他们用稻草将鸡蛋紧紧地包裹起来。一把稻草捆成一束,将鸡蛋塞在里面,然后鸡蛋四周全部用稻草包裹,三个鸡蛋包成一条,四条鸡蛋(一共12个)装在一个纸盒子里售卖。大家非常仔细地将这些鸡蛋包装起来,捆扎稻草时也很用力,尽量用稻草紧紧地包裹住鸡蛋,不使鸡蛋任何一点表皮露出来。

将鸡蛋装箱之后,就是对照着微信上的购买名单填写快递单了。青年创业小组文化程度并不高,填写快递单对于他们来说稍微有点吃力,不过更大的挑战在后面,要引导大家微电商创业,一定要掌握使用电脑的技能。青年创业小组的成员们学着将鸡蛋的售卖情况录入到 Excel 表,对于他们来说,这个过程非常具有挑战性,但是他们也知道,只有通过这样不断地学习,才能一步一步做得更好。

第一批"雨林鸡蛋"在开卖的三个小时内就售罄,对于创业小组来说是非常值得庆祝的事。大家都很开心,想象着远方的人们收到这些鸡蛋时的场景,第一批鸡蛋刚包装完,就想着下一次去收购鸡蛋了。几天之后反馈结果陆续到来,有少量顾客在收到鸡蛋时发现有一两颗鸡蛋出现破损,通过微信后台联系到了青年创业小组。他们耐心地向顾客解释并且迅速做出回应,破损鸡蛋的款项直接退给顾客,然后开始对运输过程中的鸡蛋破损问题想出解决对策。要进一步强化创业小组成员工作时的责任意识,鸡蛋的破损虽然与快递的暴力运输有直接关系,但是也可以通过更好的、更认真的包装从源头上减少鸡蛋破损的发生率。另外,小云助贫的工作人员也与青年创业小组一起，不断尝试更好的包装方式，既降低成本也能保证鸡蛋的品质，将每一颗精心挑选的"雨林鸡蛋"送到有着满满期待的顾客手中。这背后一系列的过程，如果不是亲身经历，很难想象青年创业小组如此用心对待每颗鸡蛋。对他们来说，将每颗鸡蛋以最佳的品相送到顾客手中，是一件非常幸福的事。青年们盼望着能有更多的人品尝到来自雨林的鸡蛋，也希望通过自身的劳动能够更好地促成这一愿望的达成。

除了鸡蛋的包装过程需要格外认真，鸡蛋的发货要更加仔细，鸡蛋的收集过程也并不是一帆风顺。据了解，由于是纯天然无添加饲料喂养，河边村的鸡蛋产量相对较少。此外，因为拆楼建房的原因，目前河边村的鸡居无定所，出现"上树鸡"的奇观，母鸡的数量无法统计，而且环境的改变也使母鸡下蛋的数量减少。根据调查小组统计发现，村里的母鸡第一年只能产 20~30 个蛋，第二年产 50~60 个蛋，第三年与第二年相同。我们假设母鸡只作为蛋鸡养殖，这期间仅仅计算粮食喂养的成本：以三年为一个养殖周期，第一年每个鸡蛋的成本为 2.43~3.65 元，第二年和第三年为 1.22~1.46 元，三年下来，平均每个鸡蛋需 1.62~2.19 元。这还没有包括人力、鸡瘟风险、粮食价格上涨等因素对成本的影响。在收购、包装甚至发货的过程中产生的人工费用更是无法具体核算。因此，当河边村青年创业小组以 5 元的单价向农户收购，甚至以 10 元的单价出售时，也许有人会认为我们的"雨林鸡蛋"售价过高，但是真正算上"雨林鸡蛋"背后的成本，我们却觉得物有所值。我们希望外界的消费者能够吃到天然的"雨林产品"，也希望微商平台能够真正帮助河边村村民脱贫，"雨林鸡蛋"只是这一切尝试的开始。

河边村实验点滴

我的学生和孩子都主要成长于物质日益丰富、思想日渐开放的改革开放年代，我经常会与他们产生意见分歧，这些出生在城市，享受良好教育的一代人对当下的社会问题大多持批判态度。比如我说现在某个省发展真快，他们就会说那里的贫困你没看到。

而我自己成长于一个物质短缺和思想保守的时代，在北方一个小县城长大，一年一套冬天的衣服，一套夏天的衣服，小时候好像没洗过澡。到了大学开始在日益开放中了解世界，知道了西方物质丰富，每天能洗澡，每天吃肉。西方能这样是因为他们发达，所以学习西方、追求发展在我的思想和行动中打下了深深的烙印。

我在很多场合讲过，我是一个追求进步的发展主义者，我对于发展本身的批判与其说是谨慎倒不如说是怀疑。在对发展带来了很多诸如健康、环境、不平等等问题铺天盖地的批判浪潮中，我有时候也不得不讲几句批判的话。

但是平心而论，我在骨子里是一个发展主义者，更坦率一点讲，我还是一个具有社会进化论色彩的发展主义者，要不为什么很少有人愿意回到原始社会呢？在一次与剑桥大学艾玛·马德斯利（Emma Mawdsley）教授的交谈中，我提道："英国的学者对于后殖

---

* 本文发表在奴隶社会（2019-01-30），原文链接：https://mp.weixin.qq.com/s?__biz=MzA3NDMyOTcxMQ==&mid=2651248912&idx=1&sn=6be0e136c6fa8be6ae902d792dad96b1&chksm=84f30210b3848b06266f836fc1e9e764f89ada3410202ec74de01da25b5a94f85038b325388b&mpshare=1&scene=1&srcid=0130Dt5qTrNNKR1h2qT790Yw#rd。

民主义的思想体系贡献太大了，大到甚至有些虚伪，他们从理论上把发展看作是单一价值的殖民。"她说："小云，我也觉得我们有点过了。"作为多元主义，尤其是多元文化主义的价值伦理，毫无疑问是人类进步的内容之一。

但我总在思考：尽管进步具有相对性，但在强调文化价值多元性的同时，我们难道不需要一个对文明的价值判断吗？诚然，这样的想法是为我的发展主义主张和行动做辩护。我在这方面的论述不是很多，但我的的确确辗转往返于中国和非洲农村，是一个不折不扣的现代发展主义实践者。

我在农村的时候，总喜欢问村民一个问题："你喜欢到城市生活和工作吗？"几乎所有人都说："我们想啊，但是我们去不了。"在坦桑尼亚农村，我也问过当地村民同样的问题，他们的回答如出一辙。发展中国家在发展过程中形成了巨大的城乡差异。一方面，城市丰富多彩的物质文化生活吸引着大多数农村人口；但另一方面，农村人口由于其技能、教育等方面的不足，到了城市并不能在城市中享受到应有的城市生活福利。很多人将此称为"城市的幻觉"。但我觉得这并不意味着农村人口不应该去追求和享受他们内心那份城市生活的梦想，我也觉得这并不是发展的问题，恰恰是欠发达的问题。

我也会问很多从农村出来的学生将来是否愿意回到农村。可以肯定地讲，几乎没有学生在毕业以后选择回到农村生活。我也曾与那些把孩子送出去上学的家长聊过类似的话题，这些父母都会说："我们辛辛苦苦打工挣钱供孩子读书，就是希望他们将来能有出息，不要回农村。"在这些交流和对话中，我那份挥之不去的发展情结始终在内心徘徊：如何让乡村成为"出去的人想回来，城里的人也想来"的地方？用一个最庸俗的话说就是：要靠发展。

我觉得自己属于被批判发展学者称为"被发展的霸权和发展的意识形态洗脑"的人。我非常理解这些批判发展的学者们所关注问题的严肃性，也非常欣赏他们执着的批判精神。我并非无视发展过程中出现的问题，但令我感到困惑的是：由发展导致的问题究竟是否可以通过发展加以解决？显然，这个想法在逻辑上并不成立，造成问题的原因怎么能同时是解决问题的方式呢？但是，如果不用发展的方式，那应该用怎样的方式去解决呢？

20世纪90年代，我刚到欧洲学习时，印象中最为震撼的是欧洲人的卫生间居然比我们居住的房间还要好。我在慕尼黑的一个乡村实习，住在一个农户家，主妇每天把家里的卫生间和厨房打扫得干干净净，打扫完之后她还会在卫生间里放上一小束鲜花。此外，她还会每日给庭院里的花浇水，让自己的家看起来像一个小花园。这些细节给我留下了深刻的印象。

回国以后，我首先做的就是改善我们单位卫生间的条件。我仍然记得，在卫生间改造完成后，单位里的德国同事感叹："我们办公室的卫生间终于不再臭了！"二十多年过去了，办公楼几经翻新，在各位同事的努力下，我记忆中欧洲求学时的乡村卫生间终于在办公楼变成了现实——在干净整洁的卫生间里，盥洗台摆放着鲜花，瓷砖墙壁上挂着不同的风景画。所有去过我们卫生间的学生、老师和外来的客人都说好。

有时候我也会自嘲，脏乱差又何尝不是一种文化呢？难道说像欧洲人那样把卫生间和厨房都搞得干净整洁就一定代表文明？如果说我的行为是欧洲文化的殖民产物，那为什么没有去过欧洲的人也会说这样的卫生间好呢？

当然，我们可以把原因归结为"传统文明在西学东渐的过程中，被西方文明浸染，由此伴随着的是我们的价值观也在潜移默化中被这些西方文明不断重塑"。但我还是相信，"进步"和"文明"具有普适性。从学者的角度讲：现代性的扩张就是一种文化生活方式和价值观的扩张。西方现代性通过全球化的方式产生的文化殖民是显而易见的。在某种程度上，我也具有民族主义者的特性。但我还是认为这个世界存在着某种普适性的价值。

2015年1月，我来到了河边村。面对村内泥泞的道路、破旧的住房，以及脏乱差的环境，我萌生了一个想法：我住下来吧，让这个村庄变成一个现代的村庄。

过去河边村全村57户农户生计的主要来源是种植甘蔗、采摘砂仁及在附近打零工，2015年河边村人均收入为4 303元，同年人均支出为5 098元，80%家庭背负债务，无力偿还。村内居住环境均为人畜混居的破旧干栏式房屋，无卫生间、无厨房、无窗户。村内村外均无硬化道路，雨季出行极为困难。村中学龄前儿童普遍缺少照料，青少年辍学率达50%以上。总体而言，河边村是一个处于长期性、深度性贫困的村庄。

当时村里人畜混住，连一个卫生间都没有。我住在村里，最困难的一件事就是上厕所。我在这个村庄一干就是四年。在四年的时间里，我与相关政府部门进行了多次讨论协商，尝试把各方面的扶贫资金统筹规划使用，希望把这样一个村庄打造成我前面说过的"村里人不想出去，城里人想进来"的地方。在各级政府的大力支持下，河边村的面貌发生了翻天覆地的变化，崭新的干栏式木楼拔地而起，变化之大令我始料未及。

与此同时，在这个过程中，我一直在思考如何能让一个传统封闭的少数民族群体与现代文化对接融合。这个村庄主要的经济来源是采摘砂仁和种植甘蔗。然而，砂仁的产量和价格很不稳定，多的时候农户可以卖到1万元以上，少的时候仅有一两千元钱。甘蔗虽然是一个稳定的收入来源，但是野象的出没和破坏有时候会导致其绝收。虽然农民可以拿到补偿，但是每亩的补偿金只有700多元。因此，河边村村民的收入远不够支付日常的开销。在这种情况下，我与村民和政府进行多次讨论，最终形成了一个试验性方案：利用河边村天然的雨林气候环境和特色的瑶族文化资源，把河边村打造成一个集相对高端的会议经济与休闲自然教育于一体的新业态产业村。

如果更多的城里人能来到这个乡村,就自然会有更多的现代性意识形态和价值以及相应的技能传入这个村落。同时,对于久居城市的人们来说,来到这样一个乡村,可以尽情享受自然和文化带来的愉悦,这样不就可以做到传统与现代的有机融合吗?

四年来,我和我的团队与各级政府部门一道,在各家各户的干栏式住宅里打造出风格各异的"瑶族妈妈客房",在每户建设几乎与城市一样整洁干净的卫生间和厨房,在村里建设配备各种现代设施的会议中心,对村内的卫生环境进行整体治理……

在河边村的脱贫工作中,我们采用了边建设边受益的原则,这样做的主要原因是我硬生生地把一套城市人的想法通过备受诟病的发展主义者干预的方式导入了这样一个落后封闭的乡村。在这个过程中我十分注重参与性,反复征求河边村村民和政府部门的意见。因为没有农民的参与和政府的支持,这件事是无法完成的。

与此同时,我和我的团队以及学生在这个过程中的主观性是显而易见的。我的学生批判我有时过于自我,比如我坚持村民的房屋窗户要大,村里说我们一直都没有窗户,我说那是你们没有条件,不是不好,阳光照到屋里多好,我的同事也善意地提醒我要尊重地方文化,不要强加自己的意见。毫无疑问,在这个过程我是一个彻头彻尾的发展干预主义者,但这种干预给村民带来了切实的好处。

2017年到2018年,河边村仅从会议和冬令营、夏令营等活动中获得的收入已超过80万元。在四年的房屋建设过程中,河边村的村民边建边学,一部分村民的建房技能日趋熟练,接着他们开始成组成对地出去接活,给其他村寨建设干栏式木楼。他们的工资收入从过去每天100~150元提高到现在的250~300元。如果加上这部分收入,河边村累积产生的收入超过了百万元。

我刚到村里来的时候,村民很少有人讲普通话,小孩子看到陌生人就跑开了;适龄儿童上学,需要到十多公里以外的镇里上寄宿学校，每周回来一次。由此看来，我认为要让这样一个贫困群体脱贫，不仅需要解决他们现在的问题，还需要着眼于未来，即学前儿童教育。作为一个贫困落后的封闭社区，河边村存在着所谓的贫困文化问题。这种贫困文化在代际和群体间不断传递，从而形成了贫困的生产与再生产的社会机制。

因此，我们在村内建设了儿童活动中心。在云南省教育厅的协助下，我们在村里选择了一位初中毕业的女生，把她送到昆明培训学习，成为儿童活动中心的辅导员。

2018年11月我回到村里，在小云助贫办公室门口遇到了来活动中心上学的小朋友，他们看到我便热情地打招呼："爷爷早上好。"这是我平生第一次被称作爷爷，内心既有些许失落，又有些喜悦。

我突然意识到，我的童年、少年和青年时代那份追求发展的梦想恰恰是推动我成为发展主义者的主要动力。同时，作为发展主义者也是痛苦的。为了更好地开展工作，我在勐腊县注册了一个小的公益组织，然后带着我的团队在河边村工作了整整四年。在这样一个村庄工作，作为外来群体，我们很少使用歧视农民的话语，也不认可他们的贫困是懒惰造成的。我和我的学生们的研究观点是："这个深度性的贫困村庄存在一个结构性的贫困陷阱，只有通过外部的干预让村民与现代的价值和技能对接，他们才有可能走出这个贫困陷阱。"

但是，我们不可避免地携带着城市的价值、城市的话语、现代的思维方式，村民有时候会被压得喘不过气来，渐渐形成依赖。比如他们不熟悉这些现代的习惯，我的同事宋海燕老师带着儿子住在村里两年，每天挨家挨户地告诉他们打扫卫生，收拾客房。我也反思了我们作为外部干预者给这个群体带来的潜在风险。

2019年1月23日，我们召开了村民大会，正式启动了河边合作社。河边村开始从以外部干预为主的发展阶段转入鼓励农户建立自主管理和可持续发展机制的探索尝试阶段。在这个过程中，我一直思考如何能让这样一个在中国高速发展进程中掉队的群体赶上发展的列车。我的做法是：用发展的方式在实践中探索，解决发展出现的问题。

客观地讲，我的做法是经不起理论家推敲的。我有时候想，自己之所以能够坚持，应该归因于我读书不多，理论上思考和反思不多，仅能依靠自己的热情来做这件事。因为许多学术思考和理论探究很难付诸实践，甚至会裹足不前，阻碍实践。所以，我在很多场合讲："我不是一个学者，学者的工作是靠脑子，坐着看书写文章，我喜欢到处跑，从中国跑到非洲，所以充其量只是一个发展主义的实践者，在农村学唱他们的歌，我算乐天行动派吧。"

无论如何，我在河边村的实践得到了我的领导、同事和很多朋友的鼓励和支持，政府为我提供了很好的空间。有很多地方的同志找我说："小云教授你到我们这里再搞一个村子吧。"我无法拒绝，只能说"好啊好啊"。但其实我很清楚，我是搞不了的。

我将河边村的工作称为"发展主义者的实验"，这个实验能够有现在这样的成果是在特定的条件下取得的，县里的书记很有意思，他第一次去看我的规划时我刚搞出点眉目，他说："李教授，成了！"我说："还早着呢啊。"我一有困难就给他电话，他都是当天就办。政府主导的发展啊！河边村的确发生了巨大变化，但是河边村实验最终是否可以取得成功，仍是未知数，我绝不能贸然行动，带领团队开展另外一个河边村实验，我也不鼓励我的任何一个学生去做这样的工作。

但是，发展中出现的问题是否可以通过发展的方式来解决，对此，我其实并没有一个答案。